MILENA
Verlag

Helga Hieden-Sommer

Sozialstaat,
neoliberales Wirtschaften und die Existenzsicherung von Frauen

Milena Verlag

Gedruckt mit freundlicher Unterstützung durch
das Bundesministerium für Wissenschaft und Forschung in Wien;
das Magistrat der Stadt Wien, die Magistratsabteilung 7 – Kultur, Wissenschafts- und Forschungsförderung;
die Frauenabteilung der Stadt Wien MA 57;
das Referat für Frauen und Gleichbehandlung Kärnten.

Bibliografische Information Der Deutschen Bibliothek
Die Deutsche Bibliothek verzeichnet diese Publikation in der Deutschen Nationalbibliografie; detaillierte bibliografische Daten sind im Internet über http://dnb.ddb.de abrufbar.

Lektorat: Karin Ballauff
Covergestaltung: Silvia Wahrstätter; www.buchgestaltung.at
Satz und Layout: Vanessa Wieser
Druck und Bindung: Interpress, Budapest

A-1080 Wien, Lange Gasse 51/10
www.milena-verlag.at

ISBN 978-3-85286-158-6

INHALT

KAPITEL 2
Das Wirtschaftskonzept beeinflusst Konzepte der Familienförderung und der Alterssicherung von Frauen

A: Familienförderung; gesellschaftliche Verantwortung für Versorgungsarbeiten

Vorbemerkungen

Als Beitrag zur sozial- und frauenpolitischen Diskussion in Österreich habe ich Kommentare und Analysen, die ich in den letzten Jahren verfasste und zum großen Teil bereits veröffentlichte, in vorliegendem Buch zusammengestellt.
Wie schon in meinem Sammelband »Frauenpolitik – Geschlechterverhältnisse. Wissenschaftliche Grenzziehungen« (1995) ist es mein Anliegen, Zusammenhänge zwischen der Existenzsicherung von Frauen und dem herrschenden Verständnis vom richtigen Wirtschaften und damit zusammenhängenden Ausprägungen des Sozialstaates aufzuzeigen. Verdeutlichen möchte ich auch, dass das häufig auf die Parteien, das Parlament und die Regierung eingeengte Verständnis von Politik übersehen lässt, wie sehr die Wissenschaften und ihre Repräsentanten, allen voran die Wirtschaftswissenschaften, aber auch die Kirchen und Medien Teil des politischen Machtgefüges sind.
Aktuell fordert der widersprüchliche Sachverhalt, dass in Österreich wie in anderen hoch entwickelten industriellen Gesellschaften trotz zunehmenden Reichtums immer mehr Menschen, besonders viele Frauen, kein Existenz sicherndes Einkommen und keine ausreichende soziale Absicherung haben, zum Nachdenken und zum Widerstand heraus.

Folgende Themen stehen im Mittelpunkt meiner Arbeit:
Zunächst gehe ich auf **das irreführende Verständnis von Wirtschaft** in Theorie und Praxis ein. Dieses Verständnis übergeht nicht nur allgemein zugängliche öffentliche Infrastrukturen als wichtige Grundlage des Wohlstands, sondern schließt die in den Haushalten erbrachten versorgungsökonomischen Leistungen als Teil des Wirtschaftssystems aus. Beide Einengungen benachteiligen viele Frauen. Ich lenke die Aufmerksamkeit auf die große Bedeutung ökonomischer Regelungen auf der Makroebene des Staates, der Europäischen Union und des globalen Marktes und auf wirtschaftswissenschaftliche Glaubenslehren wie »Geld arbeitet«.

Weiters zeige ich die **Verschränkung von Geschlechterungleichheit und wirtschaftlicher Ungleichheit** auf. Die neoliberale Wirtschaftspolitik vergrößert durch die Umsetzung ihrer Ziele – wie **mehr privat, weniger Sozialstaat** – die soziale Ungleichheit. Viele Frauen sind von den sinkenden Löhnen im unteren Einkommensbereich betroffen, viele Frauen vom sozialstaatlichen Abbau, etliche Frauen von beiden Entwicklungen, die von wirtschaftlich und politisch Verantwortlichen vorangetrieben werden. Eine entscheidende Rolle für diese Verschränkung spielt **das bürgerliche Ehe- und Familienmodell** mit dem Mann als Geld verdienendem »Ernährer« und der Frau als nicht-erwerbstätiger Hausfrau als Norm im Sozialrecht; dieses bürgerliche Familienmodell wurde 1812 eingeführt. Das dazugehörige institutionalisierte **Unterhaltsrecht**, das die standesgemäße Existenzsicherung der Ehefrau vorsieht, verbindet gleichsam lautlos Geschlechterungleichheit und soziale Ungleichheit, was besonders in den Regelungen der Hinterbliebenenversorgung deutlich wird. Überdies benachteiligt diese Norm systematisch Familien mit erwerbstätigen Hausfrauen, was die so genannten **Alleinverdienerförderungen** ohne Berücksichtigung der Einkommenssituation deutlich zeigen.
Außerdem möchte ich **die politische Rolle von Experten** und Expertinnen sichtbar machen. Scheinbar außerhalb der Politik stehend und nur wissenschaftlicher Wahrheit verpflichtet greifen sie mit ihren Gutachten und öffentlichen Meinungsäußerungen in die politischen Entscheidungsprozesse ein. Darüber hinaus bestimmen sie oft die Problemsicht, da sie mit ihren Begriffsdefinitionen (wie Produktivität, produktive und nicht-produktive Arbeit) und Kategorien bzw. Einteilungen (wie Hausfrau/berufstätige Frau, Familienarbeit/Erwerbsarbeit) den Blickwinkel, die Sichtweise vieler Menschen in Alltag und Politik lenken. Im Bereich der Politik rechtfertigen Experten und Expertinnen oft einseitig interessengebundene Entscheidungen als scheinbar objektive Lösung oder als Sachzwang.
Als viertes Thema behandle ich die Wirksamkeit von **Symbolen**, besonders als Faktoren verborgener politischer Macht. Häufig werden ökonomische Sichtweisen und Grenzziehungen der bürgerlich kapi-

talistisch industriellen Gesellschaft wie privat/öffentlich in sozialwissenschaftliche Forschungen übernommen. Darauf abgestimmte Begriffsdefinitionen und Kategorien bzw. Einteilungen beeinflussen nicht nur die Ausformung von rechtlichen Institutionen und wirtschaftlichen Strukturen, sondern auch die Alltagssprache und damit das Wahrnehmen, Denken, Fühlen und Handeln der Menschen. Dadurch wird ein Wahrnehmungs- und Interpretationszusammenhang zwischen verschiedenen gesellschaftlichen Bereichen wie Markt, Haushalt, Staat, Familie, Recht hergestellt, zwischen Bereichen, die nach herrschendem Wissenschafts- und Alltagsverständnis voneinander unabhängig sind. Die so vermittelten Sichtweisen erscheinen daher vielen Menschen gleichsam naturgegeben und richtig, sie werden zu kulturellen Selbstverständlichkeiten.
Diese vier Themenschwerpunkte habe ich anhand von **inhaltlichen gesellschaftspolitischen Fragestellungen** untersucht, die jeweils aktuelle politische Vorschläge und Maßnahmen betreffen. Meist steht ein Thema bei der Analyse einer inhaltlichen Frage im Vordergrund, zum Beispiel das irreführende, von einseitigen Interessen geleitete kapitalistische Verständnis von wirtschaftlicher Produktivität im Beitrag »Der kapitalistische Produktivitätsmalus beeinflusst die Einkommensschere zwischen Frauen und Männern«. Gleichzeitig werden wegen des strukturellen Zusammenhangs die anderen Themen mit einbezogen.
Die einzelnen Beiträge sind unabhängig voneinander zu lesen. Die Teilüberschriften im Inhaltsverzeichnis verweisen auf jeweils behandelte inhaltliche Fragen und Themen. Die Wiederholung von Themen und Inhalten – wie die politische Rolle von Experten oder das bürgerlich kapitalistische Konzept der Grenzziehung zwischen privat und öffentlich – soll die thematischen Zusammenhänge bei den verschiedenen behandelten Fragestellungen sichtbar machen.

Ziel meiner Ausführungen sind **nicht fertige Antworten**; ich möchte interessierte Menschen anregen, gesellschaftspolitische Fragestellungen unter verschiedenen Blickwinkeln zu betrachten und zu erkennen, dass einmal **getroffene Entscheidungen Konsequenzen** haben und eine neue Ausgangssituation schaffen. Dies muss bei Änderungsvorschlägen berücksichtigt werden. Leserinnen und Leser, die sich beruflich nicht mit Wissenschaft oder Politik befassen, möchte ich ermutigen, sich von den Vertretern und Vertreterinnen aus Wissenschaft, Politik, Recht, Religion und Medien nicht einschüchtern zu lassen. Wenn Beobachtungen und Erfahrungen aus dem persönlichen Lebensumfeld deren Meinungen und Vorschlägen widersprechen, sollen sie sich in die Diskussion einmischen. Aber auch Widersprüche bei der Anwendung von Maßstäben oder der Äußerung von Leitsätzen müssen aufgezeigt werden. Ein Beispiel: Wenn es um die Rechtfertigung überhöhter Managereinkommen geht, wird auf die noch höheren Managereinkommen in den USA als höchst entwickelte industrielle Gesellschaft verwiesen, geht es aber um das angeblich notwendige weitere Absenken der niedrigsten Löhne, wird der Vergleich mit den billigen Arbeitskräften marktwirtschaftlich unterentwickelter Länder herangezogen.

An den Anfang des Buches habe ich das Kapitel **»Zum herrschenden irreführenden Verständnis von Wirtschaft und Arbeit«** gestellt, weil die von Vertretern und Lobbyisten »der Wirtschaft« verbreiteten Auffassungen den bestimmenden Hintergrund für die Bemessung von Einkommen bilden und entscheidend die Ausgestaltung der Sozialleistungen beeinflussen. Ich versuche zu zeigen, wie durch die ständige Wiederholung von neoliberalen Zielen wie »mehr privat, weniger Staat« oder »ausgabenseitiges Sparen« sowie durch Schlagwörter wie »Standortsicherung« und »Wettbewerbsfähigkeit« im globalen Markt Widerspruch erschwert wird. Außerdem wird so die Sicht der Unternehmer bzw. der Manager als einzig mögliche, alles beherrschende Weltanschauung gegen die Interessen der Mehrheit der Bevölkerung durchgesetzt. Im Mittelpunkt der Betrachtungen stehen die negativen Auswirkungen der neoliberalen Globalisierung auf die Lebenschancen vieler Frauen, besonders auf Arbeitsbedingungen und Einkommenschancen. Auch die für die Mehrzahl der Frauen vom kapitalistisch industriellen Wirtschaftskonzept systematisch übergangene Versorgungsökonomie – die unbezahlte Konsum- und die Betreuungsarbeit im Haushalt – in

Verbindung mit der vorherrschenden Arbeitsteilung im Haushalt wird in die Betrachtung einbezogen.

Im Kapitel 2 »**Das Wirtschaftskonzept beeinflusst Konzepte der Familienförderung und der Alterssicherung für Frauen**« analysiere ich den Zusammenhang zwischen Wirtschaftskonzept und Sozialstaat am Beispiel der Förderungen für Kinder und Pflegebedürftige und am Beispiel der Alterssicherung für Frauen.

Zu Beginn meiner politischen Tätigkeit 1979 stand das Thema Gleichheit von Frau und Mann im Vordergrund öffentlicher Auseinandersetzung. Nach der Familienrechtsreform Mitte der 70er Jahre sollte das Prinzip der Gleichheit von Frau und Mann auch in das Sozialrecht Eingang finden. Dadurch sollte auch die soziale Absicherung von Frauen im Alter verbessert werden. Ein Ergebnis der Expertendiskussion über Gleichheit im Pensionsrecht war 1980 das Witwerpensionserkenntnis der Verfassungsrichter. Im Namen der Gleichheit wurde auch für Männer eine Hinterbliebenenpension gefordert; die Witwerpension wurde eingeführt. Die vielen, im Alter schlecht abgesicherten Frauen – junge verwitwete Frauen mit Kindern, Arbeiterinnen, die immer berufstätig waren, allein stehende Mütter – bekamen hingegen nicht einen einzigen Schilling mehr Pension. Einige finanziell gut gestellte Männer erhielten hingegen nun nach dem Tod ihrer berufstätigen Frau auch eine Ehemännerpension. Juristen und Juristinnen konnten mir keine befriedigende Antwort auf meine Frage geben, wie eine Zunahme von ökonomischer Ungleichheit Ergebnis eines Erkenntnisses im Namen der Gleichheit sein konnte. Ich begann daher Erkenntnisse der Verfassungsrichter, die die Frage der Gleichheit von Frau und Mann betrafen, im Original zu studieren. Dabei wurde mir bewusst, dass oft wirtschaftspolitische Konzepte und Kategorien Grundlage rechtlicher Regelungen sind. Die Einteilung in Privatrecht und öffentliches Recht ist ein Beispiel. Das bürgerlich kapitalistische Konzept der Grenzziehung zwischen privat und öffentlich wirkt als wichtiges Organisations- und Wahrnehmungsmuster von Realität; in vielen

politischen Auseinandersetzungen geht es um die Verschiebung der Grenze zwischen privat und öffentlich.
Obwohl ich mich als Soziologin beruflich in erster Linie mit Bildungsfragen befasst hatte, beschloss ich, Fragen der Existenzsicherung von Frauen zum Schwerpunkt meiner politischen Arbeit zu machen, nämlich Fragen der Einkommensgerechtigkeit, Pensionsregelungen und familienpolitisch begründete Transferleistungen.

Im Kapitel 3 **»Persönliche Erfahrungen als Frauenpolitikerin«** bringe ich je ein Beispiel der Auseinandersetzung zu so genannten frauenpolitischen Fragen, die ich innerhalb der SPÖ bzw. in meiner parlamentarischen Arbeit geführt habe. In beiden Beiträgen behandle ich das Thema Symbole als Ausdruck verborgener politischer Macht und als Instrument der Meinungsbildung. Der dritte Beitrag gibt Einblick in meinen persönlichen Werdegang, wobei der Schwerpunkt auf den gesellschaftlichen Rahmenbedingungen und auf meiner Arbeit als Politikerin liegt.

Abschließen möchte ich mit **Anmerkungen zum Begriff Frauenpolitik.** In meinem ersten Sammelband 1995 vertrat ich folgende Auffassung:
»Das Wort ›Frauenpolitik‹ muss als politisches Kampfwort hinterfragt werden. Natürlich weiß jede und jeder politisch Interessierte, dass es bei Frauenpolitik darum geht, bestehende Benachteiligungen von Frauen in den Geschlechterverhältnissen und ökonomischen Verhältnissen zu beseitigen. Andererseits vermittelt der Ausdruck Frauenpolitik, ähnlich wie der Ausdruck Frauenforschung, für nicht gut Informierte den Eindruck, es gehe nur um Anliegen von Frauen, nicht auch von Männern. So gesehen ist Frauenpolitik ein irreführender Begriff. Angesichts des Sachverhalts, dass es in Österreich zwei Parteien mit Frauen als Vorsitzenden gibt[1], könnte der Eindruck entstehen, Parteien mit Frauen als Vorsitzenden seien automatisch frauenfreundlich. Das Bemühen von Frauenpolitikerinnen, mehr Frauen in Entscheidungspositionen zu bringen, wird in diesem Zusammenhang möglicherweise falsch interpretiert. Manche sehen nämlich nicht, dass sowohl die Zahl der Frauen in

Entscheidungspositionen als auch das Programm, das sie vertreten, entscheidend sind. Vielleicht ist bereits der Zeitpunkt gekommen, von der **Politik der Geschlechterverhältnisse** oder von Geschlechterpolitik zu sprechen. Aber auch der Ausdruck Geschlechterpolitik weist nicht darauf hin, dass Geschlechterverhältnisse immer mit ökonomischen Verhältnissen verschränkt sind.«[2]
Diese Aussagen möchte ich angesichts der gesellschaftlichen Veränderungen seit den 1990er Jahren ergänzen.

Frauen sind öffentlich **sichtbarer** geworden. 2006 gab es in Österreich eine Außen- und eine Innenministerin, zum zweiten Mal eine Landeshauptfrau, also Frauen in traditionell männlich dominierten Positionen; wir hatten in Österreich auch bereits eine Vizekanzlerin. In der am 11. Jänner 2007 angelobten SPÖ-ÖVP-Regierung stellt die SPÖ gleich viel Frauen wie Männer, nämlich je drei Minister/Ministerinnen und je zwei Staatssekretäre/Staatssekretärinnen. Deutschland hat eine Kanzlerin. Frauen als Unternehmerinnen, Nachrichtensprecherinnen und Kommissarinnen im Fernsehen, Interviewerinnen oder Leiterinnen von gesellschaftspolitischen Diskussionen, Expertinnen aus dem Bereich der Wissenschaften und Polizistinnen sind heute eine Selbstverständlichkeit – nicht zuletzt ein Erfolg engagierter Frauen der Frauenbewegungen und ein Ergebnis der Öffnung aller Bildungseinrichtungen für Frauen. Die veröffentlichte Meinung verbreitet zusätzlich den Glauben, dass den Frauen heute alle Möglichkeiten offen stehen. Sie müssten diese nur ergreifen. **Selbstbestimmung und Selbstverantwortung** lautet die Aufforderung an die Frauen. Dies alles erweckt den Eindruck, die Benachteiligung von Frauen, die Geschlechterungleichheit, seien als gesellschaftliche Probleme weitgehend gelöst.
Im Zusammenhang mit dem bürgerlichen Individualismus, verstärkt durch die neoliberale Globalisierung, verweist der Begriff Selbstbestimmung aber nicht nur auf die Befreiung aus Unterordnung und aus Zwängen, was ein Ziel aller Befreiungsbewegungen ist, sondern auch auf die **Umdeutung gesellschaftlicher Konflikte in individuelle Probleme,** die durch in (Wahl-)Freiheit getroffene Entscheidungen gelöst werden sollen. Im neoliberalen Kon-

zept des schlanken Staates erfolgt **Privatisierung** nicht nur als Neuverteilung von Einkommen und Eigentum hin zu den Wohlhabenden, sondern auch im Sinne von Individualisierung/Privatisierung gesellschaftlicher Probleme. Herausforderungen der generativen Existenzsicherung, die Verantwortung für Kinder, werden zwar öffentlich als gesellschaftlich wichtig diskutiert, Lösungsvorschläge werden aber zunehmend auf die private Verantwortung ausgerichtet. Leistungen durch öffentliche oder öffentlich geförderte Infrastrukturen werden zugunsten von Transferzahlungen eingeschränkt. So wird das Kinderbetreuungsgeld als Maßnahme gepriesen, eigenverantwortliche Entscheidungen zu ermöglichen. Es soll vor allem Frauen die »Wahlmöglichkeit« bieten, das Kind entweder selbst zu betreuen oder fremde Hilfe in Anspruch zu nehmen und erwerbstätig zu sein. Der gesellschaftlichen Verantwortung für eine qualitativ gute Betreuung von Kindern scheint damit genüge getan. Die öffentliche Förderung von qualifizierten Kindertagesstätten, die auch für die unteren und mittleren Einkommensgruppen finanziell leistbar sind, scheint vernachlässigbar.

Das heißt: Auf den ersten Blick scheint die neoliberale kapitalistische Globalisierung dem Geschlecht gegenüber neutral zu sein. Ob eine Frau oder ein Mann ein Forschungsprojekt oder ein Ministerium leitet, eine Firma im Ausland vertritt oder an einer Universität lehrt, macht zunächst keinen Unterschied. Vor Freude über mehr Frauen in Entscheidungspositionen wird oft ausgeblendet, dass **Frauen wie Männer unterschiedliche politische Auffassungen** haben; auch Frauen vertreten zum Teil politische Zielstellungen, die für viele Frauen nachteilig sind. Manchmal wird übergangen, dass **immer mehr Frauen in unsicheren, prekären Erwerbsarbeitsverhältnissen tätig** sein müssen und keine besseren Möglichkeiten haben. Der Großteil der »working poor«, der armen Vollbeschäftigten, besteht aus Frauen.

Die genaue Analyse zeigt: Die kapitalistisch industrielle Existenzweise ist nicht geschlechtsneutral und nicht neutral gegenüber den Einkommens- und Eigentumsverhältnissen. Der neoliberale globale Kapitalismus setzt die kapitalistischen Grundsätze und Interessen perfekter um als der nach dem Zweiten Weltkrieg in vielen Ländern

Europas angestrebte und geschaffene sozialstaatlich gezähmte Kapitalismus. Dadurch wird nicht nur die Kluft zwischen Arm und Reich unabhängig vom Geschlecht größer, sondern die Geschlechterungleichheit wird aufrechterhalten, ja zum Teil durch die Ausweitung der privaten Verantwortung verstärkt. Die Subventionierung privater Alters- und Pflegevorsorge und die gleichzeitige Verringerung öffentlich-rechtlicher Altersvorsorge zeigen dies beispielhaft. Darüber hinaus vergrößert der neoliberale globale Kapitalismus die Ungleichheit unter den Frauen.

Angesichts dieser gesellschaftlichen Entwicklungen betrachte ich den Begriff Geschlechterforschung und besonders die englischsprachige Bezeichnung Gender-Forschung und den gegenüber gesamtgesellschaftspolitischen Zielvorstellungen neutralen Ausdruck **Gender-Mainstreaming** für die öffentliche Meinungsbildung eher als **verschleiernd** denn als aufklärend. Als immer mehr Frauen an den Universitäten Fuß fassten, setzten sich diese englischen Begriffe nicht zuletzt unter dem Einfluss der Europäischen Union auch bei uns durch. Für eine allgemeine Politisierung sind diese Begriffe meiner Meinung nach nicht geeignet. Zumal teilweise das Ziel, eine gerechtere Gesellschaft zu schaffen, aufgegeben und nur eine gerechtere Aufteilung von Chancen zwischen Frauen und Männern angestrebt wird.

Der Begriff Frauenpolitik greift aber sicher zu kurz, ähnlich wie der immer wieder veröffentlichte durchschnittliche Unterschied zwischen Frauen- und Männereinkommen die Einkommensfrage verkürzt und wenig über die tatsächliche, sehr unterschiedliche wirtschaftliche Situation verschiedener Gruppen von Frauen und Männern aussagt. Auch wenn es der Gewöhnung bedarf, müssen aus meiner Sicht komplexere Ausdrücke gefunden werden, die auf das Geschlecht und auf die ökonomischen Ungleichheitsverhältnisse (und global gesehen auch auf rassisch/ethnische und religiöse Ungleichheiten) Bezug nehmen. Eine Frauenpolitik, die **gerechtere, gute Lebensverhältnisse für alle Frauen (für alle Menschen)** anstrebt, kann sich nicht nur mit Geschlechterbeziehungen befassen, sondern muss Ökonomie und Recht in Verbindung mit Geschlechterverhältnissen zu ihrem Thema machen. Wer staatliche

Frauenpolitik, zum Beispiel in Österreich, auch zum Wohle der vielen ökonomisch schlecht gestellten Frauen machen will, muss die Verschränkung von Geschlechterungleichheit und wirtschaftlicher Ungleichheit zur Diskussion stellen; allgemeine Teilnahme am gesellschaftlichen Geschehen und selbstbestimmte Entscheidungen setzen gesellschaftliche und rechtliche Anerkennung und ökonomische Sicherheit voraus. Eine mögliche Bezeichnung dieses Bereiches der politischen Arbeit könnte »**Frauenpolitik und ökonomische Ungleichheitsverhältnisse**« sein.

Selbstverständlich müssen kurzfristig mögliche Verbesserungen für Frauen ein Ziel politischer Arbeit sein. Diese sollten aber dem wichtigen langfristigen Ziel der wünschenswerten Veränderung der Gesellschaft insgesamt hin zu mehr Teilnahmemöglichkeit und Anerkennung für alle nicht entgegenwirken. Im Zeitalter des Wunsches mancher Entscheidungsträger und Entscheidungsträgerinnen, den neoliberalen kapitalistischen schlanken Staat zu verwirklichen, ist es besonders wichtig, die **zunehmende Individualisierung und Privatisierung von gesellschaftlich zu lösenden Aufgaben zu bekämpfen.** Das betrifft auch die Versorgung von Kindern und alten Menschen. Selbstbestimmung und Selbstverantwortung können vor allem dann gelingen, wenn in solidarischer gesellschaftlicher Verantwortung sichere institutionelle Rahmenbedingungen dafür hergestellt werden.

Klagenfurt, Juni 2007 *Helga Hieden-Sommer*

KAPITEL 1: Zum herrschenden, irreführenden Verständnis von Wirtschaft und Arbeit

Betriebswirtschaftslehre statt Volkswirtschaftslehre?

Zum fragwürdigen Widerspruch von Wirtschaftswissenschaftern als Beratende und Betroffene eines Sparpakets

Eine Reihe von Wirtschaftswissenschaftern verkündete 1996 monatelang übereinstimmend immer wieder über die Medien, ›der Staat‹, die Regierung, müsse ›ausgabenseitig‹ sparen. Dies liege im Interesse ›der Wirtschaft‹ als Grundlage des Wohlstands aller. Aufgabe ›der Politik‹ sei es, dafür zu sorgen, dass unsere Unternehmen und der Industriestandort Österreich international wettbewerbsfähig sein können.

Standortsicherung und ausgabenseitiges Sparen

Zu den Aufgaben des Staates gehören unter anderem die Ausgaben für Infrastrukturen sicherzustellen – für Verkehrseinrichtungen, Wohnungsbau, Schulen, Gesundheitseinrichtungen, für Wissenschaft und Forschung, also auch für das Personal an der Wirtschaftsuniversität, für Professoren, Assistenten, Dozenten, Lehrbeauftragte und das Verwaltungspersonal.

Ohne auf die Sinnhaftigkeit bestehender Regelungen oder der 1996 geplanten, abgelehnten Einsparungen im Universitätsbereich einzugehen, drängen sich Fragen an den (damaligen) Rektor der Wirtschaftsuniversität, einen Volkswirtschafter, und die anderen Wirtschaftswissenschafter auf, die sich gegen das ausgabenseitige Sparen bei den Lehrenden an der Wirtschaftsuniversität wehrten und die Studentenproteste unterstützten: Scheinen in der an der Wirtschaftsuniversität gelehrten Betrachtung der Volkswirtschaft und des Staatshaushalts die Kosten für staatliche Aufgaben, also auch für Universitäten, undifferenziert als Ausgaben auf? Vertreten

Professoren und Lehrbeauftragte der Wirtschaftsuniversität eine Theorie, der zufolge die Standortsicherung bzw. Exportförderung, also die Ausweitung des Welthandels, den Politikern als Königsweg wirtschaftspolitischer Maßnahmen empfohlen wird? Anders gefragt: Betrachten die Wirtschaftswissenschafter ausgabenseitiges Sparen im Interesse der Standortsicherung als allgemein Wohlstand mehrend? Oder vertreten die Volkswirtschafter der Öffentlichkeit gegenüber eine Wohlfahrtsanalyse und Wohlstandsberechnung, in der neben der Privatwirtschaft, speziell neben der industriellen Exportwirtschaft, auch staatlich organisierte bzw. gelenkte ›Märkte‹ für kollektive Güter und Dienstleistungen, also auch öffentliche Infrastrukturen als Wohlstand mehrend und Wohlstand ausgleichend aufscheinen?

Viele der in regionaler Verantwortung staatlich organisierten Güter und Dienstleistungen wurden in der Vergangenheit in politischen Auseinandersetzungen, in Demokratisierungsprozessen, parallel zur Industrialisierung, als für alle zugänglich erkämpft. Manche der ›kollektiven‹ Güter und Dienstleistungen lassen sich zwar sinnvoller und sparsamer, nicht aber gewinnbringend organisieren, wenn sie allen unabhängig von Einkommenshöhe und regionaler Lage zur Verfügung stehen sollen. Nicht ihre Privatisierung ist daher gefragt, sondern eine sinnvolle Weiterentwicklung.

Staat kein Einzelbetrieb

Eine zentrale Frage an die Volkswirtschafter lautet: Sind sie wie viele Wirtschaftsexperten, die sich in den Medien zu Wort melden, der Auffassung, dass die Betrachtung der Einnahmen und Ausgaben des Staates nach dem Modell eines Einzelbetriebes den Anforderungen an das Gedeihen einer Volkswirtschaft gerecht wird?

Die Verantwortlichen eines Einzelbetriebes können durch produktivere Maschinen Arbeitskräfte einsparen, den Betrieb ›schlank‹ machen; sie tragen keine Verantwortung für die dadurch arbeitslos werdenden Menschen. Für genügend Arbeitsplätze bzw. die soziale Absicherung sind die Regierung, ›der Staat‹ und Einrichtungen wie die Sozialversicherung zuständig. Die Eigentümer und Manager eines Unternehmens können ›privat‹ entscheiden, den Standort

in ein Billiglohnland zu verlegen, um zu sparen; die durch diese Entscheidung gefährdete Existenzsicherung für viele Menschen einer Region brauchen sie nach vorherrschender Wirtschaftstheorie und Wirtschaftspraxis nicht zu berücksichtigen: Die Summe der eigennützigen Entscheidungen ergibt angeblich eine Steigerung des Gemeinwohls. Es stellt sich zumindest die Frage: auch auf nicht überblickbaren offenen Weltmärkten?
Tatsache ist: Gestützt auf Aussagen von Universitätsprofessoren als Repräsentanten der etablierten Wirtschaftswissenschaften können industrielle Konzerne bzw. die Eigentümer des Finanzkapitals (weltweit) fordern, ›der Staat‹ müsse durch für sie ›günstige‹ gesetzliche Regelungen – durch entsprechende steuer-, devisen-, arbeits- und sozialrechtliche Gesetze – den Standort Österreich im Wettbewerb zu allen anderen Staaten in und außerhalb der Europäischen Union für sie attraktiv machen.

Als beispielsweise Anfang August 1995 eine Standortentscheidung bei Siemens nicht für Villach, sondern für New Castle in England fiel, hat der zum damaligen Zeitpunkt amtierende stellvertretende Premierminister von Großbritannien im Einklang mit diesen wirtschaftswissenschaftlichen Lehren unter anderem die Wechselkursvorteile des eher ›schwachen‹ Pfunds gegenüber härteren Währungen wie dem Schilling, die ›günstigen‹ Lohnkosten und die ›besseren‹ arbeitsrechtlichen Möglichkeiten als ausschlaggebende Gründe für die Standortentscheidung der Konzernleitung genannt; so könne wie geplant die neue Fabrik rund um die Uhr betrieben werden.
Die beiden zuletzt angeführten Argumente verallgemeinern die ›Unternehmerperspektive‹ – genauer gesagt die Perspektive der Eigentümer des Finanzkapitals, nicht die kleiner Unternehmer – zum weltweit gültigen Maßstab für alle Menschen unabhängig von örtlichen und nationalstaatlichen Bedingungen und unabhängig von der sozialen und persönlichen Lebenssituation wie dem Alter, der Einkommenshöhe, der Verantwortung für Kinder oder andere Hilfsbedürftige. Das heißt: ›Günstige‹ Bedingungen für die Rentabilitätserwartungen des international mobilen Finanzkapitals bilden heute oft die alleinige Grundlage für Investitionsentscheidun-

gen; dies führt im Standortwettbewerb zur Verlagerung von ›Sozial‹- und Umweltkosten von der Produktion für den Export auf die Bevölkerung des Standortraumes. Die Sicherung lokaler Beschäftigung, der Kaufkraft und eines bescheidenen Wohlstands vieler wird zur vernachlässigbaren Nebensache.[3]

Kurz gesagt: Die Repräsentanten der Wirtschaftsuniversität zeigen mit Recht auf, dass ausgabenseitiges Sparen für viele dort Beschäftigte wohlstandsmindernd wirkt und den Handlungsspielraum der Universität einschränkt; gleichzeitig empfehlen sie jedoch unter Berufung auf die vorherrschende Lehre der Wirtschaftswissenschaften in öffentlichen Stellungnahmen den in der Politik Tätigen eindringlich ›ausgabenseitiges Sparen‹ als Leitlinie wirtschaftspolitischen Handelns.

Repräsentanten der Wissenschaft scheinen nach verbreitetem Verständnis außerhalb politischer Interessenauseinandersetzungen zu stehen, nur der Wahrheitssuche verpflichtet. Die mit religiösem Eifer als wissenschaftliche Wahrheit verbreiteten (Irr-)Lehren von Wirtschaftswissenschaftern bedeuten für große Teile der Bevölkerung jedoch eine Wohlstandsminderung, für etliche eine Armutsbedrohung. Jede Ausgabenkürzung ist nämlich immer eine Kürzung der Einnahmen bestimmter Personengruppen. Leider sind diese irreführenden, einseitigen ökonomischen Theorien zur führenden Weltreligion geworden. Auf sie abgestimmtes internationales, staatliches und privates Handeln hat Strukturen und Regelungen entstehen lassen, die einzelnen Regierungen wenig Spielraum lassen. Die Maastricht-Kriterien und Regelungen des Internationalen Währungsfonds sind Beispiele.

Übergangene Versorgungsökonomie – »Produktive« Arbeit

Der für die tägliche Lebenserhaltung notwendige Teil der Gesamtökonomie industrieller Gesellschaften – die Versorgungsökonomie – scheint für die Volkswirtschaftslehre nicht zu existieren.

Vertreter der bestimmenden Wirtschaftstheorien lehren und glauben offensichtlich, dass nur gegen Geld geleistete Tätigkeiten wirtschaftliche Tätigkeiten sind. Arbeiten der Versorgungsökonomie wie das Kaufen, Heimtragen, Lagern, Zubereiten von Lebensmitteln und das damit verbundene vorsorgende Planen, wird folglich lediglich als Ausgeben von Geld gesehen, das in der Geldökonomie erarbeitet wurde. Unbezahlte Konsum- und Betreuungsarbeiten sind keine ›produktiven‹ Arbeiten, wird gesagt. Sie scheinen im Bruttoinlandsprodukt, das irrtümlich als Wohlstandsmaß betrachtet wird, nicht auf. Demgegenüber erhöhen zum Beispiel die nach einem Autounfall anfallenden ›Reparaturarbeiten‹ als bezahlte Arbeiten das Bruttoinlandsprodukt, gelten also als ›produktiv‹; ärztliche Leistungen, Mechanikerarbeiten am Auto, die Beschäftigung von Rechtsanwälten, Richtern und Sachverständigen bei der Klärung der Schuldfrage schaffen wie die Produktion von Waffen bei Betrachtung des Bruttoinlandsprodukts als ökonomischem Wohlstandsmaß angeblich gesellschaftlichen Reichtum.

Entscheidend ist in diesem Zusammenhang, wie die Wirtschaftswissenschafter in ihren Theorien ›produktive‹ Arbeit definieren. Engen sie ›produktiv‹ auf die kapitalistische Sicht von produktiv ein? Für die kapitalistische Sichtweise ist nämlich nicht jede Arbeit produktiv, die zur Produktion des Wohlstands einen Beitrag leistet, sondern nur die Arbeit, die tendenziell ›Mehrwert‹ produziert, also Kapital vermehrt.[4]

Mit der Definition von ›produktiv‹ hängt zusammen, welche Tätigkeiten Wirtschaftswissenschafter als Arbeit anerkennen, welche Einkommenshöhe sie für die jeweiligen Tätigkeiten als angemessen betrachten und wie sie Wirtschaft definieren: Ist Wirtschaft für sie die Gesamtheit derjenigen Tätigkeiten, Maßnahmen und Einrichtungen, die der materiellen Erhaltung, Sicherung und Förderung des menschlichen Lebens dienen – einschließlich versorgungsökonomische Arbeiten und Studieren? Oder umfasst für sie Wirtschaft nur diejenigen Maßnahmen zur Bedürfnisbefriedigung, die für das Tauschmittel Geld erbracht werden? Oder gar nur privatwirtschaftlich organisierte industrielle Arbeit, die Kapital kräftig vermehrt?

Die Experten des neoliberalen Kapitalismus stellen konsequenterweise die Berechtigung der sehr ungleichen Einkommens- und Vermögensverteilung nicht in Frage; auch nicht extrem hohe Einkommen, für die nicht gearbeitet wird, das heißt eine Leistung nicht erbracht werden muss, wie Erträge aus Kapital und Immobilien. Sie empfehlen vielmehr niedrigere Spitzensteuersätze und andere steuerliche Begünstigungen für sehr hohe Einkommen. Sehr hohe Einkommen bezeichnen viele Wirtschaftsexperten neuerdings als ›Leistungseinkommen‹. Gleichzeitig empfehlen diese Experten ausgabenseitiges Sparen in der ›Verwaltung‹ im Sinne von öffentlichen Diensten und im ›Sozialen‹, also zum Beispiel beim Lehrpersonal und bei den Ausgaben für Kleinkindbetreuung.

Väterkarenz als geplante Sparmaßnahme

Die Vertreter der offiziellen Wirtschaft kategorisieren nämlich Arbeiten im Zusammenhang mit der Versorgung und Erziehung der nächsten Generation mit dem Blick auf öffentliche Ausgaben im Gegensatz zur ›Wirtschaft‹ als ›Soziales‹. So empfahl beispielsweise Universitätsprofessor Gerhard Lehner als offizieller, sicher gut bezahlter Berater des Landeshauptmannes von Kärnten die vorschulische Erziehung und Kindergärten ausdrücklich als Sparbereiche im ›Sozialen‹[5]. Die vier Hauptverhandler des Sparpakets 1996 der SPÖ-ÖVP-Koalition (Klima, Ditz und die beiden Vertreter der Bundesländer) – ausschließlich gut verdienende Männer – waren sich mit den Wirtschaftsexperten über das ausgabenseitige Sparpotential einig, auch bei der Kinderbetreuung als Teil des ›Sozialen‹, also der scheinbar ›Nicht-Gesellschaftlich-Notwendigen-Arbeit‹: Die versprochene Kindergartenmilliarde sollte es nicht geben; ein Viertel der Karenzzeit und des Karenzgeldes wurde praktisch durch die theoretische Einführung eines halben Jahres verpflichtender Väterkarenz innerhalb der damals bestehenden zwei Karenzjahre gestrichen.

Ein Starkolumnist sprach öffentlich aus, was sich offensichtlich im Einklang mit dem herrschenden, auf die Geldökonomie eingeengten Verständnis von Wirtschaft und Arbeit manche gut verdienende männliche Entscheidungsträger denken: Das zweite (und wie er drohend hinzufügte, genau genommen auch das erste) Karenzjahr ist Zeichen des »Über-die-Verhältnisse-Lebens«; »wir« haben es nicht gefordert, weil »wir« das Geld dafür aufbringen müssen.[6] Ob

er mit »wir« (gut verdienende) Männer meint oder ›die Wirtschaft‹ in Gegenüberstellung zu Arbeitnehmerinnen und Arbeitnehmern oder alle im Erwerbssystem Tätigen, das führte er nicht näher aus. Ein halbes Jahr verpflichtende Väterkarenz als geplante Sparmaßnahme macht jedenfalls klar, dass die männlichen Entscheidungsträger entsprechend den Machtverhältnissen und nicht aus mangelndem Wissen entscheiden: Sie rechnen damit, dass die ungleiche Arbeitsbewertung, die geschlechtsspezifische Arbeitsteilung und die gesamtgesellschaftliche Arbeitsorganisation – also auch die Art, wie offizielle Ökonomie und Versorgungsökonomie institutionell verbunden werden – im Regelfall strukturelle, personenunabhängige Hindernisse für geteilte Elternschaft sind. Politiker, Experten und Journalisten machen von ihrer Definitionsmacht Gebrauch.
Betreuungstätigkeiten können nicht durch Technologien profitbringend rationalisiert oder durch technische Einrichtungen ersetzt werden. Sie können auch nicht in Billiglohnländer verlagert werden. Im Unterschied zu anderen gering bewerteten Dienstleistungen einschließlich der Altenbetreuung will niemand Kinderbetreuung an ›billige‹ ausländische Arbeitskräfte übertragen. Soweit wie möglich werden diese Arbeiten von der offiziellen Ökonomie den Frauen aufgrund ihrer ›Natur‹ theoretisch und praktisch als unbezahlte ›private Arbeit aus Liebe‹ zugewiesen. Arbeit aus (Mutter)-Liebe wird offensichtlich als beliebig großer und flexibel ausbeutbarer Rohstoff der geschlechtsspezifisch arbeitsteiligen Wirtschaft angesehen.[7]

Die Forderung nach einem ›schlanken Staat‹ bedeutet insgesamt Einsparungen im ›Sozialen‹ und bei öffentlich organisierten und/oder öffentlich finanzierten Dienstleistungen. Diese umfassen unter anderem alle jene Berufsfelder, in denen Frauen in den vergangenen Jahren am ehesten qualifizierte, relativ gut bezahlte Erwerbsarbeit im öffentlichen Dienst gefunden haben: Gesundheit, Schule, Sozialarbeit, Wissenschaft; die Forderung schließt also auch die Universitäten ein. Sparen bei diesen ›unproduktiven‹ Tätigkeiten – zum Beispiel durch Privatisieren von öffentlichen

Einrichtungen oder Auslagern einzelner Tätigkeitsbereiche – bedeutet auch weniger Erwerbsarbeitsplätze und/oder niedrigere Löhne für viele Frauen; als Erwerbsarbeit sind Kleinkindbetreuung und verschiedene persönliche Dienstleistungen fast ausschließlich Frauenberufe.

Verantwortung für lebensraumgebundene Wirtschaftsprozesse

Österreich ist wie andere Länder nicht nur Wirtschaftstandort industrieller Konzerne, sondern auch Lebensstandort der Bevölkerung. Demokratische Politik hat meines Erachtens die Aufgabe, die Lebensräume für die jeweilige Bevölkerung in der erreichten Qualität zu sichern, in Bezug auf Österreich also, den gut entwickelten Lebensraum mit guten öffentlichen und auch für die unteren Einkommensgruppen zugänglichen Infrastrukturen auszustatten.

Die zunehmende Armut vieler und der steigende Reichtum weniger in allen Ländern zeigen, dass Kontinente oder die ganze Welt als offene Weltmärkte die bisher bestehende politisch vereinbarte und einzelstaatlich geregelte wechselseitige Verantwortung in der arbeitsteiligen Gesellschaft untergraben, statt sie auszubauen. Eine bloß weltmarktorientierte Wirtschaftspolitik unterschätzt bzw. negiert die Bedeutung der lebensraumgebundenen staatlich organisierten Wirtschaft und den außerhalb der Geldökonomie gelegenen Teil des Wirtschaftssystems für den allgemeinen Wohlstand industrieller Gesellschaften. Mit Hilfe des Mythos der Freiheit durch grenzenlose Mobilität auf offenen Weltmärkten werden Strukturen und Regelungen geschaffen, die nicht demokratischen Zielsetzungen, sondern in erster Linie dem örtlich ungebundenen Kapital bzw. dessen Eigentümern und den Nutznießern des Welthandels dienen.

Menschen haben jedoch einen versorgungsbedürftigen Körper, den sie nähren und kleiden müssen; sie brauchen eine schützende Wohnung. Menschen können als Lebewesen trotz Telekommunikation nicht wie das Geld und Nachrichten ›körperlos‹ in Sekundenschnelle ›flexibel‹ und ›mobil‹ den Raum überwinden und von einem zum anderen Ende des Globus gelangen. Mit ihrem Körper sind sie raum- und zeitgebunden.

Entpolitisierung durch Privatisierung öffentlicher Bereiche

Notwendige Reformen im öffentlichen Bereich und internationale Regelungen im Interesse offener Weltmärkte dürfen nicht dazu missbraucht werden, die Grenze zwischen Öffentlich und Privat im Interesse der wirtschaftlich Mächtigen zu verschieben und für das Leben der Menschen wichtige Bereiche durch Ökonomisierung zu entpolitisieren und der öffentlichen Diskussion zu entziehen. Durch die zunehmende Bedeutung neoliberaler Wirtschaftsauffassung wandert die ursprüngliche Grenzziehung zwischen privat (Familie und Haushalt) und öffentlich in den ursprünglich öffentlichen Raum; sie wird zur Grenzziehung zwischen kapitalistischer Wirtschaft oder Privatunternehmen als ›privatem‹ Bereich und dem ›öffentlichen oder politischen Staat‹.[8] Die politische Bedeutsamkeit der Ausweitung des ›Privaten‹ im öffentlichen Raum liegt in dem Umstand, dass ›das Private‹ nach verbreitetem Verständnis nicht der öffentlichen Diskussion und Stellungnahme unterliegen soll. Nicht zufällig ist in letzter Zeit von wirtschaftlicher Mitbestimmung und gerechterer Einkommensverteilung nicht die Rede; Entscheidungen für ein privates Unternehmen werden nämlich als eine reine private Angelegenheit der Manager und der Eigentümer der Betriebsanlagen des Unternehmens betrachtet.

Vertreter und Vertreterinnen der Wirtschaftswissenschaften, die die einseitigen, interessengebundenen Auffassungen von Wirtschaft, die die öffentliche wirtschaftspolitische Diskussion bestimmen, nicht teilen, müssen versuchen, in die öffentliche Diskussion einzugreifen. Es müssen jene Tausch- und Wirtschaftsprozesse, die nicht auf offenen, nach kapitalistischen Prinzipien organisierten Weltmärkten regulierbar sind, als ebenfalls entscheidend für den Wohlstand der Menschen industrieller Gesellschaften aufzeigt werden. Diese machen nicht nur nachweislich den größeren Teil der geleisteten Arbeitsstunden in industriellen Volkswirtschaften aus, sondern erfordern zu ihrer Sicherstellung andere internationale Regelungen als offene Weltmärkte und andere gesetzliche und organisatorische Maßnahmen auf staatlicher und regionaler Ebene.

Einführung der Marktwirtschaft als ›Schock-Therapie‹

Der österreichische Sozioökonom Egon Matzner zeigte am Beispiel der Einführung der Marktwirtschaft in den ehemals kommunistischen Ländern auf, dass die Mainstream-Ökonomen trotz einer bereits 1992 in der American Economic Review von 44 führenden Ökonomen gemeinsam veröffentlichten Warnung nicht bereit waren, auf noch so stichhaltige Gegenargumente anderer Wirtschaftswissenschafter zu der von ihnen vertretenen Schock-Therapie einzugehen. Mittlerweile sind die von den Kritikern vorausgesagten Schwierigkeiten eingetreten.

Die drei wesentlichen Maßnahmenbündel der so genannten Schock-Therapie waren:

1. Abschaffen der zentralen Planungsbehörde;
2. Beseitigung aller Subventionen und Marktbeschränkungen sowie Freigabe aller Preise;
3. rasche Privatisierung der im Kollektiveigentum befindlichen Unternehmen.

Egon Matzner erklärte den Sachverhalt, dass diese Schock-Therapie zum Mainstream in der Wirtschaftswissenschaft werden konnte, wie folgt: »Das Konzept der Schock-Therapie entsprach den Bedingungen, unter denen der Internationale Währungsfonds (IWF), die Weltbank, die Europäische Bank für Wiederaufbau und Entwicklung (EBRD) ihre Bonitätsprüfungen durchführen und ihre Kredite vergeben. So einfach war und ist das. Den Verfechtern der Schock-Therapie stand außerdem noch ein großzügig dotierter Fonds zur Bezahlung von Experten, Wissenschaftern, Beamten und Journalisten zur Verfügung. Allein das Harvard-Center in Moskau verteilte daraus von 1992 bis 1996 rund 50 Millionen US-Dollar, also mehr als eine halbe Milliarde Schilling, zur Unterstützung der Einführung der Marktwirtschaft. Mit viel Geld wurde eine vorhersehbar zum Scheitern verurteilte Politik zum Schaden der

Mehrheit der Bevölkerungen der ehemaligen kommunistischen Länder und zum Schaden der Idee der auf Demokratie und regulierter Marktwirtschaft beruhenden offenen Gesellschaft durchgesetzt.«[9]

Egon Matzner wies auch darauf hin, dass der »Zugang zu Forschungsförderung, Planstellen und Veröffentlichungsmöglichkeiten immer mehr auf die Vertreter des Mainstream eingeschränkt wird.«

Für feministische Forscherinnen ist die machtbewusste Haltung von Mainstream-Wissenschaftern keine Überraschung. Als Teil des gesellschaftlichen Machtsystems sind die Mainstream-Ökonomen nicht bereit – und müssen entgegen dem offiziell verbreiteten Wissenschaftsverständnis, Wissenschaft diene der Wahrheitsfindung nicht bereit sein –, in die Diskussion über ihre einseitig interessengebundenen Annahmen und Konzepte einzutreten. Über den Weg der wissenschaftlichen Politikberatung werden ihre irreführenden Konzepte außerdem zur Grundlage politischer Entscheidungen. Das Anwachsen der Erwerbslosigkeit und der ›working poor‹, der in Beschäftigung stehenden Armen, sind zwei der negativen Auswirkungen für große Teile der Bevölkerungen in den hoch entwickelten Industriestaaten.

Ignorieren der ›Frauenforschung‹[10]

Ein besonders schwerwiegender Fall von demonstrierter Macht der Vertreter der herrschenden Ökonomen betrifft das Ignorieren der Kritik an ihren Annahmen und Konzepten aus dem Blickwinkel der sozio-ökonomischen Lebensbedingungen von Frauen. Die gängige machtbewusste Haltung vieler Ökonomen in angesehenen Positionen gegenüber der Kritik und gegenüber den Forschungsergebnissen von feministischen Wissenschafterinnen ist: Nicht-einmal-Ignorieren. Gemeinsam mit den Geldgebern und unterstützt von Journalisten können die Repräsentanten der herrschenden ökonomischen Theorie die öffentliche Diskussion über ihre interessengebundenen Konzepte verhindern.

Beispielsweise werden wirtschaftliche Vorgänge mit Produzieren von Waren oder Dienstleistungen in spezialisierten Betrieben gleichgesetzt. Gesellschaftlich notwendige Arbeiten in den Haushalten werden hingegen nicht als Teil der Wirtschaftsprozesse in kapitalistisch-industriellen Gesellschaften gesehen. Dies, obwohl die Trennung in Haushalt und spezialisierte Betriebe ein wesentliches Merkmal kapitalistischer Arbeitsteilung und Arbeitsorganisation ist. Als Folge werden Tätigkeiten wie das Instandhalten von Kleidung und Wohnung sowie das Kaufen, Heimtragen, Lagern, Zubereiten von Lebensmitteln und das damit verbundene vorsorgende Planen – Arbeiten, die in jedem Haushalt anfallen, auch in Einpersonenhaushalten – aus dem Konzept der offiziellen Wirtschaft ausgeklammert. Diese Konsumarbeiten spielen folglich auch im Rahmen wirtschaftspolitischer Planung und Organisation keine Rolle.

›Soziales‹ – Teil des arbeitsteiligen Wirtschaftens

Darüber hinaus werden nicht technisierbare, nicht industrienahe und lebensraumgebundene personenbezogene Dienstleistungen im Rahmen des Erwerbssystems als minderwertig eingestuft und schlecht bezahlt. Eine wesentliche Ursache dafür ist die Höhe der Profitrate für investiertes Kapital als Bewertungsmaßstab für verschiedene Tätigkeiten. Wenn spezialisierte ›soziale‹ Dienstleistungen auch für den nicht wohlhabenden Teil der Bevölkerung zur Verfügung stehen (sollen) – wie Bildungsangebote und Gesundheitsdienste –, werden solche Tätigkeiten und die zugeordneten Infrastrukturen im Konzept der Mainstream-Ökonomie meist als ›Soziales‹ definiert.

Das ›Soziale‹ wurde und wird in den europäischen Wohlfahrtsstaaten ausgehend von obiger Zielvorgabe häufig nicht von ›der Wirtschaft‹ – also nicht von privaten Geldgebern und ihren Managern oder Unternehmern – organisiert. Soziale Einrichtungen werden von der öffentlichen Hand finanziert und oft auch organisiert; ihre Finanzierung und allgemeine Zugänglichkeit gehörten in der zweiten Hälfte des 20. Jahrhunderts bis in die 80er Jahre gleichrangig wie günstige Strukturen für Betriebe zu den wichtigen wirtschafts- und sozialpolitischen staatlichen Zielen.

Heute gelten die Löhne für Tätigkeiten im Bereich des so genannten Sozialen und die Kosten für dessen Infrastrukturen in dem sich durchsetzenden Finanzkapitalismus jedoch nach Auffassung der Mainstream-Wirtschaftsexperten lediglich als Ausgaben, die im so genannten produktiven Sektor erwirtschaftet werden. Sie werden nicht als notwendiger Teil der arbeitsteiligen, spezialisierten Arbeitsorganisation gesehen.

In Zeiten von Sparbudgets bekommen Universitätsprofessoren und andere Mainstream-Wirtschaftsexperten hohe Honorare für Gutachten, in denen sie Politikern ›ausgabenseitiges Sparen‹ im ›nichtproduktiven‹ Bereich empfehlen. Solche Experten machen irreführend das kapitalistische betriebswirtschaftliche Modell der Effizienz zur Grundlage volkswirtschaftlicher Betrachtung.[11] Das heißt, sie definieren das einseitige Interesse der Gewinnmaximierung der Kapitaleigner als Maßstab sinnvollen wirtschaftlichen Handelns.

Kapitalistischer Maßstab der Arbeitsbewertung benachteiligt viele Frauen doppelt

Kleine Kinder im Zeitalter der Notwendigkeit des lebenslangen Lernens gut zu fördern ist zweifellos eine qualifizierte, verantwortungsvolle berufliche Tätigkeit. Sie erfordert unter anderem Wissen über den Ablauf von Entwicklungs- und Lernprozessen. Die Tätigkeiten der Kindererziehung können überdies nicht durch Technologien Profit bringend rationalisiert oder durch Maschinen geleistet werden. Als spezialisierte Dienstleistungen können diese personenbezogenen Tätigkeiten und die dazugehörigen lebensraumgebundenen Infrastrukturen auch nicht in Billiglohnländer verlagert werden.

Sparen bei Kindergärten und vorschulischer Erziehung als Teil des von Experten als ›unproduktiv‹ definierten Bereiches der Wirtschaft verdeutlicht die doppelte Benachteiligung vieler Frauen durch eine von den Auffassungen der herrschenden Ökonomie geleiteten Politik: Ausgabenseitiges Sparen heißt dann nämlich einerseits weniger öffentliche Kinderbetreuungsplätze und daher mehr ›private‹ Kindererziehung in Form von Gratisarbeit von Frauen in den Familienhaushalten. Gleichzeitig heißt Sparen bei den öffentlichen Ausgaben für Kindererziehung weniger Erwerbsarbeitsplätze und/oder niedrigere Löhne.

Manche (finanzschwache) Gemeinden überlassen daher privaten Vereinen die Organisation der Kleinkindtagesstätten. Private Träger müssen auf die Wünsche der Eltern – zum Beispiel bei den Öffnungszeiten – nicht in gleicher Weise Rücksicht nehmen wie öffentliche Träger, und sie müssen gewisse Lohnbestandteile, die im öffentlichen Dienst gesetzlich geregelt sind, den Kindergärtnerinnen nicht zahlen. Die für die Finanzierung zuständigen öffentlichen Stellen, in Österreich die Gemeinden und die Länder, sparen so gemäß dem Expertenwunsch ausgabenseitig. Ähnliches trifft für andere soziale Dienste zu. Viele Frauen leisten ortsgebundene, nicht technisierbare Tätigkeiten – zum Beispiel im Handel und der Altenpflege – als Teilzeitbeschäftigte oder in geringfügigen Beschäftigungsverhältnissen – sind also von unterhaltsrechtlicher Existenzsicherung abhängige ›Dazuverdienerinnen‹.

Das ausgabenseitige Sparen bei Kindererziehung und -betreuung zeigt daher nicht nur die politische Bedeutsamkeit der unbezahlten Arbeit im privaten Haushalt, die aus dem gängigen Arbeits- und Wirtschaftsbegriff ausgeklammert wird. Das Sparen bei so genannten unproduktiven Tätigkeiten zeigt auch, dass die niedrigen Löhne in vielen nicht techniknahen Dienstleistungsberufen unter anderem eine Folge des herrschenden Maßstabs der Arbeitsbewertung sind; das heißt, die Gewinnhöhe für das investierte Kapital bestimmt die Leistungshöhe und damit die Einkommenshöhe.
Die Grenzziehung zwischen bezahlter Arbeit im Betrieb und unbezahlter Arbeit im Haushalt entspricht bekanntlich der für das Geschlechterverhältnis entscheidenden bürgerlichen Grenzziehung zwischen öffentlich und privat, wobei der Familien-Haushalt als privat definiert wird. Neuerdings wird eine zweite Grenzziehung zwischen öffentlich und privat stark verschoben: Der öffentliche Sektor der Wirtschaft wird verkleinert – einerseits, indem verschiedene Tätigkeiten mit dem Ziel, die Ausgaben (Löhne) zu senken, privater Organisation und Verantwortung übertragen werden, und andererseits, indem im technisierbaren hochproduktiven Bereich bisher staatliche Unternehmen privatisiert werden, sofern sie gewinnbringend sind bzw. gewinnbringend organisiert werden können.[12]

Die politische Bedeutung der Ausweitung des Privaten liegt in dem Sachverhalt, dass das Private nach verbreitetem Verständnis der politischen Diskussion, Kritik und Einflussnahme nicht unterliegen soll. Nicht zufällig sind in den letzten Jahren wirtschaftliche Mitbestimmung und eine gerechte Einkommensverteilung kaum öffentliche Themen. Die Sozialwissenschafter machen neuerlich Armutsstudien, nicht aber Verteilungsstudien. Das heißt, die Einkommen der Reichen werden nicht mehr in die Untersuchungen einbezogen. Eine gerechte Einkommensverteilung und der Zusammenhang zwischen Armut und Reichtum sind offensichtlich keine wissenschaftlich und politisch interessanten Themen mehr.

Gesellschaftliche Organisation und Bewertung von Arbeit

Nach den Kennziffern für effizientes Wirtschaften (BIP, Wachstumsraten) der Mainstream-Wirtschafts- und Budgetexperten ist der allgemeine Wohlstand in hoch industrialisierten Ländern dann hoch, wenn möglichst wenig Geld für nicht-produktive, also aus der Sicht von Investoren für nicht Gewinn bringende Tätigkeiten ausgegeben wird. Viele Menschen – überwiegend Frauen, zunehmend auch Männer – werden so dazu verurteilt, durch ihre im Rahmen der gesellschaftlichen Arbeitsteilung erbrachte, gesellschaftlich erforderliche Tätigkeit nur wenig Geld zu verdienen. Gleichzeitig werden übermäßig hohe Einkommen der Organisatoren und Rechtfertiger eines sozialstaatlich ungezähmten Kapitalismus – zum Beispiel die an die Shareholder Values gekoppelten Managereinkommen oder hohe Honorare für Mainstream-Gutachter – als gerechte ›Leistungseinkommen‹ bezeichnet.

Entscheidend für das Anerkennen einer Tätigkeit als hohe Leistung ist offensichtlich, wie Wirtschaftswissenschafter in ihren Theorien Produktivität definieren. Elmar Altvater weist darauf hin, dass nach allen gängigen Wirtschaftstheorien Arbeit der Ursprung von Reichtum und Wohlstand ist. Über Spezialisierung und Arbeitsteilung, also über die gesellschaftliche Organisation der Arbeit, könne die Produktivität enorm gesteigert werden. Für die kapitalistische Sichtweise der Mainstream-Ökonomen ist entscheidend, dass nicht jede Arbeit produktiv ist, die zur Schaffung des Wohlstands einen Beitrag leistet, sondern nur jene Arbeiten und jene Organisationsformen der Wirtschaft, die Mehrwert und daher Kapital produzieren.[13] Große, kontinentale oder weltweite Märkte sind eine Möglichkeit, den Absatz zu steigern. Je höher der Gewinn – zum Beispiel die ›Shareholder Values‹ (Aktiengewinne) –, desto produktiver die Arbeitsorganisation, desto effektiver ›die Wirtschaft‹. Der Zwang zum Wachstum führt nicht nur zu ständigen technischen und organisatorischen Neuerungen, sondern auch zum (Standort-)Wettbewerb.

Mit der Definition von ›produktiv‹ hängt zusammen, wie Wirtschaft definiert und organisiert wird. Für viele feministische Forscherinnen umfasst Wirtschaft die Gesamtheit derjenigen Maßnahmen und Einrichtungen, die der materiellen Erhaltung, Sicherung und Förderung des menschlichen Lebens dienen. Die gängigen Wirtschaftstheorien schränken Wirtschaft auf diejenigen Maßnahmen zur Bedürfnisbefriedigung ein, die für das Tauschmittel Geld erbracht werden. Mainstream-Ökonomen anerkennen oft nur privatwirtschaftlich organisiertes Wirtschaften, und zum Teil engen sie ›Wirtschaft‹ sogar auf die computerisierte industrielle Produktion für weltweit offene Märkte ein, die Kapital stark vermehren kann.

Festlegen der Organisationskriterien – eine allgemeine politische Aufgabe

Das Organisieren von Wirtschaftsprozessen erfolgt heute nicht nur entsprechend dem kapitalistischen Produktivitätsbegriff, sondern dank technologischer Möglichkeiten zunehmend immer mehr im Interesse des Finanzkapitals, ein Sachverhalt, der neben vielen Frauen auch immer mehr Männer und zum Teil ganze Volkswirtschaften bedroht. Gleichzeitig versuchen Mainstream-Ökonomen gemeinsam mit Mainstream-Politikern, staatsbürgerliche soziale Rechte einzuschränken; zum Beispiel stellen sie Existenz sichernde Mindesteinkommen auf einem den gesellschaftlichen Errungenschaften entsprechenden Niveau auch im nicht techniknahen Dienstleistungsbereich als Bedrohung eines funktionierenden

Wirtschaftssystems dar. So fordern führende Manager und Experten immer wieder ›bezahlbare Arbeit‹ und meinen damit ein Absenken ohnehin niedriger Löhne.

Gängige Denkmuster lassen leider leicht übersehen, dass das Organisieren von Wirtschaftsprozessen ein bestimmender Teil des Wirtschaftssystems, nicht aber ›die Wirtschaft‹ ist. Es ist allerdings jener Teil der gesellschaftlichen Arbeit, der die Chancen der Lebensgestaltung aller Menschen entscheidend beeinflusst, weil durch die wirtschaftliche Organisation jene Strukturen geschaffen werden, die den Lebensalltag bestimmen. Zudem wird der Begriff ›die Wirtschaft‹ oft im Sinne von Unternehmern, Investoren irreführend dem Begriff ›Arbeit‹ in der Bedeutung Arbeitnehmer und Arbeitnehmerinnen gegenübergestellt. Dabei wird die Stellung von Unternehmern (Selbständigen) und Arbeitnehmern (Unselbständigen) innerhalb der Einkommens- und Vermögensstruktur außer Acht gelassen. Die Mainstream-Ökonomen setzen zudem die Zuständigkeit für die wirtschaftliche Organisation stillschweigend mit dem Verfügen über Vermögen bzw. Kapital gleich; diese Auffassung wird durch die im bürgerlichen Recht gut ausgebauten privaten Eigentumsrechte gestützt. Heute stärken internationale Regelungen – zum Beispiel der Welthandelsorganisation (WTO), der Weltbank, des Weltwährungsfonds oder der Europäischen Union – diese Auffassung und unterlaufen gleichzeitig die wirtschaftspolitischen Gestaltungsmöglichkeiten nationalstaatlicher Regierungen.[14]

Wenn demokratisch gewählte Politiker die Ordnung des gesellschaftlichen Zusammenlebens im Interesse der gesamten Bevölkerung gestalten wollen, müssen sie daher an der öffentlichen Festlegung der Kriterien der Organisation des Wirtschaftens interessiert sein und entscheidend daran mitwirken. Das aber heißt, sie müssen Annahmen und Konzepte der Mainstream-Ökonomen und die Regelungen von internationalen Organisationen, die an den Interessen der Kapitaleigner und ihrer Manager orientiert sind, öffentlich zur Diskussion stellen. Dabei müssen auch die Interessen der Bevölkerung ohne Vermögen und die Kritik sowie die Forschungsergebnisse von Feministinnen und anderen Nicht-Mainstream-Ökonomen einbezogen werden.

Neoliberale wirtschaftliche Globalisierung – gleiche Chancen für Frauen?

Eine einheitliche Definition des Begriffes Globalisierung gibt es nicht. Fest steht, dass Globalisierung ein komplexer Sachverhalt ist, bei dem ökonomische, politische und kulturelle Faktoren eng miteinander verwoben sind.

Verschiedene Formen von Demokratie und Kapitalismus

Im neoliberalen wirtschaftlichen Diskurs, der die veröffentlichte Meinung beherrscht, dominieren die Schlagwörter ›Globalisierung‹ und ›Standortwettbewerb‹. Diese Schlagwörter werden – wie auch der Ausdruck ›Nulldefizit‹ – als Waffe auf der symbolischen Ebene des ökonomischen Interessenkampfes eingesetzt. Die Begriffe dienen dem Ziel, die neoliberale wirtschaftliche Sicht auf die Gesellschaft als zwingend notwendig und als günstig für alle Bevölkerungsgruppen darzustellen sowie neoliberale politische Entscheidungen zu rechtfertigen. So verteidigte Bundeskanzler Schüssel gegenüber niederösterreichischen ÖVP-Funktionären das im November 2004 im Rahmen des Finanzausgleichs beschlossene Gesundheitspaket – Gebührenerhöhungen und Leistungskürzungen – mit dem Hinweis auf die Sicherung des Standortes Österreichs.[15]

Für die neoliberale kapitalistische Weltsicht ist der ›schlanke Staat‹ das Ideal, der Sozialstaat mit seinen zum öffentlichen Anliegen erklärten allgemein zugänglichen Infrastrukturen wie Bildungs- und Gesundheitssystem der zu bekämpfende Hauptfeind. Dass der Sozialstaat eine besondere historische Leistung ist, eine gesellschaftliche Errungenschaft im Interesse der Vermögenslosen – also eines großen Teils der Bevölkerung –, wird verleugnet. Es wird vielmehr die völlige individuelle Verantwortung für die Gestaltung des eigenen Lebens als Alternative zum Sozialstaat propagiert. Der Blick auf die konkreten Lebensbedingungen macht jedoch sichtbar, dass Menschen in der spezialisierten Arbeitsorganisation auf vielfältige Weise voneinander abhängig sind.

Die sozialstaatlichen Konzepte von Demokratie, die nach den schrecklichen Erfahrungen im Zweiten Weltkrieg und unter dem Einfluss des Kalten Krieges in Europa die mehrheitliche Zustimmung der Bevölkerungen fanden, hatten das Ziel, die ungerechte Einkommensverteilung des Marktes teilweise auszugleichen (Existenz sichernde Mindestlöhne, Sozialeinkommen für Nicht-Erwerbstätige – Alte, Kranke, Arbeitslose; Familienförderungen). Dieses Ziel wurde unterstützt, indem gesellschaftliche Errungenschaften wie Bildungs-, Verkehrs- und Gesundheitssysteme als öffentliche Einrichtungen allgemein zugänglich gemacht wurden. In den Bereichen unter öffentlicher Verantwortung waren Existenz sichernde Einkommen auch für so genannte nicht-produktive Tätigkeiten die Regel.

Im neoliberalen ›schlanken‹ Staat, wie er seit dem Untergang des Kommunismus vor allem von den USA für alle Länder propagiert und mit Hilfe internationaler Institutionen wie dem Weltwährungsfonds (IWF), der Welthandelsorganisation (WTO) und der Weltbank umgesetzt wird, wird der öffentliche Bereich verkleinert und der private Sektor erweitert. Das führt zur Entkoppelung der Einkommen eines beträchtlichen Teils der Arbeitnehmerschaft von der Zunahme des erwirtschafteten Reichtums. Eine große Zahl armer Vollzeitbeschäftigter ist die Folge. Die Unterschiede der wirtschaftlichen Situation der Menschen, auch unter den Frauen, werden immer größer.[16]

Auch die gegenwärtigen Veränderungen in den Ländern der Europäischen Union verweisen darauf, dass es viele Formen der Demokratie gibt, und viele Formen des Kapitalismus.[17] Diese unterscheiden sich stark darin, wo sie die Grenzen zwischen dem Öffentlichen und dem Privaten ziehen.

Allgemein gilt: Privatisierung verstärkt nicht nur die Ungleichheiten zwischen den Geschlechtern und zwischen den Frauen, sie schwächt auch die im Sozialstaat institutionalisierte öffentliche Solidarität. Die meisten Länder der Europäischen Union der Fünfzehn hätten guten Grund, sich auf die Stärken zu besinnen, die den sozialstaatlich gezähmten europäischen Kapitalismus kennzeichnen.

Ein Beispiel, wie die Experten der internationalen Institutionen

diese Grenzverschiebung im Interesse des privaten Kapitals hin zum neoliberalen Staat unterstützen, liefert der Österreich-Jahresbericht 2004 des IWF. Die österreichische Bundesregierung wird ausdrücklich für »die Zurückhaltung bei öffentlichen Ausgaben« gelobt und aufgefordert, unbedingt mit ihrer Reformagenda fortzufahren, die Wirtschaft weiter zu deregulieren, das Gesundheitssystem zu reformieren, den Dienstleistungssektor zu liberalisieren und das Privatisierungsprogramm zu vollenden.[18]
Übersehen wird leicht, dass die elektronischen Technologien bei der Durchsetzung neoliberaler globaler Politik hilfreich sind. Im virtuellen elektronischen Raum spielen Raum und Zeit keine Rolle; vom Gegenständlichen, vom Körperhaften wird völlig abgesehen und die unterschiedlichen kulturellen und historischen Erscheinungsformen von Gesellschaften scheinen vernachlässigbar. Entscheidend ist der Sachverhalt, »dass Technik Ideologie ist«, und dass diese Ideologie nicht als formuliertes Programm, sondern als »ungewollte Konsequenz eines dramatischen Wandels in den Formen unseres öffentlichen Austausches« auftritt und uns eine bestimmte Lebensweise aufdrängt.[19]

Deregulierung – Neuregulierung

Leider sind die irreführenden neoliberalen ökonomischen Theorien zur führenden Weltreligion geworden. Der mit massiven mediengestützten Propagandafeldzügen verbreitete Glaube an die Überlegenheit der Marktwirtschaft, an den ›selbst gesteuerten Markt‹, verschweigt die Wirksamkeit der institutionalisierten Mechanismen für die Marktordnung.[20] ›Der freie, selbst gesteuerte Markt‹ funktioniert in Wirklichkeit nach strengen, vertraglich festgelegten Regeln. Die Regierungen sorgen für deren Durchsetzung. Sie sind auf vielfältige Weise in Strukturen, Gesetzen, Technologien und Symbolen der Gesellschaft verankert. Wenn die Menschen an die Überlegenheit des freien Marktes glauben, an die Richtigkeit der Grundannahmen der herrschenden Ökonomie, können die in dieser Ökonomie Mächtigen durch die Wirksamkeit der institutionalisierten Regelungen herrschen, ohne als Herrschende in Erscheinung treten zu müssen.[21]

Das neoliberale kapitalistische Verständnis von Wohlstand schaffender Wirtschaft und Arbeit bestimmt immer ausschließlicher die Wirtschaftspolitik auch der Regierungen der Mitgliedstaaten der Europäischen Union. Es ist daher wichtig, sich immer wieder ins Bewusstsein zu rufen, dass die Deregulierungen sozial- und arbeitsrechtlicher Bestimmungen, die im Interesse der Arbeitnehmer und Arbeitnehmerinnen liegen, durch neoliberale Neuregulierungen im Interesse der Vermögenden ersetzt werden und dass politische Mehrheitsentscheidungen die Grundlage dafür sind. Beispiele sind die Senkung des Spitzensteuersatzes oder günstige Regelungen für transnationale Konzerne wie die Gruppenbesteuerung, bei der Verluste von Tochterbetrieben im Ausland in Österreich steuerlich geltend gemacht werden können. An die Stelle von nationalen Regelungen im Finanz- und Wirtschaftsbereich treten außerdem oft globale oder EU-weite Normierungen. Mascha Madörin analysierte die wirtschaftspolitische Vorgangsweise am Beispiel der Maastricht-Kriterien. Sie stellte mit dem Blick auf den Versuch, neoliberale Neuregulierungen als Sachzwänge darzustellen, fest, »dass Neoliberalismus nicht einfach durch ›die Entwicklung‹ zur Norm geworden ist. Es sind Wissenschafter und Politiker, die zum einen Wahrheiten inszenieren und produzieren, und zum anderen in internationalen Gremien entschieden haben, dass die Ökonomie dieser Theorie folgt.«[22]

Im Folgenden sollen ein paar der irreführenden wirtschaftswissenschaftlichen Glaubenslehren, die Grundlage aktueller politischer Entscheidungen sind, genauer betrachtet und ihre Bedeutsamkeit für Frauen aufgezeigt werden.

»Geld arbeitet«?

Versicherungen und Banken werben für die verschiedenen Anlageformen auf den Finanzmärkten mit Slogans, die auf das ›arbeitende Geld‹ hinweisen; das ›richtig‹ angelegte Geld sichere hohe Einkommen, ohne dass gearbeitet werden müsse, heißt es. In Radio und Fernsehen werden seit einigen Jahren regelmäßig die Börsenindizes als Teil der Nachrichten gesendet. Zu Beginn wurden sie von Experten, von einem oder einer Ein-Geweihten wie ein Gottesurteil verkündet. Das Steigen und Fallen des Börsenindex wurde und wird gleichsam als Zeichen an der Wand für eine positive oder negative wirtschaftliche Entwicklung vermittelt. In ihrer Entstehung und wirklichen Bedeutung zwar von manchen unverstanden, werden die Aktienkurse schließlich von vielen Menschen auch so wahrgenommen. Der Vorgang ist eine wichtige, ständig wiederholte öffentliche Inszenierung von Wahrheiten im Interesse der Nutznießer der globalen Kapitalmärkte.

Ein Beispiel, wie die Einstimmung auf diese ›Wahrheiten‹ erfolgte: Der Wirtschaftsjournalist Walter Sonnleitner empfahl im österreichischen Fernsehen günstige Anlageformen und war dabei auch in einem Werbespot zu sehen. Er hielt ein Bonsai-Bäumchen in den Händen, in dessen Zweigen gut sichtbar neun Tausendschillingscheine steckten. Gleichzeitig gab er den Rat: *Lassen Sie Ihr Geld für sich arbeiten.*[23]

Mir fiel vor dem Hintergrund der regelmäßigen Börsenberichte dabei unter anderem Folgendes ein:

▷ Mit dem Blick auf Haushaltsarbeit und nicht-erwerbstätige Ehefrauen die Aussage von manchen Ehemännern: »Meine Frau arbeitet nicht«. Da auch Frauen – ob erwerbstätige oder nicht-erwerbstätige Hausfrauen – nur den von den Dogmen der Wirtschaftswissenschaft geprägten Sprachgebrauch zur Verfügung haben, verwenden auch sie diese die Wirklichkeit verschleiernde Sprache und sagen »ich arbeite nicht«, wenn sie mitteilen wollen, dass sie nicht berufstätig sind.

▷ Die Einschränkung des Begriffes Arbeit durch theoretische und praktische Experten der offiziellen Ökonomie auf Tätigkeiten zur Produktion von Gütern und Dienstleitungen in Betrieben ist die Grundlage dieses Sprachgebrauchs. Dies zeigt sich unter anderem daran, dass Haushaltsarbeiten im eigenen Haushalt als Nicht-Arbeit definiert werden. (Auch Lernen und Studieren werden als Nicht-Arbeit betrachtet, obwohl wegen des beschleunigten gesellschaftlichen Wandels und des ständigen Wissenszuwachses lebenslanges Lernen erforderlich ist.) Haushaltsarbeit führt folglich zu keinem Einkommen und findet als Wohlstand schaffende Tätigkeit im Bruttoinlandsprodukt keine Berücksichtigung.[24]

▷ Das arbeitende Geld scheint wie die Früchte eines Baumes von selbst zu wachsen, sich von selbst zu vermehren; das nach neoliberalen Grundsätzen organisierte Wirtschaftssystem scheint sich naturbedingt zu entwickeln.

▷ Der Glaube an Geld als Symbol für Leistung wird gefestigt. Reiche Investoren sind demnach leistungsstarke Menschen; Leistungsstarke sollen die Leitlinien der Wirtschaftspolitik bestimmen – Politiker beschließen günstige Gesetze für Investoren.

▷ Bei der Bevölkerung, auch bei Vermögenslosen, soll der Eindruck erweckt werden, hohe Renditen für Geldanleger (= Leistungsstarke) seien gerechtfertigt, Spekulation mit Wertpapieren auf Kapitalmärkten sei aus der Sicht aller etwas Kluges und Wünschenswertes, ja die Grundlage des Wohlstandes aller Menschen. Die kapitalistische Sicht von ›Wohlstand-Schaffen‹ wird auf diese Weise als kulturelle Selbstverständlichkeit verbreitet und gefestigt. Der Börsenindex wird wie das Wachstum des Bruttoinlandsproduktes zum Wohlstandsmaß umdefiniert. Ähnliches gilt für den Werbeslogan: »Geht's der Wirtschaft gut, geht's uns allen gut.«[25] Dieser Slogan zeigt, wie wichtig eine klärende Diskussion des Wirtschaftsbegriffes wäre: Wer ist ›die Wirtschaft‹? Nur ihre (privaten) Organisatoren?

▷ Der Zusammenhang zwischen neoliberalem wirtschaftlichem Konzept und zunehmender ungleicher Verteilung von Einkommen und Vermögen bleibt ausgeblendet, nämlich einerseits für Vermögende hohe Renditen, und andererseits eine zunehmende Zahl armer Vollzeitbeschäftigter, die oft gesellschaftlich notwendige, ortsgebundene, nicht technisierbare, körperbezogene Tätigkeiten erbringen.

Was das alles für den Großteil der Frauen bedeutet, kann einerseits aus der Feststellung eines UNO-Berichtes abgeleitet werden, wonach mehr als die Hälfte der Weltbevölkerung Frauen sind, die zwei Drittel aller gesellschaftlichen Arbeit leisten, aber nur zehn Prozent des weltweiten Einkommens beziehen und nur über ein Prozent des Vermögens verfügen. Andrerseits weist der Sachverhalt, dass Frauen entsprechend der ›bürgerlichen‹ Arbeitsteilung den Hauptteil der in den Arbeits- und Wirtschaftsbegriff nicht einbezogenen und daher nicht bezahlten (Haushalts-)Arbeit leisten, ebenfalls auf die Benachteiligung vieler Frauen hin.

Staat ein (Einzel-)Unternehmen? – ›Schlanker‹ Staat

Politiker werden seit den 1990er Jahren von Experten immer wieder aufgefordert, ausgabenseitig zu sparen. Die unproduktiven Staatsausgaben müssten gesenkt werden. Sie verlangen Einsparungen im Bereich der Verwaltung und des Sozialen, unter anderem bei der vorschulischen Erziehung und den Kindergärten.
Bundeskanzler und Finanzminister der ÖVP-FPÖ-Regierung haben sich ganz dem neoliberalen Konzept »mehr privat, weniger (Sozial-)Staat« verschrieben. Der junge Finanzminister dieser Regierung[26] ist als Wirtschaftsexperte für dieses Amt vorgeschlagen worden: Zum einen hat er Betriebswirtschaft studiert, zum anderen war er kurze Zeit Bundesgeschäftsführer der FPÖ, dann Landesrat und Stellvertreter von Landeshauptmann Haider in der Kärntner Landesregierung; danach war er einige Zeit in Stronachs Magna-Konzern angestellt. (Die Weltsicht des Magna-Konzern-Chefs Frank Stronach drückt sich so aus: »Die Firma Österreich ist in der globalisierten Wirtschaft nicht konkurrenzfähig.« Und: »Die Welt wird von der goldenen Regel dominiert. Wer das Gold hat, macht die Regel.«[27]) Als er im Februar 2000 sein Amt übernahm, betonte er, er werde Österreich »wie ein Unternehmen« führen; »das Nulldefizit« sei sein vorrangiges Ziel. Österreich solle ein ›schlanker Staat‹ werden. Obwohl er letzteres umsetzte, waren die Budgets mit einer Ausnahme vom Nulldefizit weit entfernt.

Eine zentrale Frage lautet: Soll, kann der Staat wie ein Einzelbetrieb, ein Einzelunternehmen betrachtet werden?[28] Kann sinnvolles und gewinnbringendes Wirtschaften im Interesse der gesamten Bevölkerung nach dem Modell eines privaten Einzelbetriebes durch Kürzungen bei ›nicht-produktiven‹ Bereichen erfolgen, zum Beispiel bei den Ausgaben für das allgemein zugängliche Bildungs- oder Gesundheitssystem?

Weniger öffentliche Bedienstete und/oder Einkommenssenkungen können zweifellos die Ausgaben im Budget verringern. In der arbeitsteilig organisierten Geldwirtschaft sind Ausgaben im Regelfall allerdings jemandes Einnahmen, die dadurch sinken oder ausfallen. Ein Einzelbetrieb, ob privat oder staatlich, kann – betriebswirtschaftlich gesehen – gut oder schlecht geführt werden. In dieser Hinsicht besteht meines Erachtens kein Unterschied. Im Hinblick auf politische Ziele und Unternehmensstrategien bestehen jedoch Unterschiede. Die Eigentümer und Manager eines privaten Unternehmens können nach gängigem Verständnis ›privat‹ entscheiden zu ›sparen‹, um eine höhere Rendite für die Eigentümer zu ›erwirtschaften‹; sie können technisch rationalisieren und Personal einsparen oder den Produktionsstandort in ein Billiglohnland verlegen, wie die privaten, ausländischen Eigentümer von Semperit es trotz ohnehin hoher Rendite taten. Die durch solche privaten, nur am Ziel der Gewinnmaximierung orientierten Entscheidungen gefährdete Existenzsicherung vieler Menschen einer Region braucht sie nach herrschender Wirtschaftsauffassung nicht zu bekümmern. Die Verantwortung für diese Menschen wird auf den Staat und seine sozialstaatlichen Einrichtungen – zum Beispiel auf die Sozialversicherung – abgeschoben.

Ein Beispiel: Mit der Schlagzeile »Der Rechenstift gibt leider den Fiamm-Bossen recht«, zitierten Journalisten den Universitätsprofessor Kropfberger anlässlich der Schließung des Bären-Batterie-Werkes in Ferlach und der Verlagerung nach Tschechien. Dies sei angesichts geringerer Lohnkosten und nicht so scharfer Umweltauflagen für das Management des Konzerns »logisch«.[29] Kropfberger sprach als Betriebswirtschafter. Die Journalisten bezeichneten ihn in ihren Berichten als Wirtschaftswissenschafter. Diese (gezielte?) Ungenauigkeit, dieses Verwischen des Unterschiedes zwischen betriebswirtschaftlicher und volkswirtschaftlicher Betrachtung ist bedeutsam.

Die öffentliche Hand ist für das Wohlergehen der gesamten Bevölkerung verantwortlich; aus volkswirtschaftlicher, gesamtgesellschaftlicher Verantwortung müssen bzw. sollten Politiker und andere Verantwortliche für (öffentliche) Unternehmen daher auch Ziele wie Arbeitsplätze, Existenz sichernde Löhne und umweltschonende Produktionsverfahren in ihre Entscheidungen mit einbeziehen. Hohe Gewinne für die (internationalen) Eigentümer und hohe Einkommen für die Manager einzelner Unternehmen können dann nicht der einzige Maßstab für wirtschaftlich logische Maßnahmen sein; sie sind nur logische Entscheidungen aus einzelbetriebswirtschaftlicher Sicht und nach neoliberalem kapitalistischem Maßstab. Diese Sichtweise erklärt Kapitaleigner und ihre Manager offensichtlich weltweit selbstverständlich als allein zuständig für die Festlegung der Kriterien für eine wünschenswerte Organisation wirtschaftlicher Tätigkeiten und drückt sich in der Zielsetzung von Politikern aus, durch steuerliche und andere Begünstigungen attraktive Voraussetzungen für internationale Investoren zu schaffen. Ziele wie sichere Einkommen für die Menschen der Region, eine unversehrte Umwelt, allgemein zugängliche, gute Infrastrukturen spielen für Entscheidungen auf dieser Grundlage keine Rolle.

Schuldenabbau ist sinnvoll. Schulden engen den politischen Spielraum für wünschenswerte Maßnahmen ein und bedeuten Gewinne für Kapitalverleiher. Ein ›Nulldefizit‹ ist für sich genommen nur eine buchhalterische, bilanztechnische Größe. Niki Lauda hat dies deutlich vorgeführt: Flugzeuge, die gebraucht wurden, wurden verkauft; die Schulden von etwa einer Milliarde Schilling von Lauda-Air wurden durch diese Maßnahme getilgt; die Bilanz war nun ausgeglichen. Die Flugzeuge mussten nun aber gemietet werden; die laufenden Ausgaben stiegen. Ähnliches kann kurzfristig im Staatshaushalt gemacht werden, wurde von der ÖVP-FPÖ-Regierung gemacht (Telekom, Bundesimmobiliengesellschaft, Post …).

Eine politisch für die gesamte Bevölkerung wünschenswerte, langfristige Zielsetzung beim Erreichen eines ›Nulldefizits‹ zeigt sich in den konkret vorgenommenen Sparmaßnahmen bzw. Einnahmenerhöhungen; entscheidend ist, wessen Interessen beschnitten bzw. berücksichtigt werden. Schlanker Staat und Nulldefizit als gemeinsame Ziele bedeuten in erster Linie Sparmaßnahmen bei sozialstaatlichen Errungenschaften, das heißt Verschlechterungen für die unteren und mittleren Einkommensgruppen und höhere Gewinnmöglichkeiten für private Investoren.[30]

Und was bedeutet ein ›schlanker‹ Staat für die Existenzsicherung, die Erwerbssituation und die Arbeitsbelastung von Frauen? Sparmaßnahmen im Erziehungsbereich, im Gesundheitssystem und bei anderen sozialen Dienstleistungen verdeutlichen die doppelte Betroffenheit von Frauen: Sparen heißt dann nämlich einerseits weniger öffentliche ›nicht-produktive‹ Betreuungseinrichtungen und daher mehr ›private‹ Kinderbetreuung in Form von Gratisarbeit von Frauen in den Familien. Andererseits heißt Sparen bei öffentlich organisierten Dienstleistungen weniger Erwerbsarbeitsplätze und/oder niedrigere Einkommen. An den Universitäten werden unter anderem EDV-Arbeitsplätze ›ausgelagert‹; so manche Frau (und so mancher Mann) macht die gleiche Arbeit wie vorher jetzt als ›Neue Selbständige‹ – die Ausgaben für ihre soziale Absicherung, zum Beispiel im Falle einer Erkrankung, trägt sie nun allerdings in ›individueller‹ Verantwortung allein.

Was heißt und wer definiert ›Produktivität‹?

Neue Technologien und neue Organisationsformen – Konzentrationsprozesse, Ausgliederungen … – erhöhen die Produktivität. Manager, die ankündigen 500, 1000 oder mehr Erwerbstätige zu entlassen, bewirken allein mit solchen Ankündigungen einen Anstieg der Aktienkurse für ihr Unternehmen. Manager bezeichnen es offen als ihre Aufgabe, die Produktivität ihres Unternehmens, nämlich die Rendite für die Eigentümer, den »Mehrwert«, zu erhöhen.[31] Das heißt, das Einkommen aus Aktienbesitz, also Einkommen ohne Arbeit, soll ansteigen. Etliche Manager und Wirtschaftsforscher fordern gleichzeitig ›bezahlbare‹ Arbeit[32]. Sie meinen damit nicht die sehr hohen Einkommen von Managern und Gutachtern, die den Politikern ›ausgabenseitiges Sparen‹ empfehlen, sondern sie meinen das Absenken der niedrigen Einkommen, auch auf ein nicht Existenz sicherndes Niveau.

Der Leiter des Münchener ifo-Instituts für Wirtschaftsforschung beschimpft den »Sozialstaat europäischer Prägung« sogar als »menschenverachtendes System«.[33] Um die Arbeitslosigkeit im Niedriglohnbereich zu beseitigen, müssten die Niedriglöhne um ein Drittel gekürzt und die Sozialhilfe deutlich darunter abgesenkt werden. Die jährlichen Expertenberichte der OECD für Österreich finden das Arbeitslosengeld zu hoch und empfehlen die Schaffung von Arbeitsplätzen im Niedriglohnbereich. Offensichtlich beeindruckt von solcher seit Jahren veröffentlichten Expertenweisheit kam auch der damalige katholische Bischof von Kärnten, Dr. Egon Kapellari, in einer Diskussion zum Thema ›Die Rückkehr der sozialen Frage‹[34] zum Ergebnis, dass es wohl darum gehe, »bezahlbare Arbeit zu schaffen«.

Nach allen gängigen Wirtschaftstheorien ist Arbeit der Ursprung von Wohlstand und Reichtum; über die gesellschaftliche Organisation der Arbeit, durch Arbeitsteilung, Spezialisierung und Technisierung kann die Produktivität, also Reichtum und Wohlstand, enorm gesteigert werden. Übergangen wird häufig, nach welchen Regeln der erzielte Reichtum verteilt wird und wer diese Regeln bestimmt. Entscheidend ist, dass nach kapitalistischer Auffassung nicht jede Arbeit als produktiv gilt, die zum Wohlstand beiträgt, sondern nur jene Arbeiten und jene Arbeitsorganisation, die investiertes Geld – also Kapital – vermehren.[35] Die sich durchsetzende Wirtschaftspraxis und die zugrunde liegende neoliberale kapitalistische Wirtschaftstheorie haben das Ziel, die kapitalistische Sichtweise von produktivem Wirtschaften und produktiver Arbeit möglichst perfekt zu verwirklichen. Interessen von Vermögenslosen oder in ›nicht-produktiven‹ Bereichen Beschäftigten, die im sozialstaatlich gezähmten Kapitalismus Berücksichtigung finden, sollen als Störfaktor weitgehend unberücksichtigt bleiben.
Dass die Osterweiterung der Europäischen Union und damit die organisatorische Ausweitung der Marktwirtschaft auf bisher marktwirtschaftlich nicht hoch entwickelte Volkswirtschaften neben anderen Zielen für die ›Produktivität‹ eine große Rolle spielt, verdeutlichen Aussagen zum »Finanzplatz Mittel- und Osteuropa«. Mit dem Blick auf die vorangegangene Osterweiterung lauteten Überschriften: »Treibstoff für die Geldvermehrung« und »Die Fondsbranche sieht die Chance zur Geldvermehrung weiter sehr hoch«. Einleitend wird zu diesen Schlagzeilen ausgeführt, dass »Fonds, die in Aktien und Schuldverschreibungen in Polen, Ungarn, Tschechien und Russ-

land investiert sind … ihren Anlegern in den vergangenen drei Jahren durch die Bank zweistellige Erträge gebracht (haben).«[36]
Das institutionalisierte perfektionierte kapitalistische Produktivitätsverständnis bedeutet für viele Frauen mehr unbezahlte Arbeit sowie vermehrt niedrigere Erwerbseinkommen für persönliche, nicht technisierbare, nicht globalisierbare Dienstleistungen (›bezahlbare‹ Arbeit!) und Teilzeiterwerbsarbeit. Kurz: eine Verminderung der wirtschaftlichen und sozialen Sicherheit (nicht Existenz sichernde Einkommen; geringfügige Beschäftigungen ohne Kranken-, Arbeitslosen- und Pensionsversicherung).

Produktivität und das Konzept ›privat – öffentlich‹

Die kapitalistische Sichtweise von Produktivität ist in enger Verbindung mit dem bürgerlich-kapitalistischen Konzept ›privat – öffentlich‹ in vielfältiger Weise rechtlich und wirtschaftlich institutionalisiert. Die privaten Bereiche sind institutionell und im Denken der Menschen als kulturelle Selbstverständlichkeiten klar von den öffentlichen Bereichen abgegrenzt.
Der ›private‹ Haushalt und die ›private‹ Wirtschaft bzw. das ›private‹ Eigentum sind zwei wichtige wirtschaftliche Institutionen, für die es viele Regelungen im ABGB (Allgemeinen Bürgerlichen Gesetzbuch) gibt. Was die Einkommenschancen betrifft, bilden – gerechtfertigt durch ihre Privatheit – »kein Einkommen für Arbeit« für Tätigkeiten im eigenen privaten Haushalt und sehr »hohe Einkommen ohne Arbeit« aus privatem Vermögen entsprechend dem kapitalistischen Produktivitätsverständnis gleichsam den untersten und den oberen Rand der Einkommens- und Vermögensverteilung.[37]
Der Erwerbsbereich steht dem privaten Haushalt als so genannte öffentliche Sphäre gegenüber; Tätigkeiten im Erwerbsbereich werden auch entsprechend dem kapitalistischen Produktivitätsverständnis sehr unterschiedlich bewertet und führen zu unterschiedlich hohen Einkommen. Für Erwerbsarbeiten gelten arbeits- und sozialrechtliche, also öffentlich-rechtliche Regelungen und Ansprüche. Demgegenüber erzielt die berufstätige oder nicht-berufstätige Hausfrau für ihre Tätigkeiten im Haushalt kein Einkommen. Die eheliche Hausfrau hat unterhaltsrechtliche Ansprüche gegenü-

ber dem Ehemann; diese sind im Privatrecht geregelt. (Nach dem Tod des Ehemannes gibt es die an der Höhe des Einkommens des Mannes orientierte Witwenpension als Unterhaltsersatz als öffentlich-rechtlichen Anspruch.)
Im neoliberalen ›schlanken Staat‹ wird innerhalb des Erwerbsbereichs die Grenze zwischen öffentlichem und privatem Sektor zugunsten des privaten verschoben mit den beschriebenen negativen Folgen für die unteren Einkommen und verbesserten Gewinnchancen für das private Vermögen.
Das kapitalistische Produktivitätsverständnis als wesentliche Grundlage der Arbeitsbewertung und des Wirtschafts- und Arbeitsbegriffes führt in Verbindung mit dem Konzept des Privaten zu institutionellen Regelungen, die sich für Frauen in beiden so genannten privaten Bereichen im Hinblick auf ein Einkommen nachteilig auswirken: kein Geld für Arbeit im Haushalt und meist kein privates Vermögen, um ›Geld arbeiten zu lassen‹. Zudem führen Frauen als Erwerbstätige häufiger als Männer ortsgebundene, ›nicht-produktive‹ und folglich schlecht bezahlte Tätigkeiten aus.

Zusammenfassende Überlegungen

Repräsentanten der Sozialwissenschaften, im Besonderen Wirtschaftswissenschafter, rechtfertigen eine ungerechte Organisation der Gesellschaft, indem sie irreführende Konzepte und interessengebundene wissenschaftliche Klassifikationssysteme verwenden. Beispiele sind das kapitalistische Konzept von Produktivität, das Konzept einer eindeutigen Trennung zwischen dem Privaten und dem Öffentlichen sowie der eingeengte Arbeits- und Wirtschaftsbegriff. Die Versorgungsökonomie als Teil des industriellen Wirtschaftssystems wird übergangen.
Institutionalisierte Normen (Werte) im nationalen und internationalen Recht hängen mit Macht zusammen, sie sind das Ergebnis sozialer Kämpfe in der Vergangenheit oder sie spiegeln die gegenwärtigen Machtverhältnisse in den nationalen Gesellschaften und weltweit wider. Die Grenzen zwischen dem Privaten und dem Öffentlichen bezogen auf beide private Bereiche, den Haushalt und den privatwirtschaftlichen Markt, sind die Orte, wo soziale Kämpfe stattfin-

den. Wenn Politiker den Staat als Unternehmen betrachten, lenken Grundsätze des Marktes zunehmend ihr politisches Handeln; statt öffentlicher Lösungen für soziale Probleme wird individuelle, private Verantwortung institutionalisiert. Werden öffentliche Infrastrukturen verkleinert, wird häufig von Frauen mehr unbezahlte Arbeit im privaten Haushalt erwartet. Viele Frauen (und immer mehr Männer) werden gezwungen, gesellschaftlich notwendige, kapitalistisch gesehen ›nicht-produktive‹ Arbeit für nicht Existenz sichernde Löhne zu übernehmen. Gleichzeitig werden die Reichsten immer reicher.

Wenn es um die wirtschaftlichen Interessen auch von vermögenslosen oder schlecht verdienenden Frauen (und Männern) geht, müssen in einer Zeit der neoliberalen wirtschaftlichen Globalisierung unter anderem folgende Fragen diskutiert und beantwortet werden: Warum sind immer mehr Menschen, besonders viele Frauen, trotz Steigerung der Produktivität, also Zunahme des Reichtums, von Armut bedroht? Wie wirken sich die gängige offizielle Sicht von produktiver Wirtschaft und produktiven Tätigkeiten und die damit gerechtfertigten globalen und nationalen Neuregelungen auf die Arbeitsbewertung und auf die Organisation von Wirtschaftsprozessen aus? Gibt es eine unterschiedliche Auswirkung auf Frauen und Männer, auf Arme und Reiche? Wie gelingt es den ökonomisch Herrschenden, ihre Sichtweise als scheinbar günstig für alle erscheinen zu lassen? Welche Bedeutung hat die Art des Verhältnisses von Staat und Wirtschaft in demokratischen Gesellschaften? Welche Strategie kann nach angemessener Analyse gegen die neoliberale Ideologie entwickelt werden?

Der kapitalistische Produktivitätsmalus beeinflusst die Einkommensschere zwischen Frauen und Männern

Einleitung

Jedes Jahr werden aktuelle Daten zum Einkommensunterschied zwischen Frauen und Männern in unselbständiger Erwerbstätigkeit publiziert. Trotz Maßnahmen zur Gleichstellung von Frauen und Männern ist in den letzten Jahrzehnten in Österreich die Einkommensschere zwischen Frauen und Männern in etwa gleich geblieben. Schwankungen des relativen Einkommensnachteils von Frauen hängen auch von der Einkommensdefinition und Einkommensermittlung ab (Brutto-, Nettoeinkommen, Lohnsteuer-, Sozialversicherungsstatistik ...). Seit den 1990er Jahren gibt es eine allgemeine, Frauen und Männer betreffende fortschreitende Auseinanderentwicklung der Einkommen. Frauen im unteren Einkommensbereich sind besonders stark betroffen, nicht zuletzt wegen der ständigen Zunahme von Teilzeitbeschäftigung und prekären Erwerbsarbeitsverhältnissen. Laut Einkommensbericht des Rechnungshofes 2004 kamen zum Beispiel im Jahr 2003 Arbeiterinnen auf durchschnittlich 7.690 Euro Jahresnettoeinkommen, Arbeiter mit 15.540 Euro auf mehr als das Doppelte.[38]
Die Arbeiterkammer veröffentlichte Daten zum monatlichen Brutto-Medianeinkommen (14-mal im Jahr) für das Jahr 2002. Es lag bei den Angestellten für Frauen bei 1.472 Euro, für Männer bei 2.472 Euro, für Arbeiterinnen bei 1.053 Euro, für Arbeiter bei 1.713 Euro. Das Brutto-Medianeinkommen der Arbeiterinnen lag also 38,5% unter dem der Arbeiter; bei den Angestellten betrug der relative Unterschied 40,5%.[39] Zu den Einkommen der selbständig Erwerbstätigen und den Einkommen aus Kapital, Wertpapieren und Immobilien sowie zur Vermögensverteilung liegen kaum Daten vor, meines Wissens keine geschlechtsbezogenen.

In den folgenden drei Abschnitten analysiere ich Daten aus einer umfassenden Studie zu den geschlechtsspezifischen Einkommensunterschieden und zeige, dass die Fixierung auf den durchschnittlichen relativen Einkommensunterschied zwischen Frauen und Männern und ein auf das Geschlecht eingeengtes Konzept der wirtschaftlichen Unabhängigkeit den Blick auf die Mikroebene des einzelnen Haushalts lenken. Dadurch bleiben die unterschiedlichen Auswirkungen von politischen Maßnahmen auf Frauen in Abhängigkeit von der Höhe ihres Einkommens verborgen. In den Abschnitten »Der öffentliche Sektor ist vergleichsweise frauenfreundlich« und »Vorbild Schweden« wird die Bedeutsamkeit von Konzepten auf der Makroebene von Gesellschaft und Wirtschaft (sozialstaatlich gezähmter Kapitalismus oder neoliberaler schlanker Staat) für eine eher ausgleichende oder die Einkommensunterschiede verstärkende Einkommensstruktur verdeutlicht und belegt, dass diese Konzepte sich auch auf die Einkommensunterschiede zwischen Frauen und Männern auswirken. Schweden wird in der analysierten Studie als Vorbild für eine relativ geringe Einkommensschere genannt und vor allem mit individuellen Maßnahmen wie Väterkarenz und hoher Erwerbsbeteiligung der Frauen begründet. Ich lenke die Aufmerksamkeit daher auf die wichtigen politischen Maßnahmen Schwedens auf der Makroebene, z.B. auf die jahrzehntelang praktizierte solidarische Lohnpolitik.

In den folgenden Kapiteln werden Wirkmechanismen der Makroebene dargestellt, die für ungerechte Einkommensverhältnisse mit verantwortlich sind. Das kapitalistische Verständnis von Produktivität als wesentlicher Maßstab für die Zuerkennung von hohen, niedrigen oder keinem Einkommen für verschiedene gesellschaftlich notwendige Tätigkeiten wird im Abschnitt »›Kapitalistischer Produktivitätsmalus‹ – eine gesamtgesellschaftliche und makroökonomische Betrachtung der Einkommensunterschiede« besprochen, sowie seine zweifache negative Auswirkung auf die Einkommenssituation vieler Frauen. Der Abschnitt »(Neu-) Regulierungen auf der Makroebene – verborgene Mechanismen der Macht« verweist auf die in den Regulierungen der Makroebene wie dem freien selbst gesteuerten Markt institutionalisierten verborgenen Herrschaftsverhältnisse. Im darauf folgenden Abschnitt wird ein theoretisches Konzept erläutert, das Unterschiede auf Grund von Geschlecht,

Ethnie/Rasse und Klasse als einheitliches Unterordungssystem ausweist und das Beachten von Unterschieden zwischen Frauen einfordert. Abschließend ziehe ich aus den besprochenen Gesichtspunkten zusammenfassende Schlussfolgerungen.

Fixierung auf Vergleich der Durchschnittseinkommen von Frauen und Männern verdeckt soziale Unterschiede

Die öffentliche Einkommensdiskussion in Österreich ist seit etwa zwei Jahrzehnten in erster Linie auf den Vergleich des durchschnittlichen oder mittleren Einkommens von unselbständig beschäftigten Frauen und Männern fixiert und lässt soziale Unterschiede außer Acht.

Beispielhaft möchte ich einige Ergebnisse und Schlussfolgerungen der vom Bundesministerium für Wirtschaft und Arbeit im Jahr 2000 herausgegebenen Studie »Einkommen von Frauen und Männern in unselbständiger Beschäftigung« zur Diskussion stellen.[40] Diese Studie zeichnet sich durch die Einbeziehung von mehreren verfügbaren Datenquellen zur Einkommenssituation unselbständig Beschäftigter aus. Die Einkommensunterschiede zwischen Frauen und Männern werden für Berufsgruppen, Qualifikation, Ganztags- und Teilzeitbeschäftigung sowie für ganz hohe und ganz niedrige Einkommen analysiert. Außerdem werden Längsschnittsanalysen gemacht, eine davon über 20 Jahre. Die Hauptergebnisse der Studie und die darin angebotenen Interpretationen wurden und werden in Österreich in veröffentlichten Diskussionsbeiträgen sowohl als Beleg und Erklärung für die Einkommensbenachteiligung von Frauen gegenüber Männern herangezogen als auch zur Begründung, warum bestimmte politische Maßnahmen gesetzt werden, um die Einkommensungleichheit zwischen den Geschlechtern zu beseitigen.[41]

Die Autorinnen und der Autor gehen von folgenden Annahmen aus: »In Österreich (sind) spezifische Tendenzen wirksam, die einer wirtschaftlichen Gleichstellung der Frauen trotz aller gesellschaftspolitischen Anstrengungen entgegenstehen … Die Tendenzen, um die es hier geht, sind qualitativ gut bekannt; sie betreffen folgende Be-

reiche: die wirtschaftlich unvorteilhafte Erstberufswahl von Mädchen und jungen Frauen; die Unterbrechungen der Erwerbstätigkeit durch Karenz; der schlechtere Zugang zu betrieblichen Qualifikations- und Aufstiegsmöglichkeiten; die kürzere bezahlte Wochenarbeitszeit.« Ziel der Studie ist »eine quantitative Bestimmung jedes dieser gleichheitshemmenden Faktoren«.[42]
Als wichtige Rahmenbedingungen für die Einkommensschere werden Merkmale ökonomischer Strukturen der Mikroebene ins Blickfeld gerückt – es geht um den Betrieb und um die Arbeitsteilung im Familienhaushalt. So heißt es zum Beispiel: »Das Zeitausmaß, in dem Personen einer Erwerbsarbeit nachgehen können und wollen, hängt einerseits von den vom Betrieb gebotenen Rahmenbedingungen und andererseits von den persönlichen Dispositionen der Personen (etwa der Familiensituation) ab«.[43] Mit Familiensituation ist vor allem die Arbeitsteilung zwischen Frau und Mann gemeint, wenn Kinder zu betreuen und zu versorgen sind.
Die Makroebene fehlt in den Überlegungen. Die überbetriebliche, gesamtgesellschaftliche Einkommensstruktur, die entscheidend durch makroökonomische Ziele und Kriterien für die Arbeitsbewertung bestimmt wird, wird als ebenfalls entscheidend für die individuelle Einkommenshöhe nicht untersucht. Isoliert betrachtet lenkt die im obigen Zitat getroffene Aussage über das Zeitausmaß von Erwerbstätigkeit vom Sachverhalt ab, dass die Höhe der Einkommen nicht nur vom wöchentlichen Stundenausmaß, sondern ganz entscheidend auch von der Bewertung der Arbeit, dem Stundenlohn, abhängt – genauer gesagt, von den sozialen Regeln, nach denen der erwirtschaftete Reichtum bewertet und verteilt wird.

Die häufige Berechnung und Diskussion der relativen Einkommensschere zwischen Frauen und Männern legt nahe, dass viele Experten und Expertinnen das relative Verhältnis zwischen dem durchschnittlichen männlichen und weiblichen Einkommen für den wichtigsten Maßstab für die Lohnungleichheit zwischen Frauen und Männern halten, der außerdem den Hauptverursacher niedriger Fraueneinkommen anzeigen soll.
Durchschnittswerte – sowohl das mittlere Einkommen (Median-

werte) als auch das arithmetische Mittel – sind informative Kennzahlen, die jedoch isoliert betrachtet die Aufmerksamkeit von wichtigen Merkmalen der gesamtgesellschaftlichen Einkommensverteilung und deren Ursachen ablenken. So verdeckt die Fixierung des Blicks auf die durchschnittlichen oder mittleren Einkommensunterschiede zwischen Frauen und Männern die Einkommensunterschiede unter Frauen und unter Männern.

Diese Feststellung bestätigt auch die Studie »Einkommen von Frauen und Männern in unselbstständiger Beschäftigung«: In der Diskussion der Ergebnisse wird ausschließlich auf die Einkommensunterschiede zwischen Frauen und Männern der jeweils ausgewählten, untersuchten Gruppen – nämlich der gesamten Stichprobe, der einkommensstärksten 10% und der einkommensschwächsten 20% – hingewiesen; dies erfolgt, obwohl ein Vergleich der Ergebnisse der Teilstichproben und die nach Beruf und Qualifikation erhobenen Einkommen große Unterschiede unter Frauen und unter Männern verdeutlichen. Eine Zusammenschau von Daten aus drei Tabellen soll beispielhaft für die ausgewählten Gruppen die großen sozialen Einkommensunterschiede innerhalb der Frauen und innerhalb der Männer zeigen.
Die Daten in Tabelle 1 dokumentieren einen relativen Einkommensnachteil der Frauen von 20 Prozent, 31 bzw. 10 Prozent. Die 34.300 ATS gelten für 49.400 Frauen im obersten Einkommensbereich, die 12.500 ATS für 95.900 Frauen im untersten Einkommensbereich. Letztere verdienen um 64 Prozent weniger als die bestverdienenden Frauen.

Tabelle 1: Mittlere Bruttomonatseinkommen von vollzeitbeschäftigten Frauen und Männern 1996, Stichtag 31. Oktober[44]

	Frauen	Männer
alle Vollzeitbeschäftigten	17.400 ATS	21.800 ATS
einkommensstärkste 10%	34.300 ATS	49.900 ATS
einkommensschwächste 20%	12.500 ATS	13.900 ATS

Der Einkommensunterschied von 64% zwischen sehr gut und sehr schlecht verdienenden Frauen ist beachtlich höher als die mittleren Einkommensunterschiede von 20, 31 oder 10% zwischen Frauen und Männern in den untersuchten Gruppen. Der mittlere Einkommensunterschied zwischen den sehr gut verdienenden und den sehr schlecht verdienenden Männern beträgt 72%. Das mittlere Einkommen der einkommensschwächsten 20% der Männer beträgt also nur 28% des mittleren Einkommens der 10% am besten verdienenden Männer und nur 40% des Einkommens der 10% am besten verdienenden Frauen. Tatsache ist, wie bei anderen Untersuchungen bestimmen die Wahl des Blickwinkels, die Wahl der Kategorien und die oft nicht offen gelegten Vorausannahmen/Konzepte die Ergebnisse und die daraus abgeleiteten politischen Aussagen.
Eine Erhebung von Bruttojahreseinkommen für das Jahr 2003 gibt Aufschluss über aktuellere Entwicklungen zu Einkommensunterschieden zwischen verschiedenen Gruppen von Frauen und Männern. Daraus sind die Angaben für Arbeiterinnen/Arbeiter und Angestellte am ehesten mit den Daten in Tabelle 1 vergleichbar.
Die Ergebnisse aus Tabelle 1 werden durch die aktuelleren Daten in Tabelle 2 bestätigt, sogar verstärkt: die 20% einkommensschwächsten Frauen verdienen zumindest 78% (gegenüber 64%, Tabelle 1) weniger als die 10% sehr gut verdienenden Frauen. Der relative Einkommensnachteil der Frauen gegenüber den Männern beträgt 37% beim mittleren Einkommen, ebenfalls 37% beim obersten Dezil und 45% beim zweiten Dezil. Bei den Männern verdienen die 20% mit den niedrigsten Einkommen mindestens 75% (gegenüber 72%, Tabelle 1) weniger als die 10% einkommensstärksten Männer,

und 60% weniger als die bestverdienenden Frauen. Die stärker differenzierenden Daten (jene in Tabelle 2 berücksichtigen auch Zulagen, Sonderzahlungen und Einkommen unter der Geringfügigkeitsgrenze) und die deutlichere Auseinanderentwicklung der Einkommen seit den neunziger Jahren (siehe Abschnitt »Kapitalistischer Produktivitätsmalus« – eine gesamtgesellschaftliche und makroökonomische Betrachtung der Einkommensunterschiede) sind dafür verantwortlich.

Tabelle 2: Bruttojahreseinkommen 2003 (Arbeiter und Angestellte)[45]

	Frauen	Männer
50 Prozent (Median-Einkommen)	16.415	25.986
90 Prozent (10 % über diesem Wert)	34.028	54.165
20 Prozent (20% unter diesem Wert)	7.444	13.515

Die Daten in Tabelle 2 sind mit den Daten in Tabelle 1 nicht direkt vergleichbar. Die Bruttojahreseinkommen umfassen die Summe der Bruttobezüge, im Unterschied zum Bruttomonatseinkommen in Tabelle 1 also auch die nicht versicherungspflichtigen Einkommen unter der Geringfügigkeitsgrenze und alle Zulagen und Sonderzahlungen. Tabelle 1 zeigt zudem nicht die Werte der Dezilgrenzen, sondern die Mediane der Teilstichproben.

Das eingeengte Konzept der wirtschaftlichen Unabhängigkeit

In der diskutierten Studie wird unter Hinweis auf die beschäftigungspolitischen Leitlinien der Europäischen Union festgestellt, dass heute »das Postulat der Einkommensgleichheit aus dem Konzept der ›wirtschaftlichen Unabhängigkeit‹ abgeleitet wird. Nur wenn zwei Personen das gleiche Einkommen erzielen, besitzen sie auch den gleichen Grad an wirtschaftlicher Autonomie«. Weiters wird darauf verwiesen, dass der Rat der Europäischen Union das Postulat der Einkommensgleichheit von Frauen und Männern »in einer beschäftigungspolitischen Leitlinie als Ziel deklariert hat.«[46]
Die Auffassung, dass zwei Personen nur dann den gleichen Grad an

wirtschaftlicher Autonomie besitzen, wenn sie das gleiche Einkommen erzielen, scheint nur für Paare bzw. Eltern zu gelten. Dieses Konzept wird nicht allgemein im Zusammenhang mit unterschiedlich hohen Einkommen, also auch unter Frauen und innerhalb der Männer, diskutiert. Diese eingeengte Sichtweise bedeutet, dass die fehlende wirtschaftliche Unabhängigkeit aller schlecht Verdienenden unabhängig vom Geschlecht übergangen wird. Der Grad der wirtschaftlichen Unabhängigkeit sehr schlecht verdienender Frauen scheint außerdem nicht von der absoluten Höhe ihres sehr niedrigen Einkommens abzuhängen, sondern nur davon, ob ein allfälliger Partner gleich viel bzw. gleich wenig verdient.

Anders gesagt: Die übliche Praxis des Aufzeigens von Einkommensunterschieden zwischen Frauen und Männern fixiert den Blick auf den abstrakten Wert des durchschnittlichen Einkommensunterschiedes zwischen Frauen und Männern. Gleichzeitig beschränkt sich die Analyse auf den Einfluss der Merkmale der Wirtschaftsstrukturen der Mikroebene, nämlich des Betriebes und des privaten Haushalts. Betriebsbezogene Studien zur Arbeitsbewertung ergeben, dass die Anwendung analytischer Bewertungsverfahren zwar innerbetrieblich gerechtere Gehaltseinstufungen bringen kann – die zwischen den Betrieben bestehenden und makroökonomisch bedingten Einkommensunterschiede bleiben jedoch ausgeblendet. Dies zeigt auch der Forschungsbericht »Diskriminierungsfreie Arbeitsbewertung und Arbeitsorganisation«.[47]

Verbunden mit einer in erster Linie individualisierenden Betrachtung – Verweis auf Berufswahl der Frauen und Dauer der Inanspruchnahme von Karenzzeiten als verursachende Faktoren – führt der Blick auf die wirtschaftliche Mikroebene eines Haushalts dazu, dass die Stellung in der Einkommensstruktur, also die tatsächliche Einkommenshöhe, für die wirtschaftliche Autonomie keine Rolle zu spielen scheint. Das hat schwerwiegende Folgen auch für die Beantwortung der Frage, welche politischen Maßnahmen ergriffen werden müssen und ob eine bestimmte Maßnahme für die Frauen aller Einkommensgruppen in gleicher Weise entscheidend für das Erreichen der wirtschaftlichen Autonomie ist.

›Versorgungspflichtenmalus‹ – hoch bei niedrigem Einkommen, kaum vorhanden bei den bestverdienenden Frauen

Der Begriff Versorgungspflichtenmalus weist darauf hin, dass Personen, die Kinder versorgen, »geringere Berufschancen aufgrund von Versorgungspflichten haben, die einen Teil der Zeit und Aufmerksamkeit binden.«[48] Dies wirkt sich auf Berufswahl und Erwerbsstrategie aus.

In den öffentlichen Diskussionen über die Ursachen der geringeren Einkommen von Frauen transportierten die Medien vor allem folgende Aussage aus der besprochenen Studie: »Frauen mit Karenzzeiten weisen die niedrigsten Einkommenszuwächse auf«.[49] In der Studie werden zunächst für die Periode 1993/1997 die Einkommenszuwächse von Frauen ohne Beschäftigungsunterbrechungen und von Frauen, die in Karenz waren, verglichen. Während erstere »im Jahr 1997 im Schnitt um 20% mehr verdienten als 1993, lag das Einkommen der Frauen, die die Möglichkeit, in Karenz zu gehen, in Anspruch nahmen, 1997 um 9% niedriger als 1993«.[50] Der kurze Beobachtungszeitraum und der Umstand, dass ein Teil der Frauen nach der Karenz (vorerst) in ein Teilzeitbeschäftigungsverhältnis wechselte oder einen schlechter bezahlten Arbeitsplatz annehmen musste, dürften dieses Ergebnis erklären.

Bei einer Längsschnittanalyse über den Zeitraum von 20 Jahren wurden Einkommensverläufe von vollzeitbeschäftigten Frauen und Männern erhoben, und zwar von Personen, die 1977 erstmals eine Erwerbsarbeit aufgenommen hatten und 1996 ebenfalls vollzeitbeschäftigt waren. Frauen mit Karenzzeiten erzielten durchschnittlich rund 6% Einkommenszuwachs pro Jahr, Frauen ohne Karenz 7%. »Die mittlere jährliche Aufstiegsgeschwindigkeit der Männer lag bei knapp 9%.«[51]

Diese verallgemeinernden Aussagen beruhen auf Durchschnittswerten. Die mögliche Auswirkung von verschiedenen Einkommenshöhen wird nicht berücksichtigt. Die Tabelle zu den Einkommensverläufen zwischen 1977 und 1996 enthält auch die Daten für die einkommensstärksten 10% und für die einkommensschwächsten 20%. Diese nach Einkommensgruppen differenzierenden

Daten zeigen den Einfluss der Einkommenshöhe. Die einkommensstärksten 10% der weiblichen Berufseinsteigerinnen aus dem Jahre 1977 mit Karenzzeiten hatten nämlich 1996 mit einem durchschnittlichen relativen jährlichen Einkommensgewinn von 10,3 Prozentpunkten fast den gleichen Zuwachs verzeichnet wie die Vergleichsgruppe der Männer (10,4 Prozentpunkte). Im Vergleich zu Frauen ohne Karenz hatten sie sogar einen um durchschnittlich 0,2 Prozentpunkte pro Jahr größeren Einkommenszuwachs. Demgegenüber betrug der jährliche durchschnittliche Einkommenszuwachs bei Frauen mit Karenzzeiten in der Gruppe der einkommensschwächsten 20 % 1,5 Prozentpunkte, bei Frauen ohne Karenzzeiten sogar nur 0,9 Prozentpunkte; die einkommensschwächsten Männer verzeichneten einen durchschnittlichen jährlichen Einkommensgewinn von 4,0 Prozentpunkten.[52] Auf diese in Tabelle 40 aufscheinenden Unterschiede gehen die Ausführungen der Publikation des Bundesministeriums für Wirtschaft und Arbeit leider nicht ein.

Zusammenfassend heißt das: Die negative Auswirkung von Karenzzeiten auf die erzielbaren Einkommen(szuwächse) – der so genannte Versorgungspflichtenmalus – hängt stark von der Stellung in der Einkommensstruktur und der Qualität der arbeitsrechtlichen Absicherung ab (etwa davon, ob regelmäßige Einkommenssteigerungen vorgesehen sind oder nicht). Der in Tabelle 40 der Studie angegebene durchschnittliche Anteil der Unterbrechungen – durch Karenz, Arbeitslosengeld und Notstandshilfe sowie Nichterwerbstätigkeit – während des Beobachtungszeitraumes von 20 Jahren beträgt 11,3% für die einkommensstärksten 10% und 36,6% für die einkommensschwächsten 20% der Frauen mit Karenz; dies entspricht etwa 2 Jahren und 3 Monaten bzw. 7 Jahren und 4 Monaten. Das heißt, die Frauen mit den niedrigsten Einkommen weisen mehr als dreimal so lange Unterbrechungszeiten im Beobachtungszeitraum auf wie die bestverdienenden Frauen. Besonders groß ist der Unterschied des durchschnittlichen Anteils an Unterbrechung durch Nichterwerbstätigkeit, nämlich 4,7% bei den Einkommensstärksten und 25,0% bei den Einkommensschwächsten.[53]

Diese Unterschiede verweisen meines Erachtens auf den Sachverhalt, dass sich Frauen mit einem hohen Einkommen und Arbeitsverträgen, die regelmäßige Erhöhungen des Einkommens vorsehen, kürzere Zeiten der Karenz und der Nichterwerbstätigkeit erlauben können; sie üben eine gut bezahlte, oft interessante Erwerbstätigkeit aus und sie (und ihre Partner) verdienen genügend Geld, um einen Teil der Kinderbetreuung und der Haushaltsarbeit an andere, weniger verdienende Frauen oder spezialisierte, qualifizierte Institutionen zu übertragen. Frauen mit sehr niedrigem Einkommen, die zudem als ungelernte oder angelernte Beschäftigte keine nennenswerten, regelmäßigen Einkommenszuwächse zu erwarten haben, können sich dies nicht leisten. Wenn diese Frauen ihre gesamte Arbeitskraft der Haushaltsführung widmen und durch zeitaufwendige Preisvergleiche günstiger einkaufen, immer selbst kochen, usw. und der Mann als »Alleinverdiener« Steuerabsetzbeträge für die Kinder erhält, ist Nichterwerbstätigkeit oft auch ökonomisch günstiger für den Haushalt.[54] Wenn der Partner genügend verdient, haben diese Frauen außerdem als (vorübergehend) nichtberufstätige Mutter mit kleinen Kindern weniger Stress und mehr Freude im Lebensalltag.[55]

Geringe Einkommenszuwächse im Laufe von zwanzig Jahren scheinen bei eingeengtem Blickwinkel generell stark durch Karenzzeiten wegen Kinderbetreuung verursacht zu sein. Bei genauerer Betrachtung sind sie jedoch eine Folge der sehr niedrigen Einkommen, Teilzeitbeschäftigung und von ungünstigen arbeitsrechtlichen Bestimmungen (keine regelmäßigen Vorrückungen oder jährlich nur wenige Euro mehr Lohn, womit ein finanzieller Anreiz zur Erwerbstätigkeit fehlt). Manche dieser Frauen waren wahrscheinlich zumindest zeitweise als geringfügig Beschäftigte erwerbstätig, um die Begünstigungen für so genannte ›Alleinverdienerfamilien‹ nicht zu verlieren, nämlich steuerliche Absetzbeträge und die beitragsfreie Mitversicherung beim Ehemann in der Krankenversicherung. (Geringfügig Beschäftigte sind unfallversichert, eine Beitragspflicht der geringfügig Erwerbstätigen zur Sozialversicherung besteht nicht.)

Der öffentliche Sektor ist vergleichsweise frauenfreundlich

In der diskutierten Studie werden die Daten von Beamten und Beamtinnen deshalb nicht mit einbezogen, weil sie entweder nicht vergleichbar sind oder überhaupt fehlen. So sind zum Beispiel in den oben angeführten Statistiken über den Vergleich von mittleren Bruttoeinkommen die Beamtinnen des Gesundheits- und des Unterrichtsbereichs nicht berücksichtigt. Das bedeutet, dass Frauen, die sozialrechtlich und finanziell vergleichsweise günstige Arbeitsverträge haben, aus der Analyse herausfallen. Beamtinnen haben zum Beispiel einen gesetzlichen Anspruch auf Teilzeitkarenz mit Rückkehrmöglichkeit in Vollzeitbeschäftigung und erhalten alle zwei Jahre eine Gehaltsvorrückung. Ein beachtlicher Teil der Frauen mit formal hohem Bildungsabschluss und relativ gutem Einkommen sind bzw. waren im ausgebauten öffentlichen Sektor tätig.
Die Daten für unselbständig Beschäftigte ohne Beamte und Beamtinnen sind daher unvollständig und eine angemessene Interpretation ist in der Folge eingeschränkt. Politisch irreführend und daher verhängnisvoll ist dabei der Umstand, dass der öffentliche Sektor als vergleichsweise ›frauenfreundlicher‹ Arbeitgeber nicht ins Blickfeld kommt. Die Gefahren, die vielen Frauen im Hinblick auf die Einkommenssituation und die soziale Sicherheit durch den neoliberalen ›schlanken‹ Staat drohen, der die Verteilungsregeln zunehmend dem Markt überlässt, bleiben daher auch in den Schlussfolgerungen ausgeklammert.

Die Studie »Chancengleichheit und Beschäftigung in der Europäischen Union«[56] belegt deutlich, dass ein ausgebauter öffentlicher Sektor höhere Fraueneinkommen, soziale Sicherheit und allgemein zugängliche öffentliche Einrichtungen zur Versorgung und Betreuung Hilfsbedürftiger (von Kindern, alten Menschen, Behinderten) am besten garantiert. Unter anderem wird auch aufgezeigt, dass in Ländern, in denen die Mitwirkungsrechte der Gewerkschaften[57] verringert oder beseitigt wurden, der Anteil der Personen mit niedrigen Einkommen zunimmt. Dies führt immer zu einer Steigerung der Zahl der Frauen mit nicht Existenz sichernden Einkommen und untergräbt oft die Wirksamkeit von Gleichbehandlungsmaßnahmen. Erfolgt die Lohnfestsetzung auf betrieblicher Ebene, also auf der Mikroebene, so wird sie auf Grund der Machtverhältnisse innerhalb der Wettbewerbsstrukturen der globalen Märkte sehr stark durch die Interessen des Managements und der ›Shareholder‹ geprägt.[58] Gleichzeitig nehmen die Einkommensunterschiede zwischen den Betrieben zu.

Der Sozialbericht 2003-2004 stellt zur österreichischen Situation ungleicher Lohneinkommen fest: »Mitte der achtziger Jahre wies Österreich in Europa die größten branchenspezifischen Lohndifferentiale aus, diese nahmen seither weiter zu … Relativ schlecht zahlende Branchen (sind) überdurchschnittlich stark mit Frauen besetzt.«[59]

Die branchenspezifischen Lohnunterschiede bedeuten, dass nicht nur zwischen Frauen und Männern, sondern auch unter Männern und zwischen Familienhaushalten große Einkommensunterschiede bestehen. Im Falle niedrigerer und mittlerer Einkommen können ausschließlich individuelle Maßnahmen im einzelnen Haushalt, etwa die Aufteilung der Versorgungspflichten zwischen Frau und Mann, die schlechte Einkommenssituation vieler Frauen weder beseitigen noch wesentlich verbessern.

Für viele Frauen bringt der tatsächlich existierende »Versorgungspflichtenmalus« (Unterbrechungen der Erwerbsarbeit, niedrigere Einkommen wegen Teilzeiterwerbsarbeit, geringere berufliche Möglichkeiten wegen verringerter Mobilität, fehlendes Recht auf vorübergehende Teilzeiterwerbsarbeit …) Berufs- und Einkommensnachteile. Dieser Malus soll nach dem Willen vieler Entscheidungsträger nicht verschwinden. Er soll nur zum Teil auf Männer und im Falle höherer Einkommen der Frauen auf andere Frauen mit geringeren Einkommenschancen verlagert werden; häufig sind dies geringfügig beschäftigte ›dazuverdienende‹ Österreicherinnen oder Ausländerinnen.

Das Verleugnen der ›privaten‹ Versorgungsökonomie als Bestandteil des industriell kapitalistischen Wirtschafts- und Gesellschaftssystems ist Teil der herrschenden Wirtschaftstheorie und Wirtschaftspraxis; Betreuungsarbeiten und Konsumarbeiten im eigenen Haushalt (Einkaufen, Kochen, Waschen, Bügeln usw.) gelten nicht als Arbeit. Diese Versorgungsarbeiten werden weder bei wirtschaftlichen Planungen noch bei gängigen Kennziffern für die Bewertung der Qualität des Wirtschaftssystems berücksichtigt; sie führen zu keinem Einkommen. Und: Wer beruflich nicht-produktive Versorgungsarbeiten in den Haushalten anderer erledigt oder ortsgebundene, nicht-technisierbare Dienstleistungen in Betrieben erbringt, wie etwa Altenbetreuerinnen oder Verkäuferinnen, soll nach den Verteilungsregeln des Finanzkapitals ein niedriges Einkommen haben. Die größere »Spreizung«, also Auseinanderentwicklung der Einkommen, wird von Wirtschaftsexperten des neoliberalen globalen Kapitalismus ausdrücklich betrieben und gerechtfertigt.[60]

Anders gesagt: Durch den ständigen Verweis auf die relative Einkommensschere zwischen Frauen und Männern wird der Eindruck erweckt, dass die fehlende Bereitschaft der Männer, Versorgungspflichten zu übernehmen, die Hauptursache für schlechtere Einkommenschancen aller Frauen sei. Übergangen wird nicht nur die Stellung der Haushalte bzw. Haushaltsmitglieder in der Einkommensstruktur und der Umstand, dass in den einkommensstarken Haushalten Versorgungspflichten zumindest teilweise an schlechter bezahlte Dienstleisterinnen übertragen werden (können).
Ausgeblendet wird auch, dass die gesellschaftlichen Konzepte der Makroebene – sozialstaatlich gezähmter Kapitalismus oder neoliberaler schlanker Staat – entscheidend das Ausmaß der Einkommensungleichheit auch zwischen den Geschlechtern bestimmen. Dies könnte etwa dadurch bewusst gemacht werden, dass der Zusammenhang zwischen niedrigen Einkommenschancen und dem Abbau von Arbeits- und Sozialrechten für viele Arbeitnehmerinnen und Arbeitnehmer aufgezeigt wird. Außerdem könnte gezeigt werden, dass dieser Abbau auch mit der steuerlichen Begünstigung von internationalen Investoren und mit Privatisierungen des öffentlichen Sektors (zum Beispiel im Gesundheits- und Bildungsbereich) zusammenhängt. Auf der Symbolebene soll zum Beispiel die ständige Darstellung der Werte des Börsenindexes suggerieren, diese

seien ein Index für allgemeinen Wohlstand; ein Ansteigen des Börsenindexes soll als Merkmal einer für alle günstigen wirtschaftlichen Entwicklung wahrgenommen werden, ein Sinken als Anzeichen wirtschaftlicher Schwierigkeiten.[61]
Die großen und in den letzten zehn Jahren noch wachsenden allgemeinen Einkommensunterschiede sowie die Zunahme prekärer Beschäftigungsverhältnisse als Folge neoliberaler kapitalistischer Wirtschaftskonzepte werden jedoch meist weder von Wissenschaft und Politik als entscheidende Einflussfaktoren für die Einkommensunterschiede zwischen Frauen und Männern thematisiert, noch werden Gegenmaßnahmen vorgeschlagen. Dies trifft auch auf die analysierte Studie des Bundesministeriums für Wirtschaft und Arbeit zu.

Vorbild Schweden – Einkommensunterschiede wurden auch mit solidarischer Lohnpolitik und mit dem öffentlichen Dienstleistungssektor bekämpft

Es wird leicht übersehen, dass die Grundsätze für die Gestaltung der Gesellschaft, das Leitbild der wünschenswerten Gesellschafts- und Wirtschaftsordnung, politische Maßnahmen nach sich ziehen, die nicht direkt wahrnehmbare Auswirkungen auf das Leben der einzelnen Menschen haben. Es macht einen großen Unterschied, ob der liberale schlanke Staat oder der Wohlfahrtsstaat Leitlinie der Wahrnehmung, des Denkens und Handelns der Entscheidungsträger aus Politik und Wirtschaft ist. Auch für Wissenschafter und Wissenschafterinnen besteht dieses Problem; es schlägt sich in den offen gelegten und/oder verschwiegenen Annahmen nieder, aber auch darin, dass Zusammenhänge übersehen oder ausgeklammert werden, zum Beispiel Wechselbeziehungen zwischen den wirtschaftlichen Strukturen der Mikro- und Makroebene.
Die Autorinnen und der Autor der diskutierten Studie betrachteten die Faktoren, die die Einkommensungleichheit zwischen Frauen und Männern verursachen, als wissenschaftlich bereits eindeutig identifiziert (siehe Abschnitt: Fixierung auf einen Vergleich der Durchschnittseinkommen von Frauen und Männern verdeckt so-

ziale Unterschiede). In Übereinstimmung mit dieser Annahme werden in der Analyse der Rahmenbedingungen und im eingeengten Konzept wirtschaftlicher Unabhängigkeit makroökonomische Regelungen und Strukturen ausgeklammert. Dies trifft auch für den Abschnitt »Hebelwirkungen politischer Maßnahmen« zu. Der Blick richtet sich auf Individuen bzw. auf die wirtschaftlichen Mikrostrukturen wie den jeweiligen Haushalt. Die Auswirkungen von Einkommensunterschieden aufgrund der Stellung in der gesamtgesellschaftlichen Einkommens- und Vermögensverteilung auf die Lebensverhältnisse werden ignoriert.

Die Forderungen scheinen daher lediglich auf die Verringerung des Einkommensunterschiedes zwischen dem jeweiligen Partner und der jeweiligen Partnerin im einzelnen Haushalt abzuzielen bzw. darauf – was nicht dasselbe ist –, gleich hohe prozentuelle Einkommenszuwächse für Frauen und Männer ohne Berücksichtigung der Einkommenshöhen(!) anzustreben. Eine »Umverteilung der Lasten persönlicher Versorgung zwischen Frauen und Männern« und ein »Ausgleich von Berufsstartchancen«, nämlich eine veränderte Berufswahl der jungen Frauen, um deren Anfangseinkommen zu verbessern, scheinen die Wege zu mehr Einkommensgerechtigkeit zwischen Frauen und Männern zu sein.[62] Als wichtige gesellschaftliche Rahmenbedingung wird lediglich ein ausreichendes Angebot an Kinderbetreuungseinrichtungen betont.

Damit diese Maßnahmen greifen können, wird von einem erforderlichen Zeitraum von mindestens zehn Jahren ausgegangen und dabei auf die Erfahrungen in Schweden verwiesen, »jenem Land, in dem der niedrigste Grad an Ungleichheit zwischen Frauen und Männern (im Raum der Europäischen Union) erreicht wurde«.[63] Väterkarenz, ausreichend vorhandene Kinderbetreuungseinrichtungen und eine hohe Frauenerwerbsquote werden als ausschlaggebend angeführt – zweifellos notwendige, jedoch nicht hinreichende gesellschaftliche Zielsetzungen.

Nicht erwähnt werden wichtige makroökonomische Maßnahmen: In Schweden gab und gibt es einerseits einen vergleichsweise gut ausgebauten öffentlichen Dienstleistungssektor, also einen ›vollschlanken‹ Staat, mit einem breiten Angebot an öffentlichen Betreuungseinrichtungen. Damit haben viele Frauen Erwerbsarbeitsplätze mit relativ guten, sicheren Einkommen und eigenständiger sozialer Absicherung. Die Individualbesteuerung ersetzte bereits vor Jahrzehnten die Haushaltsbesteuerung. Die sozialrechtliche Einrichtung Geringfügige Beschäftigung mit Anspruch auf sozialrechtliche und steuerliche Alleinverdienerförderung existierte nicht. Zum anderen stand in Schweden über Jahre eine solidarische Lohnpolitik auf der politischen Tagesordnung. Die Unterschiede zwischen den kollektivvertraglich geregelten Einkommen wurden verringert, indem den Niedriglohngruppen größere absolute und relative Erhöhungen zugestanden wurden. Hohe Einkommen wurden hingegen stark besteuert. Sozialstaatliche Einflussnahme führte so zu einer gerechteren und ausgeglicheneren Einkommensverteilung.[64]

›Kapitalistischer Produktivitätsmalus‹ – eine gesamtgesellschaftliche und makroökonomische Betrachtung der Einkommensunterschiede

Wie in Schweden, wenn auch teilweise in anderer Form und in unterschiedlichem Ausmaß, orientierten sich in den meisten west- und mitteleuropäischen Ländern nach dem Zweiten Weltkrieg wirtschafts- und sozialpolitische Maßnahmen lange am Ziel, die Einkommen für nicht-produktive Erwerbsarbeiten abweichend vom kapitalistischen marktorientierten Maßstab zu bewerten und anzuheben. Verminderte gesellschaftliche Teilhabechancen aufgrund niedriger Erwerbseinkommen wurden außerdem durch staatliche Sozialtransfers und eine allgemein zugängliche öffentliche Infrastruktur zum Teil beseitigt. Ein sozialstaatlich gezähmter Kapitalismus war das Ergebnis; in Ländern mit katholischer Tradition war dieser oft stark patriarchal geprägt.

Seit den neunziger Jahren ist in den Ländern der Europäischen Union eine Auseinanderentwicklung der Einkommen zu beobachten. Auch für Österreich zeigen die Daten der Lohnsteuerstatistik eine starke Zunahme der Ungleichheit. Von 1992 bis 2002 sank der

Lohn- und Gehaltsanteil des untersten Quintils[65] um 4,5 Prozentpunkte; jener des obersten Quintils stieg um 6,8 Prozentpunkte. Und: »Laut Sozialversicherungsdaten hat während der achtziger Jahre und in der ersten Hälfte der neunziger Jahre eine leichte Nivellierung geschlechtsspezifischer Lohnunterschiede und seit 1995 eine Entnivellierung stattgefunden«.[66]
Anders ausgedrückt: Während die Einkommen für Spitzenmanager und die Gewinne aus veranlagtem Kapital stark gestiegen sind, hat gleichzeitig die Zahl sehr niedriger, nicht Existenz sichernder Löhne zugenommen. Dieser Sachverhalt ist nicht zuletzt im kapitalistischen Produktivitätsverständnis als vorrangigem Maßstab für die Einkommenshöhe begründet: Organisationsformen und Tätigkeiten, die das Kapital nicht oder kaum vermehren, gelten als unproduktiv.[67] Unproduktive Tätigkeiten werden schlecht bezahlt oder bleiben unbezahlt. Je größer der Beitrag einer Tätigkeit für das Wachsen des Kapitals ist, als desto produktiver gilt sie und desto besser wird sie von den Kapitaleignern bezahlt. Manager von börsennotierten Unternehmen werden durch hohe Gagen belohnt, wenn der Wert der Aktien des Unternehmens steigt.[68] Wenn gleichzeitig viele Menschen erwerbslos werden, bedeutet dies für die Aktionäre des Unternehmens lediglich einen höheren Gewinn, da sich die Kosten verringern.

Verbunden mit dem Konzept ›privat‹ – ‹öffentlich‹[69] rechtfertigt dieses kapitalistische Produktivitätsverständnis sowohl extrem hohe Einkommen ohne Arbeit aus Privatvermögen – zum Beispiel aus Aktienbesitz – als auch Arbeit ohne Einkommen im eigenen privaten Haushalt; dessen wirtschaftliche Bedeutung wird im kapitalistischen Wirtschafts- und Gesellschaftssystem verleugnet:[70] Im als privaten Bereich definierten Haushalt verschwinden gemeinsam mit der Ehe- und Hausfrau auch die Versorgungsarbeiten, nämlich die Konsum- und Betreuungsarbeiten.[71] Diese im privaten Haushalt erbrachten Versorgungsarbeiten werden (wie übrigens auch das Studieren, also das Aneignen gesellschaftlich wichtigen Wissens) in der herrschenden Wirtschaftstheorie und -praxis sogar als ›Nicht-Arbeit‹ definiert. Wenn haushaltsfremde Personen – fast durchwegs

Frauen – diese Versorgungsarbeiten verrichten, erhalten sie oft eine sehr niedrige, nicht Existenz sichernde Entlohnung. Oft fehlt auch eine soziale Absicherung.
Der von der ÖVP-FPÖ-Regierung in Österreich betriebene Ausbau der steuerlichen Förderung von so genannten ›Alleinverdienerfamilien‹ ohne Berücksichtigung der Einkommenshöhe ist gemeinsam mit niedrigen Löhnen und der rechtlichen Institution ›geringfügige Beschäftigung‹ für manche Frauen ein Anreiz, kein reguläres Arbeitsverhältnis anzustreben. Mit der Steuerreform 2005 wurde darüber hinaus »die Zuverdienstgrenze für das zweite Einkommen beim Alleinverdienerabsetzbetrag von EUR 4.400 auf EUR 6.000 angehoben«.[72]
Aus makroökonomischer Sicht folgt daher: Der so genannte Versorgungspflichtenmalus – Berufs- und Einkommensnachteile wegen Versorgungspflichten – muss als kapitalistischer Produktivitätsmalus gesehen werden: Berufs- und Einkommensnachteile entstehen, weil Tätigkeiten wie familiäre ›Versorgungspflichten‹ und nicht technisierbare, körperbezogene und/oder ortsgebundene Dienstleistungen das Kapital nicht oder nur geringfügig vermehren. Gemäß dem kapitalistischen Verständnis von Produktivität sind nur jene Tätigkeiten und Organisationsformen produktiv, die das Kapital wachsen lassen. Daher verlangen Vertreter des neoliberalen Kapitalismus nicht nur Einsparungen bei den nicht-produktiven Staatsausgaben, sondern sie fordern mit dem Argument ›bezahlbare Arbeit‹ generell für nicht-produktive Erwerbsarbeiten auch ein sehr niedriges und, nach den Standards hoch industrialisierter Länder, oft nicht Existenz sicherndes Einkommen.

Für die Einkommenssituation vieler Frauen sind beide Folgen des kapitalistischen Produktivitätsverständnisses bedeutend: Erstens die unbezahlten privaten Versorgungsarbeiten und zweitens die vielen schlecht bezahlten, personenbezogenen und/oder ortsgebundenen Erwerbtätigkeiten. Dazu kommt, dass in Österreich und in einigen anderen Staaten die Verantwortung für die Kinder(-versorgung) nicht als gesellschaftliche, sondern als individuelle Aufgabe der Mütter (der Eltern) gesehen wird. In den hoch entwickelten Industriländern verweigern jedoch viele, vor allem gut ausgebildete Frauen in einer stillen Revolution die Übernahme dieser Arbeiten als ›natürliche‹ Aufgabe der Frau. Sie wollen ihre durch Berufstätigkeit erlangte finanzielle Unabhängigkeit nicht verlieren; sie müssen/wollen dem Markt flexibel und mobil zur Verfügung stehen. Manche haben daher keine Kinder oder nur ein Kind, obwohl sie ursprünglich zwei geplant hatten; andere heiraten nicht.

(Neu-)Regulierungen auf der Makroebene – verborgene Mechanismen der Macht

Tatsache ist, dass gegenwärtig in den entwickelten industriellen Gesellschaften viele Frauen und auch immer mehr Männer kein oder kein Existenz sicherndes Einkommen haben – und zwar trotz einer allgemeinen Produktivitätssteigerung und eines wachsenden Reichtums. Wenn es um die wirtschaftlichen Interessen von Frauen geht, müssen daher in einer Zeit fortschreitender neoliberaler Globalisierung mit der zunehmenden Macht von Finanzmärkten und transnationalen Konzernen Antworten unter anderem auf folgende Fragen gefunden werden: Warum sind immer mehr Menschen, besonders viele Frauen, trotz Steigerung der Produktivität von Armut bedroht? Wie wirken sich die vorherrschende Sicht bzw. Definition von Wirtschaft und Arbeit und die damit gerechtfertigten globalen und nationalen Neuregelungen auf die Arbeitsbewertung und auf die Organisation von Arbeitsprozessen aus? Wie gelingt es den ökonomisch Herrschenden, den Menschen zu vermitteln, dass ihre Sichtweise scheinbar günstig für alle ist, und wie können sie dies mit demokratisch beschlossenen Regelungen rechtfertigen und absichern?

Die gesellschaftliche Organisation auf der Makroebene ist der individuellen Alltagserfahrung nicht vollständig zugänglich. Daher wird die Wirksamkeit institutionalisierter Mechanismen leicht übersehen. Der französische Soziologe Pierre Bourdieu verweist in seinen Arbeiten auf den wichtigen Umstand, dass sich die Merkmale der Gesellschaft sowohl in den Institutionen als auch in den mentalen

Strukturen der Individuen niederschlagen.[73] Das bedeutet: Wahrnehmungs- und Denkmuster, Fühlen und Handeln entwickeln sich sozial vermittelt in einem engen Zusammenhang mit den jeweiligen Institutionen der Gesellschaft. Diese werden als kulturelle Selbstverständlichkeiten erlebt; die in den Institutionen objektivierten Herrschaftsverhältnisse entziehen sich so dem Zugriff der bewussten Auseinandersetzung und werden gemeinsam mit ihren Zu- und Verteilungsstrukturen als legitim wahrgenommen. Der »gesunde Menschenverstand« sagt, »dass das, was ist, so sein soll oder nicht anders sein kann«.[74] So genannte autonome Bereiche der Gesellschaft, die in Wirklichkeit nach strengen Regeln funktionieren, wie der »freie, selbst gesteuerte Markt« oder der Justizapparat, können jenen, die an ihre Richtigkeit glauben, ihre Notwendigkeit aufzwingen, ohne dass die Nutznießer der institutionalisierten Herrschaftsverhältnisse als Herrschende auftreten müssen. So legitimiert der unerschütterliche Glaube an die Marktwirtschaft und an die allgemeine Überlegenheit der neoliberalen Variante des Kapitalismus seit den 90er Jahren nicht nur das Handeln der meisten wirtschaftlichen und politischen Akteure, sondern lässt die in dieser Ökonomie Mächtigen herrschen, ohne dass sie ihre Machtstellung offen zeigen müssen.

Einflussreiche Repräsentanten unserer Gesellschaft, die scheinbar außerhalb politischer Auseinandersetzungen stehen, tragen mit ihren rechtfertigenden Aussagen entscheidend dazu bei, dass herrschende Ideologien auch Teil des Selbstverständnisses der Unterdrückten werden. Im Falle des ›richtigen‹ Wirtschaftsverständnisses handelt es sich dabei häufig um Vertreter und Vertreterinnen der Wirtschafts- und Sozialwissenschaften sowie Journalisten und Journalistinnen,[75] und wenn es um das Eintreten für das für die ›freie Marktwirtschaft‹ günstige Modell der männlichen Ernährerfamilie mit nicht-erwerbstätiger Ehefrau geht, die Repräsentanten der Religionsgemeinschaften, in Österreich besonders der katholischen Kirche.[76]
Mit Bernd Senf könnte man sagen: »Der Glaube an die ökonomische Vernunft ist längst zu einer neuen Weltreligion geworden …

diese neue Weltreligion (wird) nicht in den Kirchen gepredigt, sondern in den Universitäten und Fachhochschulen; und die Quintessenz ihres Glaubens ist längst eingeflossen in die Schulbücher, in die Massenmedien und in das Denken und Handeln von Politikern und Gewerkschaftlern«.[77]

Zu den historisch neuen Erscheinungen der ökonomischen Globalisierung, die durch die elektronischen Technologien möglich geworden sind, zählen die globalisierten Finanzmärkte. Ausgehend von wirtschaftlich-politischer Macht beruhen sie auf der Verbindung von Kapital und mikroelektronischer Computertechnologie. Auch den Managern transnationaler Konzerne eröffnet die Technologie der Mikroelektronik neue Möglichkeiten; mit PC und Internet können sie alle ihre internationalen Unternehmen leicht von einem Standort aus leiten und verwalten.

Entscheidend ist dabei, dass die Computerlogik als eine Raum-Zeit-Maschine wirksam wird: Sie löst den Raum in die Beschreibung des Raumes auf. Im virtuellen elektronischen Raum, also im gedachten Raum, spielen Raum/Entfernungen und Zeit (für die Überwindung von Entfernungen; Unterschiede in der örtlichen Tageszeit) keine Rolle. Das Fernsehen demonstriert uns dies täglich. Vom Gegenständlichen, vom Körperhaften wird im elektronisch konstruierten, im gedachten Raum völlig abgesehen.

Die Repräsentanten des neoliberalen Kapitalismus versuchen die Möglichkeiten des virtuellen globalen Raums und die Merkmale seiner digitalen Logik – dazugehören oder nicht existieren[78] – auf die gesellschaftliche Ordnung zu übertragen. Sie wollen eine globale Gesellschaftsordnung nach den Zielsetzungen und Maßstäben des neoliberalen Kapitalismus durchsetzen. In dieser durch das Internet mikroelektronisch verbundenen Welt scheinen die körperlichen Bedürfnisse, das Lebensalter der Menschen und die damit zusammenhängenden Erfordernisse genauso vernachlässigbar zu sein wie die unterschiedlichen kulturellen und historischen gesellschaftlichen Erscheinungsformen. Übergangen werden auch die jeweiligen historischen Gegebenheiten und bestehenden gesellschaftlichen Institutionen, die eng mit dem in der Bevölkerung entwickelten gesellschaftlichen Wissen und den kulturellen Selbstverständlichkeiten verbunden sind.

Das Arbeiten mit der mikroelektronischen Technologie fördert das Ignorieren des Körperlichen im neoliberalen Kapitalismus. Dies führt dazu, dass die wirtschaftspolitische Diskussion und Entscheidungsfindung die im Haushalt und in der Erwerbswelt anfallenden Arbeiten zur Befriedigung körperlicher Bedürfnisse stark vernachlässigen. Da nach wie vor in erster Linie Frauen entsprechend der institutionalisierten Arbeitsteilung für diese ohnehin nicht oder schlecht bewerteten Tätigkeiten zuständig sind, werden sich für viele Frauen die Einkommenschancen weiter verschlechtern.

Geschlecht, Ethnie und Klasse – verschiedene Seiten eines Unterordnungssystems

Die personenbezogenen und/oder ortsgebundenen Tätigkeiten (im Gastgewerbe, in der Reinigung, im Handel, in privaten Haushalten, in der Altenpflege usw.) werden in den hoch industrialisierten Ländern zunehmend von Fremden, Flüchtlingen und Einwanderern übernommen, vor allem von Frauen, aber auch von Männern aus industriell unterentwickelten Ländern. Diese internationale Arbeitsteilung hat zur Folge, dass in den hoch industrialisierten Ländern der Europäischen Union ethnische und rassische Unterschiede und damit einhergehende kulturelle Konflikte an Bedeutung gewinnen.[79]

Diskussionen auf verschiedenen internationalen Frauenkonferenzen, besonders Aussagen afrikanischer Feministinnen, zeigen, dass Geschlecht, Ethnie/Rasse und/oder Klassenzugehörigkeit für nachteilige Lebensbedingungen von Frauen je nach historischen Gegebenheiten und gesellschaftlichen Rahmenbedingungen unterschiedlich starke Bedeutung haben.

Die Historikerin Gerda Lerner hat meines Erachtens einen Ansatz entwickelt, der für die Theoriebildung in allen Wissenschaftsdisziplinen und für eine dem Ziel »mehr Gleichheit und Gerechtigkeit« verpflichtete politische Arbeit sehr wichtig ist. Sie hat in verschiedenen historischen Analysen deutlich gemacht, dass Frauen ebenso

wenig wie Männer als einheitliche Kategorie behandelt werden können. Bei allen Forschungen über Frauen der Vergangenheit und Gegenwart müsse gefragt werden, ob die Aussagen für Frauen verschiedener Klassen, verschiedener Ethnien oder Religionszugehörigkeit usw. in gleicher Weise gelten. Und sie hat gezeigt, dass »Geschlecht-, Klassen- und Rassendominanz von Anfang an miteinander verbunden und untrennbar sind«[80], also Teile eines Systems bilden. Bei einer Veranstaltung am Renner-Institut in Wien im Dezember 2000 betonte Gerda Lerner, dass sich Maßnahmen für eine Verbesserung der Lebensbedingungen aller Frauen auf alle diese Bereiche beziehen müssten.[81] Die Sichtweise, verschiedene Ungleichheiten als ein einheitliches System von Unterordnung zu verstehen, erfordert allerdings komplexere und beziehungsreichere Begriffsdefinitionen, etwa eine geschlechtsbestimmte Definition von Klasse und Rasse.
Für entscheidend halte ich Gerda Lerners Erkenntnisse über das Funktionieren und die Rechtfertigung von Herrschaft und Hierarchie. Ausschlaggebend ist die immer wieder gemachte Entdeckung von Eroberern/Führern/Eliten, dass »Unterschied Herrschaft rechtfertigen kann« und daher erlangte Macht stabilisiert.[82] Die Unterscheidungen, die auf Ethnie/Rasse, Klasse, Geschlecht, Religion usw. beruhen, haben die Funktion, die Spaltung (Teilung) der unterdrückten Menschen zuwege zu bringen; indem verschiedenen Gruppen der jeweils »Anderen« unterschiedliche Vorteile gegenüber den anderen unterdrückten Gruppen geboten werden, werden sie gegeneinander ausgespielt.

In der gegenwärtigen industriellen Gesellschaft können nach Gerda Lerner die Wechselbeziehungen zwischen diesen untergeordneten Gruppen nicht so klar aufgezeigt werden wie etwa in den vorindustriellen Gesellschaften. Doch sie bestehen gleichwohl. In Österreich haben sich die männlichen Entscheidungsträger der Sozialpartner auch der Arbeitnehmerseite öfters der Auffassung ›der Wirtschaft‹ gebeugt und sich nicht besonders für die Forderungen der weiblichen Angestellten und Arbeiterinnen eingesetzt; das scheint ihnen dann leicht gefallen zu sein, wenn die Sozialpartner

›der Wirtschaft‹ an der Vormachtstellung des männlichen Ernährers in der Familie festhielten und weitere Schritte zu einer eigenständigen Existenzsicherung der Frauen verhinderten.[83]

Lerner führt unter anderem aus: »Der Rassismus gibt den Weißen der unteren Schichten die Illusion der Überlegenheit, was sie davon überzeugt, die herrschenden Eliten zu unterstützen, häufig gegen ihre eigentlichen wirtschaftlichen Interessen ... Die Gewinne, die Frauen in einem Jahrhundert des Kampfes gemacht haben, haben den Frauen der Oberschicht überproportional genutzt ... Frauen dieser Gruppe haben Anteil, wenn auch auf einer niedrigeren Stufe, an den Vorteilen von Bildung und den Möglichkeiten einer beruflichen Laufbahn. Klassen- und Rassenprivilegien erlauben solchen Frauen, ihre Dienste im Haus und das Aufziehen der Kinder zu übernehmen, indem sie einer anderen Frau diese Tätigkeiten übertragen ... Ihre wirtschaftliche Unabhängigkeit erlaubt es ihnen, sexuelle Beziehungen in ihrem eigenen Interesse zu definieren und Scheidungen ohne großen wirtschaftlichen Verlust zu erlangen. Kurz, es ist ihr Klassenprivileg, das ihnen hilft, alle Nachteile, die sich aus ihrem untergeordneten Rang als Frau ergeben, zu kompensieren.

Die wirtschaftlich weniger privilegierten Frauen sind verletzlicher, da sie sich in einer schlechteren Verhandlungsposition befinden. Für viele Frauen der Mittel- und Unterschicht bedeutet der Gewinn einer gewissen wirtschaftlichen Unabhängigkeit durch bezahlte Arbeit, dass sie die Last eines doppelten Arbeitstages auf sich nehmen. Solche Frauen sind normalerweise nicht in der Lage, sich und ihre Kinder im Fall einer Scheidung zu ernähren, was bedeutet, dass sie keine besseren Bedingungen in der Ehe aushandeln oder andere Entscheidungen treffen können. Das sind die vielen Frauen, von denen man sagen kann, dass sie ›einen Mann weit von der Armut entfernt‹ sind.«[84]

Dieser Befund steht im Einklang mit Armutsstudien, die belegen, dass allein stehende Frauen, vor allem Arbeiterinnen, zu den armutsgefährdetsten Bevölkerungsgruppen zählen.[85] Nach dem aktuellen österreichischen Sozialbericht weisen folgende statistische

Gruppen hohe Anteile an Armutsgefährdeten auf: Langzeitarbeitslose (ab 12 Monate) 36%, Alleinerziehende 31%, allein stehende Pensionistinnen 26%, allein stehende Frauen im Erwerbsalter 23%, Mehrpersonenhaushalte mit drei und mehr Kindern 21% und Mehrpersonenhaushalte mit zwei Kindern 15%.[86] Beachtenswert scheint mir, dass die Armutsanalyse ausschließlich auf der Befragung von (auskunftswilligen) Haushalten beruht und nicht auch auf objektiv nachprüfbaren Einkommensdaten.[87]

Zusammenfassende Bemerkungen und Schlussfolgerungen

Die Fixierung auf den Vergleich mittlerer Einkommen oder von Durchschnittseinkommen von Frauen und Männern in der öffentlichen Diskussion verschleiert die hohen Einkommensunterschiede unter Frauen und innerhalb der Männer. Das außer Acht lassen der sozioökonomischen Unterschiede zwischen Frauen birgt die Gefahr, Frauen auf ihr biologisches Geschlecht zu reduzieren und ethnische oder soziale Unterschiede wie Herkunft oder Bildung zu ignorieren. Dieser Sachverhalt verhindert auch die Einsicht, dass Verbesserungen für alle benachteiligten Frauen Maßnahmen erfordern, die die unterschiedlichen sozialen Situationen berücksichtigen.

Die abstrakte Kategorie Mann als Hauptgegner lenkt bei Fragen von Einkommensunterschieden davon ab, dass die derzeitigen schlechten Berufs- und Einkommenschancen für viele Frauen (und etliche Männer) in erster Linie von den ökonomisch und politisch Mächtigen – fast durchwegs Männer – des neoliberalen kapitalistischen Wirtschaftssystems grundgelegt werden. Nationale gesetzliche Regelungen und internationale Vereinbarungen, die die wirtschaftlichen Strukturen auf der Makroebene beeinflussen, schaffen für die Betriebe und die einzelnen Familienhaushalte Rahmenbedingungen, die auch die Einkommensmöglichkeiten von Frauen verringern. Dies wird jedoch oft übersehen, da die Makroebene der gesellschaftlichen Organisation der individuellen Alltagserfahrung nicht vollständig zugänglich ist.

Geschlechterverhältnisse stehen jedoch in ständiger Wechselbeziehung mit anderen sozialen Strukturen und politischen Verhältnissen. Das bedeutet: Auch wenn Geschlechterverhältnisse im Zentrum einer Analyse stehen – etwa die Arbeitsteilung im Haushalt oder Einkommensunterschiede zwischen Frauen und Männern – müssen ökonomische Strukturen auf der Makroebene der Gesellschaft und gesetzliche Normierungen als einflussreiche Rahmenbedingungen in die Analyse einbezogen werden.

Im sozialstaatlich gezähmten Kapitalismus europäischer Prägung wurde nach dem Zweiten Weltkrieg gesellschaftliche Solidarität einerseits durch entsprechende Bestimmungen in Sozial- und Arbeitsrecht und andererseits durch ein Steuersystem institutionalisiert, das die marktgesteuerten ungerechten Primäreinkommen zum Teil ausglich. Darüber hinaus erfolgte eine ausreichende Finanzierung von allgemein, kostenlos oder kostengünstig zugänglichen öffentlichen Infrastruktureinrichtungen: Beispiele dafür sind Nahverkehrseinrichtungen, ein öffentliches Gesundheitssystem und ein Bildungssystem, das die Kinder mit sozial bedingten Lernschwächen nicht ausgrenzt. Dies alles begünstigt(e) die Einkommenssituation von Frauen. Heute wollen jedoch viele politische und wirtschaftliche Entscheidungsträger und Entscheidungsträgerinnen das kapitalistische Wirtschaftssystem perfektionieren und den neoliberalen schlanken Staat verwirklichen. Diesem Ziel dienen manche Regelungen internationaler Institutionen (Welthandelsorganisation …) sowie der Europäischen Union (Stabilitätspakt, alleinige Entscheidungsmacht der Gremien der Europäischen Zentralbank in Fragen der Währungspolitik …) sowie Entscheidungen österreichischer Politiker und Politikerinnen (Steuererleichterungen für internationale Investoren, Privatisierung öffentlicher Einrichtungen und Dienstleistungen) und die Ausweitung prekärer Beschäftigungsverhältnisse (wie geringfügige Beschäftigung oder Neue Selbständigkeit/Werkvertrag) – sie alle schmälern die Einkommenschancen vieler Frauen.

Zusammenfassend bedeutet dies: Was sich individuell auf der Mikroebene des privaten Haushalts als »Versorgungspflichtenmalus« wegen Übernahme von familiären Versorgungspflichten und »schlechter« Berufswahl darstellt, erweist sich auf der Makroebene des Wirtschaftssystems als ›kapitalistischer Produktivitätsmalus‹ – als Berufs- und Einkommensnachteile, die aufgrund von Tätigkeiten entstehen, die das Kapital nicht oder nur geringfügig vermehren und die daher im kapitalistischen Verständnis nicht-produktiv sind. Daraus folgt: Die Versorgungsökonomie muss als Teil des industriellen Wirtschaftssystems anerkannt und bei Fragen der wirtschaftlichen Organisation, der Arbeitsteilung und Arbeitsbewertung einbezogen werden. Wer die wirtschaftliche Situation von schlecht verdienenden Frauen (und Männern) nachhaltig verbessern will, muss gleichzeitig eine möglichst hohe Rendite für investiertes Kapital als alleiniges oder vorrangiges Ziel der wirtschaftlichen Organisation und Arbeitsteilung sowie die vom kapitalistischen Produktivitätsverständnis geleitete Bewertung von Tätigkeiten bekämpfen.

Kapitel 2
Das Wirtschaftskonzept beeinflusst Konzepte der Familienförderung und der Alterssicherung von Frauen

A: Familienförderung; gesellschaftliche Verantwortung für Versorgungsarbeiten

Wirtschaftliche und rechtliche Rahmenbedingungen bestimmen den Lebensalltag der Menschen[88]

Die individuelle materielle Existenzsicherung ist zweigeteilt: Erwerbsarbeit und Konsumarbeit

Entgegen dem immer wieder genährten Glauben, Geld allein sichere die Existenz, erfolgt die individuelle materielle Existenzsicherung durch Arbeit. Die meisten Menschen leben gemeinsam mit Familienangehörigen (oder Partnern/Partnerinnen) in einem Haushalt, also einer Wohnung oder einem Eigenheim; manche leben allein. Für das tägliche Überleben in der arbeitsteiligen bürgerlich-kapitalistisch-industriellen Gesellschaft ist ein bestimmtes Ausmaß an Geld als Tauschmittel für den Erwerb von Waren und Dienstleistungen erforderlich. Das notwendige Geld erhalten die erwachsenen Menschen im Regelfall durch Erwerbsarbeit, aber auch durch ein Sozialeinkommen, als Unterhalt vom Ehepartner oder aus Vermögenserträgen. Für den unmittelbaren Lebenserhalt sind alle Menschen auch auf das Erbringen von Konsumarbeiten, meist Hausarbeit genannt, angewiesen – die Sorge für Essen, Kleidung und Wohnen, das Einkaufen und Lagern von Gütern usw. Das trifft auch für allein in einem Haushalt lebende Frauen und Männer zu.

Übersicht 1: Haushalt und Betrieb – getrennte ökonomische Strukturen

Zwei wirtschaftliche Erfordernisse:

- **Geld**, das die meisten Menschen durch **Erwerbsarbeit** in einem **Betrieb** verdienen
- **Versorgungsarbeit**: **Haushaltsarbeit** (Konsumarbeit) und **Betreuungsarbeit**

Voraussetzungen, um die Arbeitsteilung im Haushalt entsprechend dem bürgerlichen Modell des männlichen ›Ernährers‹ zu organisieren:

- ein Mann und eine Frau
- eine ausreichende Höhe des Einkommens des ›Ernährers‹
- Frau versorgt den Haushalt, betreut die Kinder

Als Folge der Spezialisierung der Produktion finden Erwerbsarbeit und Konsumarbeit im Regelfall in örtlich getrennten Bereichen statt, nämlich in Betrieben, die das Erwerbssystem bilden, und in (Familien-)Haushalten, in denen die versorgungsökonomischen Leistungen erbracht werden.

Einkommenshöhen und Vermögen beeinflussen mögliche Lebensmodelle und die Arbeitsbelastung

Für die konkrete Arbeitsbelastung sowie für Möglichkeiten der Arbeitsteilung und -organisation im Haushalt sind die Höhen der Einkommen sehr entscheidend. Höhere Einkommen oder ein Vermögen erlauben es, Haushaltsarbeit, die als Erwerbsarbeit schlecht bezahlt ist, durch nicht zur Familie gehörende Frauen – Haushaltshilfen, Putzfrauen – erledigen zu lassen oder bestimmte Güter und Dienstleistungen – wie ein Essen im Restaurant oder die Kleiderreinigung – am Markt zu kaufen. Wer wenig verdient, leistet im Regelfall mehr Stunden Haushaltsarbeit, um einen bestimmten Lebensstandard zu sichern. Das trifft zum Beispiel für Arbeiterinnen und Arbeiterehefrauen zu.

Für Frauen in den unteren Einkommensschichten war und ist Erwerbsarbeit, wenn auch oft nicht formelle Erwerbsarbeit, immer eine Selbstverständlichkeit, auch als Mutter. Häufig geschah und geschieht dies in Form von Schattenarbeit oder geringfügiger Beschäftigung, aber auch als schlecht bezahlte offizielle Erwerbsarbeit in den Haushalten der Gutverdienenden. Haushaltsarbeit macht also nicht alle Frauen gleich. Das im Ehe-, Sozial- und Steuerrecht institutionalisierte Modell der bürgerlichen Ernährerehe war und ist für die Frauen der unteren Einkommensschichten finanziell nicht lebbar. Heute wollen außerdem die meisten gut ausgebildeten Frauen finanziell nicht vom Partner abhängig sein; sie sind auch als Mütter berufsorientiert.

Unabhängig von der finanziellen Situation bedeuten die zunehmenden Spezialisierungen und örtlichen Trennungen, dass die Produktivitätsgewinne in den technisierten und/oder spezialisierten Bereichen für die einzelnen Menschen als so genannte ›Verbraucher oder Konsumenten‹ einen immer größeren Zeitaufwand mit sich bringen, die Lebenshaltung also indirekt verteuern: Längere Wegzeiten zwischen Wohnung und Erwerbsarbeitsstätte sowie zwischen den auf verschiedene Güter und Dienstleistungen spezialisierten Betrieben, immer mehr Selbstbedienung, betriebs- und bereichsspezifische Zeitordnungen usw. bewirken dies.

Bürgerlich-kapitalisch-industrielle Wirtschaftsweise und generative Existenzsicherung – geschlechtshierarchische Arbeitsteilung

Die Sorge für Kinder (nicht nur für Kleinkinder) vergrößert den Arbeits- und Zeitaufwand. Die Versorgung von Kindern lässt sich schwer mit den steigenden Anforderungen an räumliche und zeitliche Mobilität seitens des Berufes und den verselbständigten Zeitordnungen der örtlich getrennten, spezialisierten Bereiche – der Betriebe, Schulen, öffentlichen Verkehrsmittel … – in Einklang bringen. Arbeitsfähige Erwachsene können erforderliche Konsumarbeiten zur Befriedigung ihrer Bedürfnisse selbst erledigen, zum Beispiel ein Essen für sich zubereiten oder die Haare waschen. Sie können ihre Bedürfnisse auch befriedigen, indem sie am Markt gegen Bezahlung Dienstleistungen kaufen. Bei kleinen Kindern und anderen nicht arbeitsfähigen Personen stellt sich die Frage, wer die notwendigen Waren für das Essen oder die Haarwäsche (Milch, Butter, Haarshampoo ...) und die Kosten für die Person finanziert, die die Konsum- und Betreuungsarbeiten erbringt. Marktökonomisch, besonders aus der Sicht von Geldanlegern, und aus der Sicht von vielen Männern ist es am günstigsten, diese Versorgungsarbeiten in Arbeit aus Liebe umzudeuten.

Die als Folge der spezialisierten Arbeitsteilung entstandenen und immer wieder neu geschaffenen getrennten Lebensbereiche von Betrieben und Haushalten begünstigen, ausgehend vom Gebären und Stillen der Kinder in Verbindung mit der vom kapitalistischen Produktivitätsverständnis beeinflussten Einkommensstruktur, die geschlechtshierarchische Arbeitsteilung: Der Mann wird (Haupt-) Verdiener, die Frau versorgt die Kinder und macht die Haushaltsarbeit (und wird, wenn nötig, Dazuverdienerin). So stellen Frau und Mann durch ihre Arbeitsteilung im Haushalt, durch die Gestaltung des Geschlechterverhältnisses, die lebensnotwendige Verbindung der räumlich getrennten Bereiche der ›offiziellen Wirtschaft‹ und der Versorgungsökonomie individuell für die Mitglieder des einzelnen Haushalts her. Die aus der offiziellen Definition von Arbeit und Wirtschaft ausgeschlossene Versorgungsökonomie (die privaten Konsum- und Betreuungsarbeiten) wird so auch im Interesse der ›offiziellen Wirtschaft‹ sichergestellt.

Gleichzeitig wird so die geschlechts- und schichtspezifische Sozialisation garantiert. Mädchen und Buben entwickeln ihre geschlechtliche Identität als Teil ihrer sozialen Identität zugleich mit der täglichen Wahrnehmung der Aufgabenteilung zwischen den Eltern und zwischen Männern und Frauen in den Haushalten des sozialen Umfelds. Dass diese Arbeitsteilung keineswegs naturgegeben ist, zeigt ein Blick auf die Versorgung der Kinder des Adels in der Feudalgesellschaft durch Ammen, Dienstboten usw. und heute auf Familien, in denen die Frauen in gut bezahlten, zeitaufwendigen Positionen tätig sind; diese Familien haben Kindermädchen, Haushälterinnen oder andere Hilfen.

Was unter (richtiger) Familie verstanden wird, ist im Allgemeinen Bürgerlichen Gesetzbuch (ABGB), aber auch im Steuer- und Sozialrecht institutionalisiert.

Übersicht 2: Familie, eine gesetzliche Norm

Bürgerliches Gesetzbuch (ABGB 1812) :

- die **Ehe begründet die Familie** (§44 Eherecht)
- die **bürgerliche Familie** wurde die gesetzliche Norm der Familie und
- ist auch **im Sozialrecht institutionalisiert** (siehe Witwenpension und unterhaltsrechtliche Absicherung der Ehefrau und der Kinder)

Unterhaltsrecht (ABGB):

- anerkennt und **bewertet Haushaltsarbeit**, die **von verheirateten Frauen** geleistet wird, entsprechend der Höhe des Einkommens des Ehemannes (siehe Unterhaltanspruch, Hinterbliebenenpension)
- **verbindet Geschlechterungleichheit mit sozio-ökonomischen Unterschieden**[89]

Die Übersichten 1 und 2 sollen verdeutlichen, wie die Lebensform der bürgerlichen Familie wirtschaftlich durch die Struktur des Haushalts der Kernfamilie den Erfordernissen der Trennung von Betrieb und Haushalt in der bürgerlich-kapitalistisch-industriellen Gesellschaft angepasst und rechtlich durch die auf der Ehe gründenden Familie abgesichert wurde. Mutterfamilien (eine Frau mit ihren Kindern) und nicht-eheliche Lebensgemeinschaften mit Kindern sind daher nach geltendem österreichischem Recht keine Familien. Das hat unter anderem sozialrechtliche Folgen: So setzt der Anspruch auf eine Witwenpension die Ehe voraus; sie fällt nicht bei Erreichen des Pensionsalters an, sondern nach dem Tod des Ehemannes, dessen Unterhaltspflicht sie ersetzt. Für junge Witwen mit Kindern ist die Witwenpension eine Art Erziehungsgeld. Im Falle jung verstorbener Ehemänner mit wenigen Versicherungsjahren und niedrigem oder mittlerem Einkommen wird die sehr niedrige Hinterbliebenenpension auf die Höhe des Ausgleichszulagenrichtsatzes angehoben.[90] Da die Ehe Anspruchsvoraussetzung ist, bekommen nicht verheiratete, allein stehende Frauen mit Kindern kein analoges ›Erziehungsgeld‹.

Zur historischen Entwicklung

In der vorindustriellen, ständischen Wirtschafts- und Familienverfassung waren die Funktionen des Wirtschaftens, der Versorgung von Kindern und der sozialen Sicherung in der hauswirtschaftlichen Einheit, zu der auch das Gesinde gehörte, klassen- und geschlechterspezifisch zusammengefasst. Die politisch-rechtliche Sicherung der ständischen Eigentumsordnung bestimmte, wer für wen arbeitete, wer wie viel vom erarbeiteten Produkt erhielt und ob ihr oder ihm eine Familiengründung gestattet wurde.[91] Eine besondere Rolle innerhalb des historischen Wandels zur bürgerlich industriellen Gesellschaft spielte die Gewährung der Ehe- und Familienfähigkeit an Besitzlose und damit einhergehend die Sicherung weiblicher Arbeitskraft für alltägliche Dienstleistungsarbeiten als Ersatz für die Dienstboten beiderlei Geschlechts in der ständischen Gesellschaft.

Für die Makroebene industriell-kapitalistischer Gesellschaften war nach John K. Galbraith die damit verbundene Umdeutung der Dienstbotenarbeiten in quasi natürliche Dienstleistungen der Frau aus ›Liebe‹ – die Erfindung ›der Hausfrau‹ – eine ökonomische Leistung ersten Ranges. Diese Umdeutung zur weiblichen Tugend durch die neoklassische Nationalökonomie und die Definition des Haushalts als Privatbereich waren wichtig, weil »die Vorstellung, dass unser Wirtschaftsgefüge ungefähr die Hälfte der Erwachsenen zu einem untergeordnetem Status zwingt, … sich nicht leicht verfechten (lässt).«[92]

Soziale Grundsicherung für Kinder: Geld, Sachleistungen und Infrastrukturen[93]

Geld allein ist zu wenig

Die im Rahmen der Tagung »Sterntaler oder Aschenbrödel« bisher behandelten Vorschläge bezogen sich hauptsächlich auf die Bekämpfung der finanziellen Armut. Dies verschleiert meines Erachtens zwei Sachverhalte: Erstens die Tatsache, dass materielle Armut mehr bedeutet als Mangel an Geld. Es wird m. E. vergessen, dass Geld zwar eine notwendige, aber keine hinreichende Bedingung für die Vermeidung von Armut ist; aus der Sicht des Kindes sind Güter und Dienstleistungen ebenso entscheidend. Mit einem Teil der Dienstleistungen – wie der Versorgung mit Essen und sauberer Kleidung im Familienhaushalt – hängt der zweite, oft übersehene Sachverhalt zusammen: In der Konzentration auf Geld und Kind wird der Blick auf die Versorgungsökonomie und auf die Person, die die Konsum- und Betreuungsarbeiten erbringt, ausgeblendet. Die Frage der finanziellen Existenzsicherung der Person, die im Rahmen der Geldökonomie das Kind versorgt, wird auf diese Weise übergangen. Steuerliche Förderungen zum Beispiel erhöhen zwar das Familieneinkommen, es ist aber der erwerbstätige Geldverdiener, der die öffentliche Förderung erhält, und nicht die Person – in der Regel die Mutter –, die die Versorgungsarbeiten konkret erbringt.

Ich befürworte ein Konzept zur Armutsvermeidung, das ich Soziale Grundsicherung nennen möchte. Dieses umfasst als öffentliche Aufgabe – als gesellschaftliche Verantwortung für Kinder – Geld, Sachleistungen und den gesicherten Zugang zu Infrastrukturen. Es wurde zum Beispiel bereits hervorgehoben, dass die Wohnsituation eine große Rolle spielt. Dabei zeigt sich, dass die Armutsbedrohung mit der Einkommens- und Vermögensverteilung eng zusammenhängt. Neben der Wohnproblematik gehört zu den Infrastrukturen etwa auch der Zugang zum Gesundheitssystem oder zu Bildungs- und Freizeiteinrichtungen. Die Erreichbarkeit und Verfügbarkeit solcher Ressourcen ist für die Armutsvermeidung im Sinne von Teilhabemöglichkeit aller Kinder an den gesellschaftlichen Errungenschaften eine gesellschaftliche Aufgabe, auch der Kommunalpolitik.

Widersprüchliche Forderungen – besondere Förderung für wen?

Bezüglich der Armut von Familien und der Armutsbekämpfung ist es wichtig, nicht nur abstrakte Modelle vorzustellen, sondern das Problem vor dem Hintergrund des realen wirtschaftlichen und politischen Umfelds zu diskutieren. Ich gehe daher darauf ein, wie in Österreich derzeit die öffentliche Diskussion zum Thema der Familienförderung aussieht, welche Gruppen die Diskussion bestimmen und welche Gesichtspunkte dabei im Vordergrund stehen:

▷ Es wird von der Notwendigkeit einer sozial gerechten Staffelung gesprochen; in diesem Zusammenhang fällt mir auf, dass die Familienbeihilfe als eine Leistung, die für die Kinder aller Einkommensgruppen gleich hoch ist, zur Diskussion gestellt wird. Gleichzeitig wird für familienbezogene Transferleistungen, die mit der Einkommenshöhe steigen, etwa die Waisenpension, die Witwerpension oder das Wochengeld, keine sozial gerechte Staffelung gefordert. Auch Umverteilungsmechanismen – wie zum Beispiel die Wohnungsförderung –, die nach oben umverteilen, stehen keineswegs in Diskussion.

▷ ›Wissenschaftliche‹ Grundlage der Diskussion über Armut sind Daten nach der Methode des Netto-Pro-Kopf-Einkommens. Bei dieser Forschungsmethode wird die Zahl der Kinder und die Zahl der Verdiener pro Familienhaushalt untersucht, die Einkommenshöhe als Ursache für Armut jedoch nicht.

▷ Es überrascht mich, dass der Katholische Familienverband, eine Organisation, von der ich von ihrem Anspruch her erwarte, dass sie Armut bekämpft, nicht etwa ein allgemeines Existenzminimum für alle – auch die Einkommensarmen – fordert, sondern mit dem Konzept des ›steuerfreien‹ Existenzminimums ein Modell vertritt, das den besser verdienenden Einkommensgruppen zugute kommt.

▷ Im krassen Widerspruch zur öffentlich diskutierten Notwendigkeit einer sozial gerechten Staffelung, die eine gezielte Umverteilung zu ärmeren Schichten bringen soll, steht die Auffassung der Verfassungsrichter; danach sollen Familien mit höherem Einkommen auch höhere staatliche Leistungen in Form von steuerlichen Begünstigungen für ihre Kinder zustehen. Und zwar mit der Argumentation, dass die Familienbeihilfe im untersten Einkommensbereich das Existenzminimum abdecke, weil diese Eltern kaum mehr für die Kinder ausgeben – ich würde sagen ausgeben können – als die Familienbeihilfe ausmacht, dass aber wohlhabende Eltern weit mehr ausgeben als die Familienbeihilfe und daher finanziell stärker belastet seien. Es wird also einerseits von Armut und Armutsbedrohung von Kindern gesprochen und vom »Treffsicherer-Machen« der staatlichen Leistungen durch soziale Staffelung; gleichzeitig werden von den Verfassungsrichtern und von Vertretern des Katholischen Familienverbandes Modelle der sozialen Staffelung vertreten, bei denen die höheren Einkommensgruppen höhere staatliche Förderungen erhalten.

Ich denke, es herrscht Übereinstimmung darüber, dass sowohl die Eltern als auch die Gesellschaft die Verantwortung für die Kinder tragen. Die Frage ist nur, wie diese Verantwortung aufgeteilt wird. Die Unterhaltsverpflichtung der Eltern ist ebenso wie erbrechtliche Angelegenheiten privatrechtlich im ABGB geregelt. Dieses Rechtssystem aus dem Jahre 1812, aus der feudalen Zeit, sieht standesgemäße Ansprüche vor. Das Erkenntnis der Verfassungsrichter vom Jänner 1992 und nach Medienberichten ein in Ausarbeitung befindliches neues Erkenntnis will dieses Prinzip der standesgemäßen unterhaltsrechtlichen Ansprüche auf die staatliche Förderung übertragen. Es erklärt also eine steuerliche Berücksichtigung der möglichen, tatsächlichen Ausgaben für Kinder und damit eine schichtspezifische staatliche Familienförderung für gerechtfertigt.

Ich vertrete die Auffassung, dass demokratiepolitisch gesehen die staatliche monetäre Familienförderung, die aus Abgaben und Steuermitteln finanziert wird, für die Deckung der Grundbedürfnisse der Kinder (Essen, Kleidung, geheizte Wohnung, usw.) zuständig ist und dass für die standesgemäße Versorgung (mehr und teuere Kleidung,

besondere Freizeitwünsche usw.) die Eltern der Kinder aufkommen müssen.
Wenn – wie in der Argumentation der Verfassungsrichter behauptet wird – die Judikatur und das Recht verlangen, dass Eltern mit höherem Einkommen für die standesgemäße Versorgung ihrer Kinder auch höhere Leistungen vom Staat gebühren, dann bin ich aus demokratiepolitischen Gründen der Meinung, dass die Judikatur oder/und das Recht entsprechend zu ändern sind: Ich glaube, dass besonders diejenigen, die sich für Armutsbekämpfung einsetzen, die öffentliche demokratiepolitische Auseinandersetzung mit jenen führen müssen, die zusätzliche öffentliche Mittel für Familien fordern und gleichzeitig Vorschläge machen, die Familien mit einem höheren Einkommen begünstigen, nicht aber die ärmeren.

Die Forderung nach einem ›steuerfreien‹ Existenzminimum oder nach Steuerfreibeträgen begünstigt besonders die Bezieher höherer Einkommen. Auch mittlere Einkommensgruppen können zum Beispiel die Ausgaben für das dritte oder vierte Kind steuerlich nicht mehr geltend machen. Eine direkte Kinderbeihilfe bekommen hingegen die Familien aller Kinder, auch die unteren Einkommensgruppen, die besonders armutsgefährdet sind, in voller Höhe. Ich trete daher für kindbezogene direkte Geldleistungen für Kinder aller Einkommensgruppen in gleicher Höhe ein. Und ich bin für die Erhöhung der Kinderbeihilfe für alle.
Eine soziale Staffelung soll bei jenen Leistungen überlegt werden, die jetzt am stärksten zu den oberen Einkommensgruppen umverteilen, wie zum Beispiel die Wohnungsförderung. Die besondere Förderung von Wohnungseigentum setzt nämlich voraus, dass ein gewisser Umfang von Geld vorhanden ist. Die Bezieher mittlerer und höherer Einkommen profitieren daher von dieser Politik, während Vermögenslose mit niedrigem Einkommen überhaupt nicht in den Genuss dieser Leistungen kommen können.

Gesamtgesellschaftliche Verantwortung – Sachleistungen und auch für Arme zugängliche öffentliche Infrastrukturen
Neben Geldleistungen sind auch Sachleistungen und die Sicherung des Zugangs zu Infrastrukturen mit ihren Dienstleistungen wichtige sozialstaatliche Aufgaben im Kampf gegen Armut. Solche nichtmonetäre Leistungen sind insbesondere für Kinder von Eltern der unteren Einkommensgruppen sicherzustellen. Gut ausgestattete öffentliche Schulen und Kindergärten sind zum Beispiel für die Lebenschancen der Kinder der unteren Einkommensgruppen sehr bedeutsam, ebenso eine gute medizinische Versorgung. Es geht aber auch um Infrastrukturen, die das Leben mit Kindern erleichtern, etwa geänderte zeitliche und räumliche Strukturen (Öffnungszeiten bei Kindergärten, erreichbare Spielplätze …).

Fest steht: Hauptursache für Armut in den Industriegesellschaften sind niedrige Einkommen. Kinder sind arm, wenn ihre Eltern arm sind, Kindern geht es wirtschaftlich besser, wenn es den Eltern wirtschaftlich gut geht. In einer reichen Gesellschaft kann nur dann sinnvoll über Armut und soziale Gerechtigkeit gesprochen werden, wenn gleichzeitig über die Ursachen des zunehmenden Reichtums einiger gesprochen wird, wenn also nicht nur Armutskonferenzen abgehalten werden, sondern Armut und Reichtum das Thema sind.
Die neoliberale globale Wettbewerbswirtschaft bedroht mit bestimmten nationalstaatlichen und internationalen (rechtlichen) Regelungen im Interesse des weltweiten Wettbewerbs Demokratie und Sozialstaat. Sie schafft Reichtum vor allem für ›share-holders‹, nicht jedoch für die gesamte Bevölkerung der Staaten. Eine gerechtere Einkommens- und Vermögensverteilung, höhere Mindesteinkommen, ein höherer Spitzensteuersatz, eine stärkere Kapitalbesteuerung, der Zusammenhang zwischen Technologien, Raum- und Zeitstrukturen und sozialer Ungleichheit und die notwendige Änderung des herrschenden Wirtschaftskonzepts sind daher Themen, die – will man gegen Armut kämpfen – auf die politische Tagesordnung kommen müssen.

Verborgene politische Macht I
Familienförderung (Kinderkostenausgleich) und das ständische Gleichheitsverständnis von Verfassungsrichtern

In den 90er Jahren traten die Verfassungsrichter im Namen der Gleichheit für die steuerliche Berücksichtigung von Unterhaltskosten ein. Bischöfe der Katholischen Kirche mahnten soziale Gerechtigkeit ein, die Caritas rief zur Bekämpfung der Familienarmut auf; gleichzeitig forderten Vertreter des Katholischen Familienverbandes ein ›steuerfreies‹ Existenzminimum. Verfassungsrichter (einflussreiche Repräsentanten des Rechtssystems) und Vertreter des Katholischen Familienverbandes (wichtige Vertreter der Katholischen Kirche) waren also Anwälte für eine höhere Familienförderung für Wohlhabende. Dieser Sachverhalt ist eine politische Herausforderung.

Gleichheit, Wahrheit, Gerechtigkeit – »Gießkannenprinzip«

Viele Menschen glauben, dass Verfassungsrichter, Universitätsprofessoren, Finanzrechts- und Sozialrechtsexperten, Vertreter der Katholischen Kirche … außerhalb politischer Interessenauseinandersetzungen stehen. Sie halten die von diesem Personenkreis vertretenen Auffassungen von Gleichheit und sozialer Gerechtigkeit für objektiv richtig und glauben, dass Wissenschaft, Recht und Religion mit Politik nichts zu tun haben. Ein Glaube, der auch der in der Politikwissenschaft gängigen Eingrenzung des Politischen auf das so genannte politische System – Parlament, Regierung, Parteien – und der Auffassung, Wahrheit sei das Ziel und das Instrument der Wissenschaft, Macht das der Politik, zugrunde liegt.

Spätestens seit die SPÖ-ÖVP-Regierung im Sparpaket 1995 das ausgabenseitige Sparen auch auf die Familienbeihilfe ausgedehnt und als Kompromiss die einheitliche Kürzung der Familienbeihilfe um ATS 100 beschlossen hat[94], wird die soziale Staffelung der Familienbeihilfe öffentlich gefordert. Häufige Äußerungen lauten: Weg vom

›Gießkannenprinzip‹ in Form der gleich hohen Familienbeihilfe für alle Einkommensgruppen, hin zu mehr sozialer ›Treffsicherheit‹. Auf einige Widersprüche und Ungereimtheiten in der in den Medien geführten Diskussion will ich im Folgenden eingehen.
Im Vordergrund des abgelehnten ›Gießkannenprinzips‹ stehen in der öffentlichen Diskussion jene Transferleistungen, die die unteren Einkommensgruppen in gleicher Höhe wie die oberen Einkommensgruppen erhalten wie die Familien- und die Geburtenbeihilfe. Bei diesen gleich hohen familienbezogenen Leistungen wurde gespart.[95] Bei Transferleistungen, die mit der Höhe des Einkommens des Unterhaltspflichtigen steigen, wie die Waisenpension, die Witwenpension, die für junge Witwen eine Art Erziehungsgeld darstellt, oder gar die Witwerpension, wird weder vom Gießkannenprinzip gesprochen, noch wird soziale Treffsicherheit eingefordert. Übrigens: Die Verteilungswirkung der Familienbeihilfe nach oben ergibt sich nicht durch die gleiche Höhe für alle Einkommensgruppen, sondern durch die ungleiche Dauer des Bezuges der Familienbeihilfe. Wer in Ausbildung ist, gilt als ›Kind‹, die Eltern haben Anspruch auf Familienbeihilfe. Je länger ein Jugendlicher in schulischer oder universitärer Ausbildung ist, desto höher wird der Gesamtbetrag pro Kind. Kinder aus den oberen (Einkommens-)Schichten der Bevölkerung studieren bekanntlich häufiger.[96] Sie sind auch nicht auf ein eigenes Erwerbseinkommen zur Finanzierung ihres Lebensunterhaltes angewiesen, durch das sie den Anspruch auf Familienbeihilfe verlieren würden.

»Familienfreundliches« Steuersystem – stärkere Förderung der Reichen

Das Anfang 1997 erschienene Erkenntnis der Verfassungsrichter zur Familienförderung hat die Diskussion über einen gerechten Kinderkostenausgleich von der Frage einer sozial gerechten finanziellen Förderung hin zur angeblichen Notwendigkeit einer am Unterhaltsrecht orientierten, standesgemäßen Förderung im Steuerrecht, also in die entgegengesetzte Richtung gelenkt. Das heißt: statt der Gießkanne für alle wird die Traufe für wenige gefordert. Famili-

enminister Bartenstein (ÖVP) kündigte trotz Sparpaket dafür zusätzliche zehn Milliarden Schilling an.
Seit Jahren wird in Medienkampagnen irreführend ein »familienfreundliches Steuersystem« mit dem Ziel einer höheren Förderung für Wohlhabende gefordert. Das Kinderkostenerkenntnis vom Jänner 1992, das im Namen der Gleichheit einen staatlichen Kinderkostenausgleich im Steuerrecht festlegte, war für die Befürworter einer standesgemäßen Förderung ein wichtiger Erfolg. Die nach Kinderzahl gestaffelten Absetzbeträge mit teilweisem Negativsteuerausgleich waren der daraufhin beschlossene Regierungskompromiss.
Jene gesellschaftlichen Gruppen, die die bestehende ungleiche Einkommens- und Vermögensstruktur aufrechterhalten und festigen wollen, streben das Steuersplitting (Freiheitliche Partei), das ›steuerfreie Existenzminimum‹ (Katholischer Familienverband, ÖVP-Familienbund) oder einfach die steuerliche Freistellung von Ausgaben für Kinder als Formen eines ›familienfreundlichen‹ Steuersystems an. Die rechtspolitische Grundlagenarbeit für solche Vorhaben leisten die Verfassungsrichter. Sie beziehen sich bei ihren Gleichheitsüberlegungen auf die privatrechtliche Unterhaltspflicht nach dem Allgemeinen Bürgerlichen Gesetzbuch aus dem Jahre 1812 (!): Das Unterhaltsrecht erkennt soziale Ungleichheit an und sieht daher bei Gleichheitsüberlegungen von sozialen Ungleichheiten wie Einkommens- und Vermögensungleichheiten oder der Geschlechterungleichheit ab. Die Höhe von Ansprüchen unterhaltsberechtigter Familienmitglieder wird ausschließlich in Abhängigkeit von der finanziellen Situation des Unterhaltspflichtigen betrachtet.

Der damalige Präsident des Verfassungsgerichtshofes, Univ. Prof. Dr. Ludwig Adamovich, verdeutlichte das Prinzip der privatrechtlichen Unterhaltspflicht 1992 in einem Interview anschaulich: »Das ist ein Grundsatz des Bürgerlichen Rechtes, der in der Judikatur der Zivilgerichte auch zum Ausdruck kommt. Es ist nun einmal Glückssache, ob man als Sohn eines Milliardärs oder eines Hilfsarbeiters auf die Welt kommt ...Theoretisch könnte der Milliardär also seinem Kind auch nur so viel geben wie ihm der Staat ersetzt (durch die

Familienbeihilfe). Da würde er aber Zores bekommen, weil ihn das Kind darauf klagen kann, dass es mehr zu bekommen hat. Die Judikatur der Zivilgerichte besagt, dass der Milliardär verpflichtet ist, seinen Sohn nicht aufs Existenzminimum zu setzen, sondern ihm einen entsprechenden Standard zu verschaffen. Der springende Punkt ist: Wer hat die Differenz zu tragen? Bisher hat der Staat dem Milliardär gesagt: Lieber Freund, das ist dein Problem, aber nicht das des Staates. Genau da gibt es die Meinungsverschiedenheiten. Der Bundeskanzler[97] sagt: Das ist nicht unsere Sache. Das Erkenntnis sagt: So geht's halt nicht … Der springende Punkt ist eben: Wer hat für die Differenz zwischen Existenzminimum des Kindes und einer der Leistungsfähigkeit der Eltern angemessenen Leistung zu sorgen? Natürlich der Unterhaltspflichtige. Die Frage ist aber: Wie weit muss ihm der Staat dabei helfen?«[98]

Ständische oder demokratische Gleichheit?

Selbstverständlich besteht eine Verantwortung der gesamten Gesellschaft gegenüber Kindern. Die Frage ist, wie diese konkret ausschauen soll. In einer sich demokratisch verstehenden Gesellschaft besteht meiner Auffassung nach die gesellschaftliche Verantwortung grundsätzlich gegenüber Kindern aus allen sozialen Schichten. Gesellschaft und Eltern haben gemeinsam die Verantwortung. Was die finanzielle Verantwortung für den Lebensunterhalt betrifft, so teilen sich Staat und Eltern diese: Der Staat ist für die Sicherstellung der Grundbedürfnisse (Essen, eine warme Wohnung …) – eines Existenzminimums – zuständig, die Eltern für die standesgemäßen Ausgaben (für Markenkleidung, besondere Freizeitwünsche, ein eigenes Zimmer für jedes Kind usw.), also für den standesgemäßen Unterhalt, der in der politischen Diskussion irreführend ›steuerfreies Existenzminimum‹ genannt wird.

Dass die Höhe privater Unterhaltszahlungen geschiedener Väter in der Judikatur der Zivilgerichte sich an deren Einkommenshöhe orientiert, ist einzusehen. Demokratiepolitisch ist es jedoch abzulehnen, dass privatrechtliche Prinzipien der ›bürgerlichen‹ Unterhaltspflicht auf öffentlich-rechtliche Maßnahmen des Kinderkostenausgleichs übertragen werden, wie es die Verfassungsrichter verlangen.

Wie argumentieren die Verfassungsrichter die von ihnen vertretene ständische Logik im Erkenntnis?[99]

1. Sie gehen vom einkommensabhängigen, schichtspezifischen Unterhalt aus. Sie behaupten, die Familienbeihilfe reiche als Existenzminimum für die Kinder der Eltern mit niedrigem Einkommen, denn diese geben für ihre Kinder nicht wesentlich mehr aus, als die Kinderbeihilfe ausmacht.
2. Sie stellen fest: Eltern mit höherem Einkommen geben wesentlich mehr als die Familienbeihilfe für ihre Kinder aus. Sie sind also »stärker finanziell belastet«.
3. Um zu beurteilen, wer Anspruch auf einen erhöhten staatlichen Kinderkostenausgleich bekommen soll, darf nach Meinung der Verfassungsrichter nicht ein Vergleich von Eltern verschiedener Einkommensschichten vorgenommen werden. Nur Steuerzahler einer bestimmten Einkommensschicht dürfen miteinander verglichen werden (horizontaler Vergleich). Damit blenden die Verfassungsrichter niedrige Einkommen als Ursache für Kinderarmut aus. Armutsbedrohung aufgrund niedriger Einkommen interessiert sie nicht; das gehört zu einer ständisch gegliederten Gesellschaft.
4. Sie übergehen den Sachverhalt, dass die Finanzierung des Kinderkostenausgleichs, also auch der Familienbeihilfe, durch eine zweckgebundene Abgabe erfolgt, nämlich durch eine auf die Einkommenshöhe bezogene Abgabe aller unselbständig Beschäftigten, der kinderlosen und unterhaltspflichtigen. (Dieser so genannte Arbeitgeberbeitrag zum Familienlastenausgleich wurde im Jahr 1949 durch einen Lohnverzicht der Arbeitnehmer möglich.) Die Verfassungsrichter vernachlässigen damit folgenden Sachverhalt: Für die Finanzierung der Familienbeihilfe zur Sicherung der Grundbedürfnisse und für die Finanzierung der für gleiche Lebenschancen wichtigen Infrastrukturen für Kinder und Jugendliche (Sach- und Dienstleistungen des Gesundheitssystems, der Bildungseinrichtungen …) aus dem Familienlastenausgleichsfonds und dem allgemeinen Abgaben- und Steueraufkommen tragen die kinderlosen Steuerzahler und Steuerzahlerinnen entsprechend ihrer ›steuerlichen Leistungsfähigkeit‹ in gleicher Weise bei wie unterhaltspflichtige Steuerzahler.

5. Unter Absehen von diesem Sachverhalt fordern sie, unterhaltspflichtige und kinderlose Steuerzahler derselben Einkommensschicht im Namen der Gleichheit zu vergleichen (horizontaler Vergleich). Die Verfassungsrichter können damit rechnen, dass vielen Menschen die Kenntnisse über den Zusammenhang zwischen den beiden staatlichen Korrekturinstrumenten und der vom kapitalistischen Markt gesteuerten ungerechten Einkommens- und Vermögensstruktur fehlen, nämlich dem Steuer- sowie Abgabensystem einerseits und den Transferleistungen für Kinder andererseits (wie der Familienbeihilfe oder der beitragsfreien Krankenkassenmitversicherung). Dasselbe gilt für die unterschiedlichen Verteilungswirkungen dieser Systeme.

Rechtsauslegung oder/und Recht ändern

Das verfassungsrichterliche Verständnis von Gleichheit ist der ständischen Logik verpflichtet. Dieser ›Logik‹ müssen meines Erachtens alle, die für eine nach demokratischem Verständnis sozial gerechte finanzielle Familienförderung sind, öffentlich entgegentreten. Denn: Entweder reicht die derzeitige finanzielle staatliche Familienförderung als Sicherung des Existenzminimums für Kinder als Kinderkostenausgleich aus dem Abgaben- und Steueraufkommen aller Erwerbstätigen; dann ist keine Erhöhung nötig. Schon gar nicht nur für die Kinder wohlhabender Eltern. Oder: Die derzeitige finanzielle Familienförderung (Familienbeihilfe) ist zu gering. Dann muss es eine allgemeine Erhöhung geben, die selbstverständlich die unteren Einkommensgruppen auch bekommen müssen.

Ich meine: Sollten bestehende rechtliche Regelungen eine demokratische, sozial gerechte Rechtssprechung im Namen der Gleichheit nicht möglich machen, müssen die entsprechenden Gesetze, wenn nötig auch die Verfassung geändert werden. 1996/1997 nicht öffentlich gegen die geplante Übertragung der unterhaltsrechtlichen, ›standesgemäßen‹ Familienförderung vor der Veröffentlichung des Erkenntnisses der Verfassungsrichter argumentiert zu haben, war ein schwerer politischer Fehler;[100] die öffentliche Meinungsbildung wurde so den Befürwortern eines ständischen Kinderkostenausgleichs überlassen. Liegt ein Erkenntnis mit der Forderung vor, die standesgemäße Sicht von Gleichheit auf die staatliche Kinderförderung zu übertragen, so stärkt es die politische Position der Befürworter der steuerlichen, also standesgemäßen Ausgleichszahlung für Kinder.

Verborgene politische Macht II
Wie Vertreter herrschender Eliten aus Recht, Wissenschaft, Religion und Medien eine erhöhte Familienförderung für Wohlhabendere als Maßnahme gegen Armut erscheinen lassen

Festigung der Macht von Männern durch steuerliche Förderung

Die Verfassungsrichter wollen das Prinzip der standesgemäßen Unterhaltspflicht mit Hilfe des standesbezogenen Gleichheitsverständnisses zum Vorteil der oberen Einkommensgruppen auf die staatliche Familienförderung übertragen. Die damit geforderte ›steuerliche‹ Familienförderung betrifft auch die Verteilungs- und Machtfrage zwischen Frau und Mann innerhalb der Familien. Die geforderte Abgeltung der Kinderkosten durch steuerliche Entlastung des unterhaltspflichtigen Steuerzahlers stärkt innerfamiliär meist die Macht des Mannes als ›(Haupt-)Geldverdiener‹. Eine Ausgleichszahlung für Kinderkosten in Form einer Steuerermäßigung für die Kinder ›erhöht‹ im Regelfall das vom Mann durch Erwerbsarbeit verdiente Netto-Einkommen. Nicht der ausgleichende Sozialstaat stellt dann in den Augen der meisten Menschen diese finanziellen Mittel für Kinder aus dem Steueraufkommen zur Verfügung, der Mann scheint dieses Geld ›zu erarbeiten‹!

Ist die Ehefrau nicht-erwerbstätig (und daher nicht steuerpflichtig), erbringt sie die lebensnotwendigen Konsumarbeiten und betreut die Kinder im Regelfall allein. Der Mann, freigestellt von den lebensnotwendigen Alltags- und Betreuungsarbeiten, steht zeitlich und räumlich flexibel für die Marktökonomie zur Verfügung. In Familien, in denen die Frau und der Mann erwerbstätig sind, leisten ebenfalls die Frauen den Großteil der Versorgungsarbeiten für die Kinder; Frauen verdienen im Regelfall weniger als der Mann. Da in der höheren Einkommensstufe die steuerliche Ersparnis höher ist, wird die steuerliche Berücksichtigung der Kinderkosten vom Mann geltend gemacht. Der Beitrag des Mannes zum Familienbudget scheint sich zu erhöhen.

Maßnahmen des Kinderkostenausgleichs, die den ›unterhaltspflichtigen Steuerzahler‹ entlasten, festigen so die Macht des Mannes innerhalb der Familien und führen zur stärkeren Abhängigkeit der Frau vom Mann bzw. vom Geld des Mannes. Dazu kommt die Verquickung mit der Einkommenshöhe. Je mehr der Mann verdient, desto höher die Steuerstufe, desto höher die Steuerersparnis, desto höher also die staatliche Förderung der ›Familien‹ im Falle von Steuerfreibeträgen oder Steuerabsetzbeträgen ohne oder mit nur teilweisem Negativsteuerausgleich. Die steuerliche Familienförderung entpuppt sich als Modell im Interesse gut verdienender, flexibel einsetzbarer Ehemänner und liegt im Interesse der so genannten freien Markwirtschaft, die die Frauen für die unbezahlten Versorgungsarbeiten braucht. Kommt ein ›steuerfreies Existenzminimum‹ für die nicht-erwerbstätige Ehefrau hinzu, wird die ›Familienförderung‹ zur staatlichen Belohnung der Ehemänner, deren Frau nicht-erwerbstätig ist. Dies gilt auch für den Alleinverdienerabsetzbetrag, für dessen Erhöhung die ÖVP immer wieder eingetreten ist. (Im Rahmen der Steuerreform 2005 wurde der Alleinverdienerabsetzbetrag von der ÖVP-FPÖ-Regierung erhöht.)
Eine kindbezogene Familienförderung wie die Familienbeihilfe, einen direkt ausbezahlten Betrag pro Kind, bekommen die unteren Einkommensgruppen demgegenüber ebenfalls in voller Höhe, und zwar unabhängig davon, ob die Frau erwerbstätig ist oder nicht. Und: Direkte, kindbezogene Ausgleichszahlungen werden nicht niedriger, wenn sie an Frauen ausbezahlt werden, die keine Steuer zahlen oder die wegen ihres niedrigen Einkommens geringe Steuern zahlen.

Für die Zustimmung zur konservativ-bürgerlichen Familienpolitik spielt der gängige Sprachgebrauch eine große Rolle. Häufig wird ›Familie‹ gesagt, obwohl nur die (gut situierten) ehelichen Familien (mit nicht-erwerbstätiger Ehefrau) gemeint sind. Das Reden vom ›familienfreundlichen Steuersystem‹ verbunden mit dem Vorschlag von Absetzbeträgen für ›Alleinverdienerfamilien‹ ist ein Beispiel dafür.
Die irreführende Gegenüberstellung von personbezogener (kind-

bezogener) Förderung und ›Förderung der Familie‹ ist ein anderes Beispiel. Der seinerzeitige Diözesanbischof Kurt Krenn verwendete diese Gegenüberstellung beispielsweise in einem Interview. Auf die Frage, ob die von der ÖVP geforderte steuerliche Förderung für Familien nicht bloß die wohlhabenden Familien begünstige, erklärte er: »Ich denke nicht, dass dadurch nur die reichen Familien profitieren würden … Die einen wollen eher die Person fördern, die anderen mehr die Familie. Wir geben in dieser Sache der Familie den Vorrang.«[101]

Was heißt Familie?

›Förderung der Familie‹ wird gezielt irreführend statt steuerlicher Förderung gesagt; ›steuerliche Förderung der Familie‹ bedeutet jedoch höhere Förderung für höhere Einkommensgruppen; und: ›Förderung der Familie‹ heißt nach diesem Konzept bei der gegebenen Einkommensstruktur und der gängigen Arbeitsteilung in den Familien: Das Geld des Staates für die Kinder bekommt im Regelfall der Mann als unterhaltspflichtiger Steuerzahler – als Person! Frau könnte sagen: Beim Geld wird der Mann mit der Familie gleichgesetzt, wenn es um die Haushaltsarbeit geht, bekanntlich die Frau.

Mit ›Förderung der Person‹ sind kindbezogene Ausgleichszahlungen für Familien gemeint. Kindbezogene Förderungen sind für die Kinder der unteren Einkommensgruppen zumindest gleich hoch wie für Kinder der reicheren Familien. Direkte, kindbezogene öffentliche Geldleistungen für Familien können ohne administrative Schwierigkeiten und ohne Verringerung des Förderbetrages an erwerbstätige und nicht-erwerbstätige Frauen ausbezahlt werden.

Das heißt: Auch die als personbezogen bezeichnete kindbezogene Förderung ist eine Förderung der Familien. Es besteht allerdings ein entscheidender Unterschied zu der als ›Förderung der Familien‹ bezeichneten steuerlichen Förderung: Die auf die Person des Kindes bezogene Familienförderung bekommen alle Kinder bzw. alle Familien, in denen Kinder leben, auch ledige Mütter mit ihren Kindern oder Pflegeeltern. Wer eine kindbezogenen Familienförderung befürwortet, betrachtet Haushalte, in denen Erwachsene die

Verantwortung und die Sorge für Kinder tragen, mit dem Blick auf Kinderkosten als Familien.

Irreführende Armutsforschung

Die öffentliche Diskussion über Armut wird von der Behauptung des Bestehens einer allgemeinen Familienarmut bestimmt. Seit dem Familienbericht 1989 wird von Experten in Fachpublikationen unter Berufung auf den Beitrag »Die ökonomische Situation von Familien« von Universitätsprofessor Dr. Christoph Badelt ständig behauptet, die Zahl der Kinder und die Zahl der Verdiener seien die Hauptursache für Armut. In der Folge wird verallgemeinernd von ›Familienarmut‹ gesprochen und durch Journalisten in Zeitungen, Zeitschriften, Radio und Fernsehen nachdrücklich verbreitet.[102]

Den Aussagen über Familienarmut in Österreich liegt die Forschungsmethode des gewichteten Netto-Pro-Kopf-Einkommens zugrunde. Die Einkommenshöhe als Ursache für Armut wird bei dieser Methode außer Acht gelassen. Es wird das pro Familienmitglied zur Verfügung stehende Geld für Haushalte mit unterschiedlicher Kinderzahl ohne Berücksichtigung der Einkommenshöhe berechnet. Auch das netto pro Kopf zur Verfügung stehende Geld für Familien mit einem und für Familien mit zwei Einkommen, also für Haushalte mit nicht-erwerbstätiger und Haushalte mit erwerbstätiger Ehefrau, wird gegenübergestellt; dabei werden die Einkommenshöhe und die notwendigen Versorgungsarbeiten vernachlässigt, die auch in ›Zweiverdienerhaushalten‹ als Teil der Existenzsicherung erforderlich sind.[103]

Richtig ist, dass die finanzielle Belastung eines Haushalts mit der Kinderzahl steigt. Finanzielle Belastung und Armut sind jedoch nicht dasselbe. Tatsache ist vielmehr, dass die Einkommenshöhe sehr ausschlaggebend dafür ist, ob der Betrag pro Familienmitglied, der als Armutsgrenze festgelegt wird, mit einem, zwei, drei oder mehreren Kindern unterschritten wird.

Jeder weiß, dass ein Universitätsprofessor mit vier Kindern nicht armutsgefährdet ist, dass hingegen manche Familien mit niedrigem Einkommen mit zwei Kindern in sehr beengten finanziellen Verhältnissen leben.

Tatsache ist: Je niedriger das Einkommen, desto häufiger sind Ein- und Zweikindfamilien armutsgefährdet. Es überrascht daher nicht, dass sogar nach der Methode des Netto-Pro-Kopf-Einkommens 35% der armutsgefährdeten Kinder in Mehrkindfamilien, 40% in Zweikindfamilien, 16% in Einkindfamilien und 9% in Familien mit nur einem Elternteil leben.[104] Diese Zahlen verdeutlichen, dass eine Mehrkindstaffelung vielen armutsgefährdeten Kindern aus Ein- und Zweikindfamilien mit niedrigem Einkommen nicht hilft.

Wer ist arm?

Entscheidend bei der Methode des Netto-Pro-Kopf-Einkommens ist unter anderem, in welcher Höhe die Armutsgrenze angenommen wird und wie die Gewichtung für die Familienmitglieder erfolgt. In den Armutsberechnungen des Katholischen Familienverbandes wird der Ausgleichszulagenrichtsatz für eine allein stehende Person bei der Pension als finanzielle Armutsgrenze angenommen. Das war 1996 netto ATS 8.856,– 12-mal im Jahr. Bei der Gewichtung[105] erhält die erste erwachsene Person immer den Faktor 1. In den Armutsberechnungen der Europäischen Union (Eurostat) erhalten alle weiteren erwachsenen Familienmitglieder den Gewichtungsfaktor 0,5, alle Kinder 0,3. Der Katholische Familienverband legt die Gewichtungsfaktoren für weitere Erwachsene und für Kinder ab fünfzehn mit 0,8, für Kinder zwischen zehn und fünfzehn mit 0,6 und für Kinder unter zehn mit 0,4 fest.[106]

Der Katholische Familienverband hat Informationsblätter zur ›Familienarmut‹ an seine Mitglieder geschickt, in denen die Menschen aufgefordert wurden zu berechnen, ob ihre Familie unter die Armutsgrenze fällt. Mit den für 1996 angenommenen Armutsgrenzen (siehe Anmerkung 106) heißt das zum Beispiel: Eine Familie mit zwei Kindern im Alter von fünfzehn und siebzehn, in der die Frau ihre gesamte Arbeitskraft für die Versorgung der Familienmitglieder aufwendet, zählt zu den armen Familien, wenn durch das Erwerbseinkommen des Mannes und die Familienbeihilfen pro Monat nicht mindestens netto ATS 30.111 (!) (einmal ATS 8.856 + dreimal ATS 7.085) zur Verfügung stehen. (Die EU-Gewichtung er-

gibt für dieselbe Familie bei sonst gleichen Festlegungen als Armutsgrenze ATS 18.596.)
Wenn von allen Sachleistungen und dem (kostenfreien) Zugang zu Infrastrukturen (Bildungseinrichtungen, Gesundheitssystem) für Kinder und Jugendliche als Teil einer sozialstaatlichen sozialen Grundsicherung[107] abgesehen wird, außerdem die zum Teil sehr niedrigen, kaum über dem Ausgleichszulagenrichtsatz liegenden Erwerbseinkommen als Armutsursache übergangen werden, und gleichzeitig die finanzielle Armutsgrenze für fünfzehnjährige und ältere Kinder und die nicht-erwerbstätige Ehefrau mit netto ATS 7.085,– pro Monat festgelegt wird, dann darf sich niemand wundern, dass etliche Akademikerfamilien mit studierenden Kindern unter die so definierte Armutsgrenze fallen.

Widersprüchliches Vorgehen der Katholischen Kirche

Die Herbstaktion 1996 der Caritas hatte die Bekämpfung ›der Familienarmut‹ in Österreich zum Ziel. Bei der Vorstellung der Aktion am 31. Oktober in den Fernsehnachrichten des ORF Zeit im Bild 2 forderte der Präsident der Caritas nicht nur zum Spenden auf, sondern er forderte auch »staatliche Gerechtigkeit«: Ähnlich wie es für Pensionisten eine Art Mindestpension in Form des Ausgleichszulagenrichtsatzes gibt, ist es nach Meinung des Präsidenten der Caritas notwendig, »staatliche Gerechtigkeit für Familien« einzufordern. Wie solche gerechten allgemeinen Maßnahmen der Familienförderung aussehen sollen, wurde nicht ausgeführt.
Der Caritaspräsident wies auf allein stehende Mütter als besonders armutsgefährdet hin. Es wurde eine junge Mutter mit Baby gezeigt, die vom Vater des Kindes verlassen wurde, keine Wohnung hat und von der Sozialhilfe und der Kinderbeihilfe leben muss. Sie hat in einem Heim der Caritas Zuflucht gefunden. Für allein stehende Mütter forderte der Präsident der Caritas das Karenzgeld für das volle zweite Jahr und einen Familienzuschlag zur Notstandshilfe.

Mich erinnerten diese Forderungen an die Einführung der besonderen Familienförderung durch das erhöhte Karenzgeld für allein stehende Mütter als Begleitmaßnahme zur Straffreistellung des

Schwangerschaftsabbruches durch die SPÖ-Alleinregierung 1975 und die Einführung der Sondernotstandshilfe als Art Verlängerung des Karenzgeldbezuges für allein stehende Mütter bis zum dritten Geburtstag des Kindes. Ich musste aber auch daran denken, dass Vertreter des Katholischen Familienverbandes im Familienpolitischen Beirat und in den Medien mehrmals die besonderen Hilfen für Mütter, die bei der Existenzsicherung ihrer Kinder vom Partner im Stich gelassen werden, als Benachteiligung von ›verheirateten‹ (gemeint ist: in funktionierenden Ehen lebenden) Müttern anprangerten.[108] Mir fiel auch ein, dass der Katholische Familienverband in den letzten Jahren immer wieder ein ›steuerfreies‹ Existenzminimum zur ›Bekämpfung der Familienarmut‹ gefordert hat.

Der Vizepräsident des Katholischen Familienverbandes wiederholte bei der Fachtagung zum Thema »Kinder in Armut« am 29. Oktober 1996 die Forderung, ein ›steuerfreies‹ Existenzminimum für Kinder und für die nicht-erwerbstätige Ehefrau für den unterhaltspflichtigen Familienerhalter einzuführen.

Der Katholische Familienverband fordert also nicht ein Existenzminimum in Form eines bestimmten Geldbetrages für die Kinder aller Eltern. Das ›steuerfreie‹ Existenzminimum bringt Eltern mit sehr niedrigem Erwerbs- oder Sozialeinkommen, die keine Steuern zahlen, keinen Schilling! Das gilt auch für die junge, erwerbseinkommenslose und daher nicht Steuer zahlende Mutter, die bei der Ankündigung der Herbstsammelaktion der Caritas zur Bekämpfung »der Familienarmut in Österreich« als Beispiel für ›die Familienarmut‹ im Fernsehen gezeigt wurde.

Viele Menschen kennen den Unterschied zwischen ›steuerfreiem‹ Existenzminimum und direktem Existenzminimum (einer Transferleistung) nicht und nehmen nur das Wort Existenzminimum bewusst wahr. Da es neben der ÖVP Vertreter der Katholischen Kirche sind, die mit Nachdruck das ›steuerfreie‹ Existenzminimum fordern, nehmen viele Menschen an, es kann sich nur um einen sozial gerechten Kinderkostenausgleich handeln; schließlich treten die Bischöfe für soziale Gerechtigkeit ein und die Caritas ist bekannt als Helfer in der Not.

Armut und Reichtum

In reichen Industriegesellschaften hat Armut von Familien und Einzelpersonen ganz bestimmte Ursachen. Hohe Wohnungskosten, ein nicht Existenz sicherndes, niedriges Erwerbseinkommen oder Erwerbsarbeitslosigkeit sind häufige Ursachen von Armut; auch drastische Einschnitte in der Lebenssituation wie Tod, schwere Krankheit oder Trennung der Eltern können insbesondere für Vermögenslose Armut bedeuten, weil das Einkommen unerwartet stark absinkt. Dies gilt besonders im Falle der Verschuldung. Die Beispiele für ›Familienarmut‹, von denen die Medien und die Mitarbeiter der Caritas berichten, bestätigen diese Armutsursachen.[109] Das heißt: Hauptursache für Armut sind niedrige oder fehlende Erwerbseinkommen.

Bei den staatlichen Fördermaßnahmen für Familien müssen meines Erachtens in erster Linie dort Änderungen erfolgen, wo jetzt die stärkste Umverteilung nach oben erfolgt, etwa bei der Wohnungsförderung. Die allgemeine finanzielle Familienförderung soll meines Erachtens weiterhin durch eine kindbezogene, direkte Kinderbeihilfe erfolgen, wobei eine Erhöhung und eine Dynamisierung (wie bei den Pensionen) wünschenswert sind. Für besonders schwierige Lebenssituationen (wie Einelternfamilien oder Behinderungen – vor allem in Zusammenhang mit einer schlechten Einkommenssituation …) sollten zusätzliche, besondere Hilfen gewährt werden.

In reichen Gesellschaften kann jedoch nur sinnvoll über Armutsvermeidung und soziale Gerechtigkeit gesprochen werden, wenn gleichzeitig über die Ursachen des zunehmenden Reichtums gesprochen wird. Armut und Reichtum sind zwei Seiten einer Medaille. Jene (zum Teil international vereinbarten) gesetzlichen Regelungen müssen beseitigt werden, die den Reichtum für Vermögende und Spekulanten vergrößern und die Chancen für viele Menschen auf ein gesichertes Erwerbseinkommen verringern.

Kinderbetreuungsgeld – Kindergeld
Geld für »familiäre Betreuungsarbeit« oder erweiterte Kinderbeihilfe?

Anerkennung für betreuende Mütter? – Wahlfreiheit

In der Dezember-Nummer 2000 der offiziellen Landeszeitung für Kärnten wird ausführlich über das Kindergeld berichtet. Nach der Feststellung des Interviewers, dass in der westlichen Welt seit Jahren die Geburtenraten sinken und der Beruf vielfach die Familie verdrängt, stellt der freiheitliche Landeshauptmann fest: »Es wird für jede Mutter für Kinder bis zum dritten Lebensjahr ATS 6.000,- im Monat geben.« In den angeführten Richtlinien für das »Kinderbetreuungsgeld in Kärnten von null bis drei Jahren«, heißt es hingegen: »Zur Sicherstellung der Kindererziehung und Kinderbetreuung als wichtige Leistungen für die Gesellschaft und für die soziale und ökonomische Entwicklung Kärntens erklärt sich das Land bereit, eine freiwillige Zuwendung ›an das Kind‹ zu leisten.« Und weiter: »Mit dem Kinderbetreuungsgeld will die öffentliche Hand die Kinderbetreuung unterstützen, wobei es den Eltern freisteht, ob sie die Betreuung selbst wahrnehmen und/oder externen Angeboten anvertrauen.« Bezugsberechtigte für das Kärntner Kindergeld sind Familienbeihilfenbezieher und nicht die Personen, die die Kleinkindversorgung tatsächlich leisten.

Die Politiker auf Bundesebene sprechen immer häufiger nicht mehr vom Kinderbetreuungsgeld, sondern vom Kindergeld. Ist das Zufall, oder bedeutet die Änderung in der Wortwahl auch eine Änderung in den Zielsetzungen? Viel spricht dafür, dass letzteres der Fall ist.

In Vorarlberg wurde vor etwa zehn Jahren ein Erziehungsgeld für Familien mit niedrigem Einkommen eingeführt. Politiker, die statt des Karenzgeldes – das eine sozialrechtliche Einkommensersatzleistung war – ein allgemeines Erziehungsgeld einführen wollten, argumentierten gemeinsam mit dem Experten Univ. Prof. Christoph

Badelt wie folgt: »Ein Betreuungsgeld anstelle des Karenzgeldes soll die Benachteiligungen der Person ausgleichen, die die Kinder betreut und auf bezahlte Arbeit verzichtet, also nicht-erwerbstätig ist.« Der Anspruch solle nicht von einer Versicherungsleistung infolge von Erwerbstätigkeit abhängig sein, sondern von der persönlichen Übernahme von Betreuungsleistungen von Kleinkindern. Univ. Prof. Badelt betrachtete die Koppelung der Auszahlung mit der »körperlichen Anwesenheit der Bezieherin des Betreuungsgeldes für logisch.« Der FPÖ-Landeshauptmann von Kärnten lässt in seinen Aussagen diese Auffassung anklingen, wenn er realitätsbezogen mit dem Blick auf die Kinder versorgenden Personen ankündigt: »Jede Mutter soll das Kinderbetreuungsgeld erhalten.«

Die offiziellen Richtlinien für das Kärntner Kinderbetreuungsgeld weichen jedoch von dieser Ankündigung ab. Wahlfreiheit soll es geben! »Den ›Eltern‹ steht es frei, ob sie die Betreuung ›selbst‹ wahrnehmen, oder externen Angeboten anvertrauen.« Mit dem höchstzulässigen ›Familieneinkommen‹ von ATS 550.000,– ›netto‹ (!) soll die soziale Komponente beachtet werden. Ob mehr als ein Prozent der jungen Familien mit Babys dieses Einkommen erreichen?

Einkommensgrenzen? Väter als Betreuende

In der vorbereitenden, veröffentlichten Diskussion der Regierungsmitglieder zum österreichweiten Kindergeld scheint das Hauptproblem die Frage zu sein: Einkommensgrenzen, ja oder nein; wenn ja, wie hoch. Mit dem Argument der formalen abstrakten Gleichheit, bei der hohe oder niedrige Einkommen für das Familienleben anscheinend keine Rolle spielen, erklärt der damalige Sozial-, Frauen- und Familienminister Haupt (FPÖ), dass eine Einkommensgrenze ›gleichheitswidrig‹ sei.

Finanzminister Grasser (damals FPÖ), der nach eigenen Aussagen Österreich wie ein Unternehmen führen will – also nicht als ›res publica‹, Republik –, hält den Anschein aufrecht, sozio-ökonomische Gegebenheiten doch als entscheidend für die Organisation des Familienlebens zu halten. Daher möchte er allen, die das Kindergeld beziehen, 300.000,– Schilling brutto Zuverdienst pro Jahr gestatten, also 12-mal ATS 25.000,– zu den ATS 6.000,– Kindergeld. Dass ATS

300.000,– damals das mittlere Jahresbruttoeinkommen aller erwerbstätigen Österreicher war, dürfte kein Zufall sein.
Als junger moderner Mann scheint er auch dafür zu sein, dass Väter Kinderbetreuung übernehmen. Für die ersten beiden Jahre soll daher das Einkommen der Mutter, für das dritte Jahr Kindergeld jedoch das Einkommen des Vaters entscheidend sein. Da kann frau nur sagen: Endlich wird die Zahl der Kinder versorgenden Väter in der Statistik steigen. Im Unterschied zum Karenzgeld brauchen die Väter ihre Erwerbsarbeit ja nicht aufgeben, um das ›Betreuungsgeld‹, will sagen, das Kindergeld zu bekommen. Wie heißt es bereits in den Kärntner Richtlinien: Man will die Kinderbetreuung unterstützen, wobei es den Eltern freisteht, ob sie die Betreuung selbst wahrnehmen und/oder externen Angeboten anvertrauen.
Auch Wirtschaftsminister Bartenstein (ÖVP) geht mit der Zeit: Er sieht zwar im Moment Finanzierungsschwierigkeiten, aber bei einem Vollausbau des Kindergeldes soll auch seiner Meinung nach auf eine ›Zuverdienstgrenze‹ verzichtet werden. Übrigens: Beim Bundeskongress der ÖVP wurde vom Bundeskanzler Schüssel die Erhöhung der Familienbeihilfe, die ja ein Kindergeld für Kinder aller Altersgruppen ist, statt der Ausweitung des Kinderbetreuungsgeldes als Möglichkeit genannt.

Versorgung von Kleinkindern

Eine grundsätzliche Diskussion müsste klarstellen, welche Fragen im Zusammenhang mit der Versorgung von Kindern zu lösen sind. Einerseits geht es um die Kosten der ›Lebensmittel‹ für ein Kind: Essen, Kleidung, Wohnung; dafür sind in Österreich die Familienbeihilfe und der Kinderabsetzbetrag mit Negativsteuerausgleich gedacht. Der Ausdruck Kindergeld weist wie die Aussage des Bundeskanzlers auch in diese Richtung.
Andererseits müssen kleine Kinder von jemandem versorgt und betreut werden, können nicht allein gelassen werden; das führt zur Frage, wie wird die Kleinstkindversorgung gesellschaftlich unterstützt: Sollen diese Leistungen als gesellschaftliche Arbeit anerkannt und finanziell abgegolten werden? Und: Wie soll die

Klein(st)kindbetreuung organisiert werden? Privat, durch den Markt, durch die öffentliche Hand? Die Chancen der Kinder aus den ärmeren Familien werden durch jede Regelung beschnitten, die den Zugang zu qualifizierten Einrichtungen finanziell erschwert.

Was die Einbeziehung der Väter betrifft, so ist der Sachverhalt, dass im Regelfall der Mann das höhere Einkommen hat, entscheidend für die dauernde Übernahme der Versorgungsarbeiten im Haushalt durch viele Frauen, sei es, dass sie die Erwerbsarbeit (vorübergehend) aufgeben oder sozialrechtlich abgesicherte Teilzeitarbeit oder geringfügige Beschäftigung mit der Kinderbetreuung und der Haushaltsarbeit kombinieren. Die jeweilige Entscheidung im Einzelfall ist wiederum stark von den Einkommensmöglichkeiten der Mutter und der Höhe des Einkommens des Vaters beeinflusst. Die Einkommenshöhe nicht zu beachten, leugnet die Tatsache, dass sie für die Arbeitsteilung im Haushalt sehr wichtig ist: Für das tägliche Leben muss in den meisten Haushalten das erforderliche Geld durch Erwerbsarbeit verdient werden, und außerdem müssen die Haushaltsarbeiten und bei Kindern Betreuungsarbeiten geleistet werden. Das Problem zeigt sich deutlich bei allein stehenden Müttern: Sie müssen das notwendige Geld verdienen und das Kind versorgen. Wenn sie kein Vermögen haben und nur niedrige Löhne, drohen ihnen Arbeitsüberlastung und Armut. Mit einem kleinen Einkommen kann auch keine Betreuungs- und/oder Haushaltshilfe zugekauft werden. Vom erhöhten ›Karenzgeld‹ bzw. Kindergeld für alleingelassene oder arme Mütter redet jedoch kein einziges Regierungsmitglied der ÖVP-FPÖ-Koalition.
Schlussfolgerung: Beim Kinder(betreuungs)geld geht es entgegen dem durch FPÖ-Landeshauptmann Haider erweckten Eindruck nicht um die allgemeine Anerkennung der mütterlichen Kinderbetreuung und Kinderversorgung bzw. der Versorgungsarbeiten als gesellschaftlich notwendige Arbeit (verbunden mit sozialrechtlichen Ansprüchen wie bei anderen Tätigkeiten). Es geht auch nicht in erster Linie um die besondere Hilfe für Familien in bedrängten finanziellen Verhältnissen. Die stärkere Einbeziehung der Väter in

die Kinderbetreuung ist auch nicht das Ziel. Es ist eine finanzielle Unterstützung für die Versorgung von Kleinstkindern für alle Mütter unabhängig von vorausgegangner Erwerbsarbeit; es soll das Karenzgeld ersetzen. Gleichzeitig soll offensichtlich bei der öffentlichen Finanzierung von Kinderbetreuungseinrichtungen gespart werden (siehe Slogan der Wahlfreiheit). Und da das Karenzgeld auf das Kindergeld angerechnet wird, scheint es das unausgesprochene Ziel zu geben, arbeitsrechtliche Ansprüche wie den Kündigungsschutz nicht für die gesamte Bezugsdauer vorzusehen, sondern gleichzeitig mit dem Auslaufen des Karenzgeldes einzuschränken oder gar zu beseitigen.

Kinderbetreuungsgeld – Gesetzeslage und Änderungsvorschläge vor der Nationalratswahl 2006

Gesetzeslage 2006

Im Jahr 2002 wurde das Kinderbetreuungsgeld österreichweit eingeführt. 2006 stellte die ÖVP/BZÖ-Regierung in einer Publikation des Sozialministeriums fest: »Mit dem Kinderbetreuungsgeld als familienpolitischer Leistung wurde die Erziehungsarbeit der Eltern anerkannt und das System des Lastenausgleichs zu einem Leistungsausgleich weiterentwickelt. Alle Eltern erhalten unabhängig von einer vor der Geburt eines Kindes ausgeübten Erwerbstätigkeit das Kinderbetreuungsgeld ... Voraussetzung für den Bezug des Kinderbetreuungsgeldes ist grundsätzlich ein Anspruch auf Familienbeihilfe für das Kind, der gemeinsame Haushalt mit dem Kind sowie eine Zuverdienstgrenze des beziehenden Elternteils in Höhe von EUR 14.600,– pro Kalenderjahr. Das Kinderbetreuungsgeld beträgt EUR 14,54,– täglich, bei Mehrlingsgeburten erhöht es sich ab dem zweiten und jedem weiteren Mehrlingskind um weitere 50 Prozent. Ausbezahlt wird es jeweils für das jüngste Kind bis zum vollendeten 30. Lebensmonat, wenn nur ein Elternteil die Möglichkeit Kinderbetreuungsgeld zu beziehen in Anspruch nimmt. Betreuen beide Elternteile abwechselnd (zweimaliger Wechsel ist möglich) das Kind, verlängert sich die maximale Bezugsdauer bis zur Vollendung des 3. Lebensjahres des Kindes.«[110] Die arbeitsrechtliche Karenz dauert wie früher beim zweijährigen Karenzurlaub nur bis zur Vollendung des 24. Lebensmonats des Kindes.

Seit der österreichweiten Einführung des Kinderbetreuungsgeldes[111] gab es immer wieder Veränderungsvorschläge von den Oppositionsparteien (SPÖ und Grüne): Die Zuverdienstgrenze solle aufgehoben bzw. flexibel gestaltet werden, weil die geltende Regelung für gut verdienende Frauen ungünstig sei; ein einkommensabhängiges Kinderbetreuungsgeld soll es den Vätern erleichtern, sich an der Kinderbetreuung stärker zu beteiligen; unbedingt erforderlich sei der stärkere Ausbau qualifizierter öffentlicher Kindertagestätten, wobei ganztägige und flexible Öffnungszeiten vor allem Müttern die Berufstätigkeit erleichtern sollen.

Internationale Vergleiche

Vor der Nationalratswahl am 1. Oktober 2006 wurden verschiedene Studien veröffentlicht und Konzepte zur Weiterentwicklung des Kinderbetreuungsgeldes vorgelegt.

Das Österreichische Institut für Familienforschung[112] der Universität Wien berichtete zum Beispiel über eine Studie zum Thema »Kinderbeihilfenpakete in Deutschland, Norwegen, Österreich und Schweden«[113]:

»In Österreich wie auch in Deutschland weisen die Geburtenraten der letzten Jahre einen besorgniserregenden Abwärtstrend oder zumindest eine Stagnation bei einem Wert auf, der unter der Bevölkerung erhaltenden Marke liegt. Immer öfter wird deshalb in Richtung Norden geblickt, wo es anscheinend besser gelingt, die Bevölkerung zu animieren, Kinder in die Welt zu setzen.« ... Das skandinavische Modell staatlicher Familienpolitik »orientiert sich an der Gleichheit der Geschlechter und folglich an der gleichberechtigten Teilhabe am Arbeitsmarkt sowie der Vereinbarkeit von Familie und Erwerb. Maßnahmen hierfür sind gut ausgebaute außerfamiliale Kinderbetreuung, großzügige Familienleistungen und spezielle Erziehungszeiten für Väter. Das skandinavische System setzt an Rechten und Möglichkeiten von Individuen an, der Familie kommt dennoch eine zentrale Bedeutung zu. ... Als familienpolitisches Leitbild dient der Zwei-Verdiener-Haushalt. Dementsprechend fördert der Staat Maßnahmen zur Vereinbarkeit von Erwerbs- und Familienleben in Form von Sachleistungen für Familien und öffentlicher Infrastruktur. Der Schwerpunkt der Familienpolitik in Österreich und Deutschland liegt auf Barleistungen für Familien.« Weiters wird darauf hingewiesen, dass im Gegensatz zum Leitbild der skandinavischen Länder in Österreich und Deutschland das bestehende Geschlechterverhältnis durch eine starke Abhängigkeit der Frauen von ihren Männern bestehe. »Während in Deutschland das traditionelle Familienmodell vorherrscht, in dem der Mann die alleinige Versorgerrolle übernimmt, dominiert in Österreich die modifizierte Form der Versorgerehe, bei der der Mann voll und die Frau nur zum Teil erwerbstätig ist.«

Anhand von Modellfamilien wurden das Ausmaß und die Struktur der Kinderbeihilfenpakete der einzelnen Länder miteinander verglichen. Es zeigte sich unter anderem: »Die Höhe der familienbezogenen Leistungen bleibt in Norwegen und Österreich konstant, in Schweden steigt die Leistungshöhe bei sinkendem Einkommen. Alleinerziehende in Deutschland erhalten keinen staatlich garantierten Unterhalt … Das deutsche System der Familienbesteuerung bevorzugt verheiratete Paare gegenüber Alleinerziehenden bei gleichem Erwerbseinkommen … In Österreich steigt das Familienmodell der ›modifizierten Versorgerehe‹ am besten aus. Der Anteil des verfügbaren Einkommens am Erwerbseinkommen ist am höchsten, wenn die Frau Teilzeit arbeitet.«[114]
Aus dem Bericht über die Studie geht nicht hervor, wie das Verhältnis von geringfügiger Beschäftigung und sozialversicherter Teilzeit bei den nur zum Teil erwerbstätigen Frauen aussieht. Auch die Frage der nicht gemeldeten Teilzeit, der Schattenarbeit, wird nicht thematisiert; solche Familien gelten wie die mit geringfügig beschäftigten Frauen in Österreich als Alleinverdienerfamilien und genießen daher die sozialrechtlichen und steuerrechtlichen Vorteile (beitragsfreie Krankenversicherung und Alleinverdienerabsetzbeträge), die von der ÖVP-FPÖ/BZÖ-Koalition[115] stark ausgebaut wurden.
Verschiedene Zeitungen brachten zuvor immer wieder internationale Vergleiche, wobei die Geburtenrate und die Art der Familienpolitik im Zentrum standen.
Unter der Schlagzeile »Frauen-Gleichstellung erhöht die Geburtenrate« wurde zum Beispiel über eine Informationsreise von Sozialministerin Ursula Haubner (BZÖ) nach Schweden und Finnland berichtet: Schwedinnen und Finninnen bekommen im europäischen Vergleich überdurchschnittlich viele Kinder (1,7); die österreichische Geburtenrate beträgt nur 1,4. … Die deutlichsten Unterschiede zu Österreich sind: In beiden Ländern geht die Politik

davon aus, dass Eltern – auch kleiner Kinder – ganztätig erwerbstätig sind; die Frauenbeschäftigungsrate ist überdurchschnittlich hoch … Väter werden aktiv ermuntert, Elternurlaub zu nehmen. Selbst in Spitzenpositionen ist eine Schwangerschaft nicht abwegig. … Es gibt für alle Eltern einen Rechtsanspruch auf öffentliche Kinderbetreuung. Die Gruppengrößen in Kindergärten sind kleiner als in Österreich. Die Betreuungspersonen sind zum Teil besser ausgebildet. … Mutterschutz vor der Geburt gibt es keinen (außer krankheitsbedingt). Das Karenzgeld beträgt in Schweden 80% des Letzteinkommens mit einer Obergrenze von derzeit 24.500,– Kronen (2.722,– Euro) brutto. Die Männer nutzen die für den Vater vorgesehene Zeit nur zu 15,5%. In Finnland werden 66% vom Gehalt bezahlt. Nur zwei Prozent der Väter machen vom Karenzurlaub Gebrauch. … Die Erfolge der Gleichstellungspolitik sieht die schwedische Staatssekretärin für Vorschule und Jugend Agneta Karlsson nüchtern: »Ich würde gerne sagen, wir waren so fortschrittlich. Aber der Grund war eigentlich, dass Frauen auf dem Arbeitsmarkt gebraucht wurden.« Das heißt: Während der Arbeitskräftemangel in den 60er und 70er Jahren in Österreich und Deutschland mit Hilfe von ›Gastarbeitern‹ behoben wurde, wurden in Schweden und Finnland die Frauen auch als Mütter zur Erwerbsarbeit motiviert.[116] Beispiele solcher motivierender Rahmenbedingungen waren die Individualbesteuerung und der Ausbau öffentlicher Kindertagesstätten.

Überlegungen der Regierungsparteien ÖVP und BZÖ

Im Interview zu den in den nordischen Ländern gemachten Beobachtungen meinte Sozialministerin Ursula Haubner (BZÖ), dass Österreich bei den finanziellen Leistungen für die Familien vergleichsweise sehr gut sei, aber bei den Dienstleistungen noch besser werden könne. Sie erklärte weiters, dass die nächste Steuerreform eine Absetzbarkeit der Kinderbetreuungskosten bringen soll und dass sie die Firmen stärker für eine bessere Vereinbarkeit von Beruf und Familie gewinnen möchte. Eine Zwangsbeglückung der Eltern solle es auch weiterhin nicht geben, der Staat solle »nicht bestimmen, was Mütter und Väter zu tun haben«. Wer seine kleinen Kinder daheim betreuen wolle, solle dazu die Möglichkeit haben.[117]

Zwei Monate zuvor brachte die Wiener Zeitung einen Bericht, in dem neun Länder der EU in Bezug auf Kinder- und Familienförderungen miteinander verglichen wurden. Unter anderem hieß es dort, das Sozialministerium plane Änderungen bei der Zuverdienstgrenze, auch hinsichtlich der Anpassungen bei den Vätern. Ein Teil der derzeit den Vätern zustehenden Monate soll unmittelbar nach der Geburt des Kindes in Anspruch genommen werden können – freiwillig. Gegen den von der Sozialministerin bevorzugten Wegfall der Zuverdienstgrenze wendete Frauenministerin Rauch-Kallat (ÖVP) ein, dass das Kinderbetreuungsgeld dann eben nicht mehr für Kinderbetreuung ausbezahlt werde, sondern eine reine Familienleistung sei. Laut Bericht wird diese Auffassung generell in der ÖVP geteilt: Die Bezahlung des Kindergeldes ohne Einkommensgrenze wäre eine gesellschafts- und familienpolitische Weichenstellung in Richtung Leistungsgesellschaft – weg von der Familiengesellschaft.[118]

Vorschläge der Oppositionsparteien

Diese Berichte nahmen die Familiensprecherinnen der SPÖ und der Grünen jeweils zum Anlass, erneut auf ihre Modelle hinzuweisen. Die Grünen sprechen sich für ein einkommensabhängiges Kindergeld von 80 % des Letzteinkommens als Anreiz für besser verdienende Partner aus, mit Obergrenze bei rund 2000,– und Untergrenze bei 800,– Euro. Ein Vatermonat als bezahlter Urlaub gleich nach der Geburt soll verpflichtend sein. Zum Argument der ÖVP, dass ein Kindergeld ohne Einkommensgrenze eine Weichenstellung in Richtung Leistungsgesellschaft sei, meinte Grünen-Familiensprecherin Sabine Mandak: »Die Frage ist nicht Leistungs- oder Familiengesellschaft. Die Grünen wollen eine Familiengesellschaft, in der Väter und Mütter arbeiten können und sich die Erwerbs- und Familienarbeit teilen.«[119]

Die Familiensprecherin der SPÖ verwies auf das SPÖ-Modell »Kindergeld-plus«. Gemeinsam mit der Arbeiterkammer und den Kinderfreunden wurden unter Berücksichtigung einer Befragung der Arbeiterkammer von Eltern in Karenz Änderungen beim Kinderbetreuungsgeld vorgeschlagen, die verschiedene Familien- und Einkommenssituationen berücksichtigen: 1. Eltern können zwischen Zuverdienst- und Arbeitszeitgrenze wählen. Wie bisher kann das Kinderbetreuungsgeld bezogen werden, wenn die Zuverdienstgrenze von 14.600,– Euro pro Jahr nicht überschritten wird. Als zweite Möglichkeit können Eltern das Kinderbetreuungsgeld unabhängig von der Einkommenshöhe beziehen, wenn das Ausmaß ihrer Beschäftigung unter 3/5 der Normalarbeitszeit (das sind 24 Stunden bei einer 40-Stunden-Woche) liegt. Dies erleichtert vor allem besser verdienenden Arbeitsnehmerinnen und Vätern das Dazuverdienen. 2. Es soll die Möglichkeit geben, das Kindergeld wie bisher über einen Zeitraum von 30 bzw. 36 Monaten zu beziehen, oder eine höhere Geldleistung pro Monat in einem kürzeren Zeitraum zu bekommen. Es soll möglich sein, das Kinderbetreuungsgeld bis auf eineinhalb Jahre zusammenzuschieben.
Beispiele: »Eltern entscheiden sich für die partnerschaftliche Teilung des Kinderbetreuungsgeldes für zwei Jahre statt drei Jahre: statt 436,– Euro pro Monat für drei Jahre können die Eltern monatlich 674,– Euro bis zum zweiten Geburtstag des Kindes beziehen. Eine Alleinerzieherin entscheidet sich, den für 2,5 Jahre vorgesehenen Gesamtbetrag des Kinderbetreuungsgeldes innerhalb von 1,5 Jahren zu beziehen: sie erhält monatlich 763,– statt 436,– Euro im Monat. … Eine Frau entscheidet sich, das Kinderbetreuungsgeld auf zwei Jahre aufzuteilen: sie erhält statt 436,– Euro 555,– Euro monatlich.«[120] Das letzte Beispiel zeigt, dass durch das Zusammenschieben auf zwei Jahre der vorgesehene Gesamtbetrag des Kinderbetreuungsgeldes für zweieinhalb Jahre innerhalb der arbeitsrechtlichen Karenz mit Kündigungsschutz bezogen werden könnte.
Weitere Eckpunkte des Kindergeld-plus-Modells sind: Eltern bekommen das Recht, sich bis zu drei Monaten Zeit und Geld für den Schulbeginn aufzuheben. Und um die Beteiligung von Vätern an der Kinderbetreuung zu unterstützen, soll das Recht auf einen Va-

terschutzmonat ab der Geburt des Kindes bei vollem Lohnausgleich (finanziert aus öffentlichen Mitteln) und mit Kündigungsschutz eingeführt werden.
Übrigens: Die Industriellenvereinigung hat entgegen ihrer früheren Auffassung, Familienangelegenheiten gehen ›die Wirtschaft‹ nichts an, **eine Bedarfsanalyse zu Kinderbetreuungsplätzen** bis 2015 machen lassen.[121] Ihr Präsident, Veit Sorger, bezeichnete die bestehende Kindergeldregelung als »erwerbshemmend«.[122]

Experten, geheime Politiker

Zurückblickend in die Neunzigerjahre lässt sich am Beispiel Kinderbetreuungsgeld zeigen, dass Fachleute, die in der öffentlichen Diskussion als unpolitisch und von keinerlei Interessen geleitet wahrgenommen werden, wichtige Vorarbeit für politische Entscheidungen leisten. 1994 trat die SPÖ für das Beibehalten des Karenzgeldes ein, das als Versicherungsleistung aus der Arbeitslosenversicherung finanziert wurde, und der Koalitionspartner ÖVP für ein allgemeines Erziehungsgeld.
Der von der damaligen ÖVP-Familienministerin Rauch-Kallat als Entscheidungshelfer zu Rate gezogene Universitätsprofessor Christoph Badelt, zuständig für Wirtschafts- und Sozialpolitik an der Wirtschaftsuniversität Wien, erstellte für das Familienministerium einen Forschungsbericht zum Thema »Theoretische Fundierung der ökonomischen Familienförderung und empirische Analyse des Familienlastenausgleichsfonds in Österreich«. In einem Diskussionsentwurf, der sozusagen als Ergänzung zum Forschungsbericht politische Schlussfolgerungen enthielt, schlug Badelt 1994 ein einheitliches Betreuungsgeld anstelle des Karenzgeldes vor. Er trat dafür ein, das Karenzgeld von der Arbeitslosenversicherung abzukoppeln und in einen Familienleistungsausgleich einzubringen, um damit einen »innerfamilialen Leistungsausgleich« vorzunehmen; durch diesen sollten Benachteiligungen »der Person« ausgeglichen werden, die die Kinder betreut und auf bezahlte Arbeit »verzichtet«: »Der Anspruch auf eine Zahlung wäre dann nicht von einer Anwartschaft in der Arbeitslosenversicherung, sondern von der Übernahme von Betreuungsleistungen für Kleinkinder abhängig.«[123] Der

ökonomischen und gesellschaftspolitischen Begründung nach habe das Karenzgeld nämlich den Charakter einer Leistungsausgleichszahlung für die Betreuung bzw. Erziehung von Kindern. Gleichzeitig sollte nach Badelt das Karenzgeld auf die Höhe des damaligen erhöhten Karenzgeldes angehoben werden, die Sondernotstandshilfe – gleichsam ein Karenzgeld für ein drittes Jahr bei niedrigem Familieneinkommen – und das erhöhte Karenzgeld für Alleinstehende sollten entfallen.

Die nähere Begründung für diesen Vorschlag hatte Badelt schon in den Jahren zuvor gegeben: »Der Terminus Erziehungsgeld scheint zunächst nahe zu legen, dass mit einer Geldleistung die Erziehungsarbeit von Eltern bzw. anderen Personen ganz oder teilweise honoriert wird. Geht man von einem solchen Begriffsinhalt aus, dann ist nicht einzusehen, warum die Auszahlung einer Erziehungsgeldleistung mit dem Erwerbsstatus von Eltern (Müttern) gekoppelt werden sollte. Schließlich kann angenommen werden, dass Eltern ihren Erziehungsaufgaben auch nachkommen, wenn sie erwerbstätig sind. Einen völlig anderen Sinn erhält der Terminus ›Erziehungsgeld‹, wenn mit einer solchen Geldzahlung letztendlich eine Betreuungsleistung an Kindern ganz oder teilweise abgegolten werden soll. Eine solche Betreuungsleistung kann in der Regel nicht gleichzeitig mit einer Erwerbstätigkeit erbracht werden. Eine Koppelung der Auszahlung einer Leistung zur Betreuung von Kindern mit der Frage der physischen Präsenz der LeistungsträgerInnen ist logisch.«[124]

Das damals bestehende Karenzgeld diente nach Badelt »dem ausdrücklichen Zweck, Arbeitnehmerinnen (im eingeschränkten Maß auch Selbstständigen) die Möglichkeit einzuräumen, während der ersten Jahre nach der Geburt eines Kindes sich vorwiegend der Familienarbeit zu widmen und mit der Erwerbsarbeit zu pausieren … Als Arbeitnehmerinnenrecht stellt das Karenzgeld zweifellos eine wichtige sozialpolitische Errungenschaft dar. Geht man aber davon aus, dass eine staatliche Förderung (und sei es auch eine, die durch Beiträge zur Arbeitslosenversicherung mitfinanziert ist) nur dann gerechtfertigt ist, wenn ein gesellschaftliches Interesse an einer Förderung besteht, dann kann aus der Konstruktion des Karenzgeldes der Schluss gezogen werden, dass eine elterliche Betreuung von Kleinkindern zumindest in den ersten Lebensjahren gesellschaftlich wünschenswert ist. ... Wenn nun die Förderung von Betreuungsarbeit in den ersten Lebensjahren der Kinder auch aus einem gesellschaftspolitischen Interesse heraus erfolgt, dann ist nicht einzusehen, warum eine solche Förderung vom Erwerbsstatus der Eltern vor der Geburt der Kinder abhängig sein soll.«[125] Badelt befasste sich auch ausführlich mit dem Konzept der Wahlfreiheit und stellt im Zusammenhang mit ökonomischen Restriktionen der ›Wahlfreiheit‹ fest: »Ökonomisch gesehen bezieht sich die ›Wahl‹ zwischen Familien- und Erwerbsarbeit auf zwei Alternativen, die zwar beide produktive Arbeit darstellen, wobei aber die eine Arbeit bezahlt, die andere unbezahlt erfolgt.«[126] Und er zieht den Schluss: Ökonomische Familienförderung kann Restriktionen der Wahlfreiheit mildern oder beseitigen.

Entgegen dem Vorschlag Badelts wurde, was in Zeiten von Sparpaketen zu erwarten war, in der Regierung nicht eine Erhöhung des Karenzgeldes, sondern eine Kürzung des erhöhten Karenzgeldes diskutiert. Der Katholische Familienverband begrüßte den Vorschlag von Familienministerin Rauch-Kallat (ÖVP), Einsparungen beim erhöhten Karenzgeld vorzunehmen, mit dem Hinweis auf den angeblichen Missbrauch beim erhöhten Karenzgeld, und betonte gleichzeitig, dass die verheiratete Mutter gegenüber der ledigen nicht benachteiligt werden dürfe.[127]

Was Badelts Unterscheidung zwischen ›Erziehungsarbeit‹ und ›Betreuungsarbeit‹ betrifft, ist meines Erachtens eine solche bei Kindern unter zwei Jahren – also im damaligen zweijährigen Karenzurlaub – rein akademisch und ohne praktische Bedeutung. Versorgungsleistungen wie Zubereiten von Essen und Füttern, sind mit ›Erziehungsleistungen‹ wie dem Entwickeln und Einüben von Essensgewohnheiten untrennbar verbunden. Zutreffend ist meiner Auffassung nach, dass ein Erziehungsgeld als eine ›teilweise‹ Abgeltung einer Versorgungsarbeit die Kinderbetreuung als gesellschaftlich notwendige Arbeit in den Blick bringen kann.

Die Ausdrucksweise, es »sollen Benachteiligungen der Person ausgeglichen werden, die die Kinder betreut und auf bezahlte Arbeit verzichtet«, erweckt jedoch unausgesprochen den Eindruck, als hänge die Frage einer Berufstätigkeit und des Geldverdienens von ›Müttern‹ letztlich nur von deren freier, persönlicher Entscheidung ab, also der Wahlfreiheit der Frauen zwischen Familienarbeit und Erwerbsarbeit. Das heißt: Es wird ein wirtschaftlich autonomes Individuum unterstellt, das sozusagen die Wahlfreiheit zwischen Familienarbeit und Erwerbsarbeit hat, nämlich zwischen den moralischen Verpflichtungen als Mutter und eigenem Geld. Das Denken der Menschen wird so auf das individualisierende Konzept der Wahlfreiheit gelenkt und der Einfluss der sozialen Situation wie verfügbares Einkommen und Familienzusammensetzung auf die getroffene Entscheidung ausgeblendet. In Wirklichkeit ist selbst bei einem ausreichenden Einkommen des Partners die Wahl der meisten Frauen eine zwischen finanzieller Abhängigkeit vom Partner und Überbelastung. Die einander ausschließende Gegenüberstellung von ›Familienarbeit‹ und ›Erwerbsarbeit‹ vermittelt außerdem den Eindruck, dass sich erwerbstätige Mütter gegen die ›Familie‹ entscheiden und keine Haushaltsarbeit und Kinderbetreuung leisten. Die postulierte ›Logik der körperlichen Anwesenheit‹ der Empfängerin (oder des Empfängers) eines Kinderbetreuungsgeldes richtet sich bei den gegebenen gesellschaftlichen Rahmenbedingungen – wie Unterschieden zwischen Frauen- und Männereinkommen oder Trennung von Erwerbs- und Familienbereich – tendenziell gegen die Erwerbstätigkeit von Müttern und gegen partnerschaftliche Elternschaft.

Ein Blick auf die Lebenswirklichkeit zeigt den Einfluss der finanziellen Lage deutlich. Mütter in günstiger sozialer Situation können zum Beispiel (teilweise) erwerbstätig sein und die Betreuung und Erziehung des Kindes hauptverantwortlich übernehmen, weil sie Hilfskräfte für Hausarbeit und Kinderbetreuung bezahlen können.[128] Übrigens: Badelt erhob keinen Einwand gegen geringfügige Erwerbsarbeitsverhältnisse während des Bezuges eines Karenzgeldes oder Erziehungsgeldes – also gegen die Abwesenheit vom Kind wegen sozial und arbeitsrechtlich nicht abgesicherter Erwerbsarbeit.[129]

FPÖ-Obmann Haider hat den Ausdruck Kinderbetreuung übernommen. Mit dem Argument, durch ein allgemeines Kinderbetreuungsgeld solle die Betreuungsleistung von Müttern anerkannt werden, hat die FPÖ vor der Nationalratswahl 1999 ihre Kampagne für das Kinderbetreuungsgeld geführt. Es klang wie die von Feministinnen lange geforderte Anerkennung der Kinderversorgung als gesellschaftlich notwendige Arbeit. Bereits vor der Einführung in Kärnten wurde jedoch in der Dezember-Nummer 2000 der Landeszeitung für Kärnten der Schwerpunkt der Argumentation auf das Konzept Wahlfreiheit verlegt: Eltern sollen entscheiden, ob sie ihr Kind selbst betreuen oder externe Angebote in Anspruch nehmen wollen.[130] Die Argumentation mit der Wahlfreiheit lässt vermuten, dass mit der Barleistung Kinderbetreuungsgeld die gesamtgesellschaftliche Verantwortung für den Ausbau und die Leistbarkeit guter Betreuungseinrichtungen ebenfalls erfüllt sein soll, auch für Familien mit niedrigem Einkommen.

Familienorientierung – Erwerbsorientierung

Statt wie Badelt Mütter nach den Kategorien Familien- und Erwerbsarbeit einzuteilen, scheinen Experten neuerlich Mütter nach den Einstellungen »Familienorientierung – Erwerbsorientierung« zu klassifizieren. Der Informationsdienst des Österreichischen Instituts für Familienforschung der Universität Wien berichtet in der September-Nummer 2006 über die Ergebnisse der begleitenden Evaluierung des Kinderbetreuungsgeldes nach seiner bundesweiten Einführung 2002. Folgende Ergebnisse werden angeführt: Die Ausweitung des Bezieherinnenkreises um rund ein Viertel (in erster Linie nicht-erwerbstätige Hausfrauen und Studierende) und die Einführung einer Erwerbsmöglichkeit bis zur Zuverdienstgrenze von Eur 14.600,– im Kalenderjahr führen im Vergleich zum früheren Karenzgeld zu einer grundsätzlichen Erhöhung der Wahlfreiheit sowie zu einer besseren Vereinbarkeit von Familie und Erwerb. Eine Begrenzung ergibt sich allerdings durch die Höhe der Zuverdienstgrenze bzw. die fehlende Flexibilität in Hinblick auf Dauer und Höhe des Bezugs des Kinderbetreuungsgeldes. Durch die verlängerte Bezugsdauer des Kinderbetreuungsgeldes wird tendenziell die Familienorientierung stärker gefördert. Anfang März 2006 waren 17% der Frauen während des Bezugs von Kinderbetreuungsgeld über der Geringfügigkeitsgrenze erwerbstätig, rund sieben Prozent waren geringfügig erwerbstätig. Diese parallele Erwerbstätigkeit erhöht die Wahrscheinlichkeit, nach Abschluss des Bezugs des Kinderbetreuungsgeldes wieder verstärkt in die Erwerbstätigkeit einzusteigen. Auf der anderen Seite verschiebt sich der Wiedereinstieg von Frauen ins Erwerbsleben durch den längeren Bezug zeitlich nach hinten. Das Kinderbetreuungsgeld fördert die Familienorientierung stärker als die Erwerbsorientierung, und die maximale Bezugsdauer von drei Jahren verstärkt den vorherrschenden Wunsch der Eltern, die Kleinkinderbetreuung selbst zu übernehmen. Der Anteil der Väter liegt bei 3,5%. 13% der Kinderbetreuungsgeld beziehenden Familien werden allein durch das Kinderbetreuungsgeld über die Armutsgefährdungsschwelle gehoben (60% des österreichischen Medianeinkommens). So weit der Bericht über die Ergebnisse der Evaluierungsstudie.

Leider werden die Gegenbegriffe Familienorientierung – Erwerbsorientierung im Bericht nicht definiert. Offensichtlich bezieht sich der Ausdruck Familienorientierung auf so genannte »Hausfrauen«, also nicht-erwerbstätige Mütter (wohl auch auf Studierende, da Studieren entsprechend dem gängigen Wirtschaftsbegriff nicht als Arbeit gilt), während in die Kategorie Erwerbsorientierung vermutlich Frauen fallen, die trotz kleiner Kinder während des Bezugs des Kinderbetreuungsgeldes unter der Zuverdienstgrenze erwerbstätig sind bzw. auf das Kinderbetreuungsgeld verzichten (müssen), weil sie im Monat mehr als 1.043,– Euro verdienen. Falls die durch das Kinderbetreuungsgeld festgestellte stärkere Förderung der Familienorientierung im Vergleich zum Karenzgeld durch das Ansteigen des Anteils von Frauen verursacht ist, die nach zwei Jahren nicht eine Erwerbstätigkeit aufnehmen, sondern das Kinderbetreuungsgeld weiter beziehen, wäre dies meines Erachtens eine logische Folge des Sachverhalts, dass nun Studentinnen und nicht-erwerbstätige Hausfrauen zum Bezieherinnenkreis gehören.

Ich halte die Gegenüberstellung der Begriffe Familienorientierung und Erwerbsorientierung grundsätzlich für problematisch, da sie unausgesprochen unterstellt, dass erwerbstätige Mütter von Kleinkindern, also erwerbstätige Hausfrauen, der Familie bzw. den Kindern gleichgültiger gegenüberstehen als nicht-erwerbstätige »Hausfrauen«. Letztlich ersetzen diese Ausdrücke die jahrelang in amtlichen Statistiken und in der Alltagssprache verwendete Einteilung der Frauen in Hausfrauen und berufstätige Frauen. Aus dem Sachverhalt, dass erwerbstätige Hausfrauen tendenziell weniger Zeit für Haushaltsarbeit aufwenden (können), für die Zeit ihrer außerhäuslichen Erwerbstätigkeit auf Betreuungs- und Haushaltshilfen angewiesen sind und sich bei niedrigem Einkommen ihre Arbeitsbelastung durch Erwerb und Haushalt stark erhöht, kann meines Erachtens nicht eine mangelnde Familienorientierung abgeleitet werden.

Als einen Mangel in dem Bericht über die Begleitstudie betrachte ich auch, dass viele Aussagen verallgemeinernd formuliert sind. Eine getrennte Auswertung nach niedrigem und hohem Einkommen der Frauen und ihrer Partner, nach Berufsgruppen, nach Bildungshöhe und nach Familienzusammensetzung (allein stehende Mütter …) könnte wahrscheinlich sichtbar machen, welche Gruppen warum zum Beispiel das Kinderbetreuungsgeld zweieinhalb oder drei Jahre beziehen, und welche maximal bis zum Ende der arbeitsrechtlichen Karenz das Kinderbetreuungsgeld bekommen oder aus Angst um den Arbeitsplatz schon viel früher darauf verzichten und die Erwerbsarbeit voll aufnehmen.

Auch bei den Vätern, die sich, wie es im Bericht heißt, »am Bezug des Kinderbetreuungsgeldes beteiligen«, dürfte eine Aufschlüsselung nach Berufsgruppen (pragmatisierte Beamte wie Lehrer, die sozial- und arbeitsrechtlich abgesichert sind; Landwirte, Studierende, Angestellte in der Privatwirtschaft …) und nach Einkommenschancen der Partnerinnen im Vergleich zum eigenen Einkommen genauere Hinweise für eine partnerschaftliche Kinderbetreuung liefern.

Für die Aussage, dass das Kinderbetreuungsgeld grundsätzlich zu einer besseren Vereinbarkeit von Familie und Erwerb führt, fehlt eine erläuternde Begründung. Mit 436,– Euro im Monat lässt sich das Problem getrennter gesellschaftlicher Strukturen (Erwerbswelt – Haushalt, unterschiedliche Zeitstrukturen verschiedener Bereiche, fehlende, günstig erreichbare Kinderbetreuungseinrichtungen …) nämlich nicht individuell lösen. Geld betreut nicht; es müssen die erforderlichen Infrastrukturen wie leistbare, qualifizierte externe Betreuungsangebote vorhanden sein, auch Arbeitsplätze mit Teilzeit- und Rückkehrmöglichkeit zum Vollerwerb.[131]

Abschließende Anmerkungen

Da nicht nur die Oppositionsparteien Änderungsvorschläge brachten, sondern auch das der ÖVP-BZÖ-Regierung nahe stehende Österreichische Institut für Familienforschung vor der Nationalratswahl im Herbst 2006 eine Vergleichsstudie mit den Kinderbeihilfepaketen der nordischen Länder vorlegte und im Bericht über die Evaluierung feststellte, dass die derzeitigen Regelungen zum Kinderbetreuungsgeld für Personengruppen mit höheren Einkünften ungünstig sind, war zu erwarten, dass jede Koalitionsregierung nach der Wahl Änderungen beim Kinderbetreuungsgeld vornehmen wird.

Bei allen Änderungen wird die Finanzierungsfrage eine Rolle spielen, möglicherweise nur als Ablehnungsargument. Notwendig wäre aber, nicht nur offenzulegen, welche Bevölkerungs-/Berufsgruppen das Kinderbetreuungsgeld in welchem zeitlichen Umfang bekommen, sondern auch, welche Bevölkerungsgruppen in welchem Ausmaß zur Finanzierung des Kinderbetreuungsgeldes in welcher Höhe Beiträge leisten. Das betrifft zum Beispiel die Finanzierung aus dem Familienlastenausgleichsfonds (seit 1. Jänner 2002) und Leistungen aus der Sozialversicherung (zum Beispiel die Anrechnung von Kindererziehungszeiten in der Pensionsversicherung).[132] Diese Verteilungsfrage wird in der öffentlichen Diskussion gern ausgeklammert.

Wichtig scheint mir zu klären, welches Familienleitbild durch die einzelnen familienpolitischen Maßnahmen in Österreich begünstigt wird. Die durch die ÖVP-FPÖ/BZÖ Koalition ausgebauten steuerlichen Alleinverdienerabsetzbeträge ohne Berücksichtigung der

Einkommenshöhe bekommen Familien mit nicht-erwerbstätiger oder geringfügig beschäftigter Ehefrau sowie Einelternfamilien. Familien, in denen neben dem Mann auch die Frau voll erwerbstätig ist, bekommen diese Geldzuwendung nicht. Gegen das Leitbild der Zwei-Verdiener-Familie richtet sich auch der in den letzten Jahren vernachlässigte Ausbau von öffentlich geförderten Kindertagesstätten und von ganztägigen Schulformen. Wahlfreiheit bei der Verwendung des Kinderbetreuungsgeldes ist aber kein Ersatz für öffentliche, für alle Einkommensgruppen leistbare, gute Infrastruktureinrichtungen.

Meines Erachtens ist ein einkommensbezogenes Kindergeld, das mit der Höhe des Einkommens steigt, problematisch. Dabei wird nämlich der Versorgung von Kindern ein Eigenwert abgesprochen. Kinderbetreuung wird bei diesem Konzept mit Verzicht auf Einkommen aus Erwerbsarbeit gleichgesetzt.[133] Dieser Verzicht soll durch das einkommensbezogene Kinderbetreuungsgeld kompensiert werden. Statt über den gesellschaftlichen Wert und eine Neubewertung verschiedener Tätigkeiten einschließlich Kinderbetreuung nachzudenken, würde so die vom kapitalistischen Produktivitätsverständnis stark beeinflusste Arbeitsbewertung gefestigt. Für manche relativ gut verdienende Frauen wäre ein einkommensbezogenes Kindergeld kurzfristig eine Hilfe, besonders wenn gleichzeitig die Rückkehrgarantie an den Arbeitsplatz gegeben ist. Langfristig würde sich aber für viele Frauen wegen ihrer Stellung im unteren Teil der Einkommensstruktur diese Maßnahme nachteilig auswirken. Für diese Frauen wäre wie für etliche Männer – kurz: für alle working poor – die Einführung eines allgemeinen Mindesteinkommens eine wichtige, kurzfristig umsetzbare Maßnahme. Auch ein erhöhtes Kinderbetreuungsgeld für allein stehende Mütter (Väter) wäre meiner Meinung nach sozialpolitisch gerechtfertigt, da sie sowohl für das Geldverdienen als auch die Kinderversorgung Verantwortung tragen.

Was die durch das einkommensbezogene Karenzgeld geförderte Väterkarenz betrifft, so zeigen Finnland und Schweden mit 2 und 15% Beteiligung der Väter, dass der Erfolg dieser Maßnahme nicht gerade überwältigend ist. Auch eine 15%-Beteiligung der Väter

muss genauer analysiert werden; interessant wäre zu erkunden, wie viele Monate diese Väter hauptverantwortlich die Kinder versorgen. In den 1990er Jahren betrug die durchschnittliche Dauer der Väterkarenz in Schweden zwei Monate. Dies, obwohl das schwedische Elternurlaubsgesetz seit seiner Einführung den Eltern ausdrücklich das Recht zuspricht, die Freistellung so zu nehmen, wie es ihren Wünschen und Bedürfnissen entspricht. Der Arbeitgeber muss dies lediglich zwei Monate vorher erfahren.[134]
Um Väter zu motivieren, hauptverantwortlich die Versorgung von kleinen Kindern zu übernehmen, könnten neben dem zusätzlichen halben Jahr Kinderbetreuungsgeld andere Maßnahmen überlegt werden. Zum Beispiel könnten bei der Bewerbung um Führungspositionen ab einer mittleren Ebene jene Personen bevorzugt werden, die ein halbes Jahr hauptverantwortliche Kleinkindbetreuung als Qualifikationserfordernis nachweisen, und zwar mit folgender Begründung: Es ist ein gesamtgesellschaftliches Ziel, die Erfordernisse des Lebens mit kleinen Kindern bei der Gestaltung aller gesellschaftlichen Bereiche zu berücksichtigen.

Gesamtgesellschaftliche Rahmenbedingungen spielen für den Erfolg einer Maßnahme eine große Rolle. In Schweden gibt es die Elternkarenz seit 1974, seit 2002 erfolgt die Aufteilung der Karenz in drei Teilen – ein Drittel die Frau, ein Drittel der Mann, ein Drittel freie Wahl; bis 1980 verringerte sich der durchschnittliche Einkommensunterschied zwischen Frauen und Männern (solidarische Lohnpolitik, nämlich stärkere Anhebungen bei den niedrigen Einkommen, und Ausbau der öffentlichen Infrastruktureinrichtungen im Betreuungsbereich); seit 1981 beträgt dieser Unterschied 19%. 1980 wurde der ›Equal Opportunity Act‹ beschlossen: In Betrieben ab zehn Angestellten müssen die Einkommen von Frauen und Männern auf Ungleichheit überprüft werden. Einzelbetriebliche Gleichbehandlungsmaßnahmen ersetzten sozusagen Maßnahmen der solidarischen Lohnpolitik auf gesamtgesellschaftlicher Ebene.[135]
Bereits diese wenigen Anmerkungen zeigen, wie komplex und schwierig eine Gestaltung des Kinderbetreuungsgeldes ist, das nicht einseitig einen Familientyp begünstigt, sondern den verschiedenen

Familienformen einschließlich der Familien allein erziehender Eltern und den unterschiedlichen Einkommenssituationen gerecht wird. Die Aussage der BZÖ-Sozialministerin, »Wer seine Kinder daheim betreuen will, soll dazu die Möglichkeit haben«, muss um die Zielsetzung »Wer kleine Kinder und Erwerbstätigkeit verbinden will (muss), soll dazu auch die Möglichkeit haben« ergänzt werden. Für die Umsetzung dieser Zielsetzung sind Barleistungen von 436,– Euro im Monat allein zu wenig. Zu einer flexiblen zeitlichen und betraglichen Gestaltung der Geldleistung müssen rasch auch arbeits- und sozialrechtliche Sicherstellungen, die Beseitigung von bürokratischen Einengungen, der Ausbau von leistbaren öffentlichen oder öffentlich finanzierten Betreuungseinrichtungen und ganztätigen Schulformen kommen.

Ergänzung: Änderungsvorschläge 2007

Im Regierungsübereinkommen der SPÖ-ÖVP-Koalition vom 11. Jänner 2007 ist folgende Änderung beim Kinderbetreuungsgeld vorgesehen: Entweder wie bisher der Bezug von insgesamt 36 Monaten (davon mindestens sechs Monate der andere Partner) in der bisherigen Höhe von 436,– Euro oder ein Bezug von insgesamt 18 Monaten (davon mindestens drei Monate der andere Partner) in der Höhe von 800,– Euro monatlich. Die Zuverdienstgrenze soll auf 16.200,– Euro pro Jahr angehoben werden. Außerdem sollen Kinderbetreuungseinrichtungen ausgebaut werden.[136]

Frauenministerin Doris Bures (SPÖ) strebt für Alleinerziehende eine Besserstellung an; auch Familienministerin Andrea Kdolsky (ÖVP) kann sich vorstellen, Alleinerziehenden das erhöhte Kindergeld für 18 statt 15 Monaten auszuzahlen.[137] Das Gesetz soll im September fertig sein und ab 1. Jänner 2008 – also für Geburten ab 1. Jänner 2008 – in Kraft treten.

Das Kinderbetreuungsgeld wird aus dem Familienlastenausgleichsfonds finanziert. Da bei der Einführung des Kinderbetreuungsgeldes keine finanzielle Vorsorge für die Finanzierung des erweiterten Bezieherinnenkreises getroffen wurde, musste der Bund für 2006 den Abgang von 1,6 Milliarden Euro aus allgemeinen Steuermitteln decken.[138]

Die von der ÖVP-BZÖ-Regierung angekündigte steuerliche Absetzbarkeit der Betreuungskosten, die von armen Familien nicht geltend gemacht werden können, ist im Regierungsabkommen nicht vorgesehen.
In Reaktion auf das Regierungsabkommen forderte Sozialexperte Christoph Klein von der Arbeiterkammer eine allgemeine Erweiterung des flexiblen Angebots des Kinderbetreuungsgeldes auf beispielsweise 630,– Euro monatlich für 20 plus vier Monate oder 530,– Euro für 24 plus fünf Monate. Von der Oppositionspartei FPÖ wurde wie seinerzeit unter Obmann Dr. Haider das steuerliche Familiensplitting gefordert; dabei wird das Bruttoeinkommen durch die Anzahl der Familienmitglieder dividiert und erst dann die Höhe der Steuer berechnet. Das Familiensplitting ist eine steuerliche Familienförderung, die mit der Höhe des Einkommens besonders stark steigt und für die Bezieher sehr niedriger Einkommen, die keine Lohnsteuer zahlen, wie die steuerliche Absetzbarkeit der Betreuungskosten überhaupt nicht wirksam wird.
Trotz Regierungsvereinbarung gab es verschiedenste Forderungen auch seitens Vertretern und Vertreterinnen der Regierungsparteien. Zum Frauentag am 8. März 2007 machte Umweltminister Josef Pröll, Leiter der Perspektivengruppe der ÖVP zur Zukunft der Partei, einen Vorschlag, der völlig vom Regierungsprogramm abweicht. Er denkt an eine Mindestsicherung von 726,– Euro – wie sie seit 2007 bei den Pensionen gilt und als nächster Schritt der Armutsbekämpfung bald als einheitliche Sozialhilfe der Länder kommen soll – für jenen »Elternteil«, der sich einige Jahre ausschließlich der Familie widmet. Wenn beide Eltern berufstätig sind, sollen sie die Kosten der Kinderbetreuung steuerlich absetzen können.[139] Ein Vorschlag, der einen familienpolitischen Kompromiss mit der SPÖ sicher erschweren wird. Dasselbe gilt für den Vorschlag von Werner Amon, Sozialsprecher der ÖVP im Nationalrat und Generalsekretär des Österreichischen Arbeiter- und Angestelltenbundes (ÖAAB): Dieser schlug die steuerliche Entlastung von Familien durch ein steuerfreies Existenzminimum vor, welches sich an der für Pensionen festgelegten Armutsgrenze von 726,– Euro orientieren soll. Eine Alleinverdienerfamilie mit zwei Kindern soll zwei Mal 726,–

Euro für Mutter und Vater, und für zwei Kinder zwei Mal 50% dieses Betrages, also insgesamt 2.178,– Euro steuerfrei erhalten. SPÖ-Finanzstaatssekretär Christoph Matznetter lehnte den Vorschlag als »Zurück-an-den-Herd-Prämie« ab und schlug vor, eine Negativ-Steuer für finanzschwache Familien einzuführen. Die Salzburger ÖVP forderte am Bundesparteitag am 21. April 2007 in einem Antrag die Anhebung des Kinderbetreuungsgeldes auf 1000,– Euro, zumindest aber auf die Höhe der geplanten Mindestsicherung von 726,– Euro, und außerdem die Abschaffung der Zuverdienstgrenze. Vor dem Bundesparteitag der ÖVP schlugen mehrere prominente ÖVP-Politikerinnen und Politiker vor, die Zuverdienstgrenze ganz abzuschaffen, darunter die ÖVP-Wissenschaftssprecherin im Nationalrat und ÖAAB-Frauenvorsitzende Gertrude Brinek und Wirtschaftskammerpräsident Christoph Leitl. ÖVP-Familienministerin Andrea Kdolsky beharrte jedoch auf der Zuverdienstgrenze. Sie wurde von Parteiobmann Molterer unterstützt.

SPÖ-Frauenministerin Doris Bures und SPÖ-Familiensprecherin Andrea Kuntzl sprachen sich gegen eine Abschaffung der Zuverdienstgrenze aus; das Kinderbetreuungsgeld solle beziehen, wer tatsächlich Kinder betreut und dafür die Erwerbsarbeitszeit reduziert. Sie schlugen erneut die Wahlmöglichkeit der Eltern zwischen Zuverdienst- oder Arbeitszeitgrenze von 24 Stunden pro Woche ohne Einkommensgrenze vor. Letzteres soll es auch Vätern erleichtern, sich einige Monate an der Kinderbetreuung zu beteiligen, da sie nicht ganz aus dem Beruf aussteigen müssten. Da die Arbeitszeit bei Selbständigen und Bauern nicht kontrollierbar ist, müsse es aber für sie eine Einkommensgrenze geben.

ÖVP-Familienministerin Kdolsky erklärte die Arbeitszeitgrenze als nicht administrierbar.

Alle Oppositionsparteien – Grüne, FPÖ und BZÖ, und einige Experten, zum Beispiel Wolfgang Mazal, Professor für Arbeits- und Sozialrecht und Mitglied der ÖVP-Perspektivengruppe »Familie und Kinder« – sprachen sich für die Abschaffung der Zuverdienstgrenze aus. Letzterer argumentierte, dass auch Kinder von Berufstätigen betreut werden; dafür werde extra-familiäre Betreuung gebraucht, die etwas kostet.[140]

Auffallend an dieser öffentlichen Diskussion sind für mich mehrere Gesichtspunkte:
Innerhalb der ÖVP haben bei der Frage der Zuverdienstgrenze beim Kinderbetreuungsgeld seit der Nationalratswahl offensichtlich große Teile ihre Meinung geändert. Während sich kein ÖVP-Politiker für einen Mindestlohn von 1.000,– Euro öffentlich einsetzt, wird sogar 1.000,– Euro Kinderbetreuungsgeld gefordert. Niedrigsteinkommen der Eltern ist jedoch wie sehr niedrige Mindestsicherungen im Sozialsystem nachweisbar die Hauptursache für Kinderarmut. Angesichts der unterschiedlichen Geldforderungen für Familien ohne Berücksichtigung der Einkommenssituation – individuelle Mindestsicherung von 726,– Euro, steuerliches Existenzminimum von 726,– Euro, Kinderbetreuungsgeld von 1.000,– Euro – ist es erstaunlich, dass in den Medien über die Art der Finanzierung und die jeweilige Verteilungswirkung kein Wort verloren wird.
Der Ausbau allgemein zugänglicher Kinderbetreuungseinrichtungen spielte in der medialen Diskussion zunächst kaum eine Rolle, obwohl dies eine wiederholte Forderung von SPÖ-Politikerinnen und Gewerkschafterinnen ist. Dies könnte auch damit zusammenhängen, dass nicht der Bund für Kinderbetreuungseinrichtungen zuständig ist, sondern die Länder, und die Situation hinsichtlich Öffnungszeiten und Kosten für die Eltern von Bundesland zu Bundesland stark variieren.
Bei internationalen Vergleichen wurde in den Medien darauf hingewiesen, dass sich in einigen EU-Ländern die staatliche Förderung außerfamiliärer Kleinkindbetreuung auf die Geburtenrate positiv auswirkt, und dass die EU fordert, für ein Drittel der Kinder unter drei Jahren außerfamiliäre Betreuung vorzusehen.

Gegen Ende Mai 2007 wurde die Notwendigkeit der außerfamiliären Kinderbetreuung ein öffentliches Thema. Zum Beispiel forderte Universitätsprofessor Mazal, die außerfamiliäre Betreuung für Kinder unter drei Jahren auszubauen. Mit dem Blick auf einen geplanten »Kinderbetreuungsgipfel« der Regierung am 29. Mai legten die Sozialpartner in einem offenen Brief an die Regierung ihre Empfehlungen für eine bessere Vereinbarkeit von Familie und

Beruf vor. Die Sozialpartner forderten zusätzliche Varianten bei der Bezugsdauer des Kinderbetreuungsgeldes in jeweils einer kostenneutralen Höhe; im Interesse besser qualifizierter Personen soll die Wahlmöglichkeit zwischen betragsmäßiger Zuverdienstgrenze und einer Arbeitszeitgrenze bis zu 24 Stunden wöchentlich geprüft werden. Außerdem sollen jährlich mindestens 5000 neue Betreuungsplätze für unter Dreijährige geschaffen werden mit Öffnungszeiten, die die Bedürfnisse der Eltern berücksichtigen. Wie für Betriebskindergärten sollen finanzielle Zuwendungen von Unternehmen für qualifizierte über- und außerbetriebliche Kinderbetreuungsangebote steuer- und sozialversicherungsfrei sein.
Beim Kinderbetreuungsgipfel ging es auch um die vorschulische Erziehung der Fünfjährigen, die gratis sein soll, damit bildungsferne Bevölkerungsgruppen und Immigranten ihre Kinder hinschicken. Die zuständigen Ministerinnen/Minister – Familienministerin Andrea Kdolsky (ÖVP), Frauenministerin Doris Bures (SPÖ), Bildungsministerin Claudia Schmied (SPÖ) und Wirtschaftsminister Martin Bartenstein (ÖVP) – einigten sich darauf, bis 2010 30.000 bis 50.000 zusätzliche Kinderbetreuungsplätze zu schaffen; die Verantwortung dafür trügen allerdings in erster Linie die Länder (!). Vorschulklassen fallen in die Zuständigkeit des Bundes, Kindergartenplätze in die Zuständigkeit der Länder und Gemeinden. Bildungsministerin Schmied erklärte, im Budget für 2007/2008 sei die Finanzierung von Vorschulklassen nicht vorgesehen. Familienministerin Kdolsky erteilte der Forderung der Sozialpartner nach weiterer Flexibilisierung des Kinderbetreuungsgeldes eine Absage.[141]

Pflegegeld pflegt nicht! Geld und Freiräume – auch für Pflegende?

Anmerkungen zu einer irreführenden Expertendiskussion

Pflegegeld zweckgebunden

Nach Paragraph 1 des Pflegegeldgesetzes, das am 1. Juli 1993 in Kraft getreten ist, besteht der Zweck des Pflegegeldes darin, »in Form eines Beitrages pflegebedingte Mehraufwendungen pauschaliert abzugelten, um pflegebedürftigen Personen so weit wie möglich die notwendige Betreuung und Hilfe zu sichern, sowie die Möglichkeit zu verbessern, ein selbstbestimmtes, bedürfnisorientiertes Leben zu führen.«

Das Pflegegeld soll also jene Mehrbelastungen teilweise abgelten, die durch die Inanspruchnahme von notwendigen Betreuungs- und Hilfsverrichtungen durch andere Personen erwachsen. Unter Betreuung ist in erster Linie die Grundpflege zu verstehen, also die Körperpflege – Waschen, Baden usw. –, unter Hilfe die hauswirtschaftliche Versorgung, also Reinigen der Wohnung, Einkaufen oder Zubereiten des Essens. Die erforderliche Betreuung und Hilfe können sowohl Familienangehörige oder Personen, die privat oder durch Sozialdienste organisiert werden, leisten.

Als 1995/1996 eine Reform des Pflegegeldes diskutiert wurde, erklärten manche Experten trotz dieser eindeutigen gesetzlichen Zweckgebundenheit in den Medien, das Pflegegeld sei frei verfügbares Geld. »Bei ›Bezahlung‹ Angehöriger fließt das Pflegegeld meist direkt in das Haushaltseinkommen … Das Pflegegeld … sollte pflegebedingte Mehrkosten (Diäten, Hilfsmittel, höhere Heizkosten) verringern«, meinte etwa der Sozialforscher Bernd Marin, und untermauert seine Ansicht, das Pflegegeld sei Teil des Haushaltseinkommens durch die Aussage, »auch Pflegegeld ist Geld und kein Dienst oder Gutschein für Sachleistungen und hat daher kein Mascherl.«[142]

Der Experte Österle vertrat ebenfalls die Auffassung; es sei nicht gerechtfertigt, nach der Verwendung des Geldes zu fragen, und argumentierte: »Man fragt ja auch mich nicht, ob ich mein Gehalt für Urlaub oder was anderes ausgebe.«[143]

Ich teile diese Auffassung nicht. Sie entspricht weder dem Gesetz, noch steht sie im Einklang mit der solidarischen Einstellung gegenüber Pflegebedürftigen, die zur Einführung des Pflegegeldes geführt hat. Die Menschen, die mit ihren Abgaben und Steuern das Pflegegeld finanzieren, wollen sicherstellen bzw. mithelfen, dass Pflegebedürftige Betreuerinnen oder Betreuer und hauswirtschaftliche Helferinnen finden.

Die Verwirrung entsteht unter anderem, weil manche Experten unterstellen, dass eine solche Zweckbindung familiäre Hilfe ausschließt, und vorgeben, es sei unwesentlich, ob das Pflegegeld als finanzieller Beitrag des Pflegebedürftigen zum Haushaltseinkommen oder als von der Betreuerin, zum Beispiel der Mutter oder Schwiegertochter, durch Pflegearbeit verdientes Geld betrachtet wird.

Wahlfreiheit; professionelle, familiäre Pflege

Brigitte Ederer, 1996 Bundesgeschäftsführerin der SPÖ, hatte in einem Interview erklärt, die SPÖ wolle die Beschäftigung in den Sozialberufen durch eine Koppelung des Pflegegeldes mit dem Nachweis »professioneller« Pflege steigern.[144]

Daraufhin betonten Experten, dass ›professionelle‹ Dienste zu teuer seien. Der Sozialforscher Bernd Marin setzte stillschweigend professionelle Pflege mit professionellen Diensten gleich und erklärte die Idee für problematisch, »die Auszahlung des Pflegegeldes an einen Nachweis ›professioneller Dienste‹ zu binden: das könnte … Pflege teurer statt preiswerter machen … Familiäre Pflege ist eben keine ›Schwarzarbeit‹, und sie in Lohnarbeit umzuwandeln (die Schwiegertochter als Angestellte?), machte Betreuung vielfach teurer aber nicht notwendigerweise besser.«[145]

Das heißt, für manche Experten gehen die Vorzüge familiärer Pflegearbeit verloren, sobald die familiäre Betreuerin das Pflegegeld für ein sozialrechtlich abgesichertes Arbeitsverhältnis verwendet. Für diese Experten wird durch die angesprochene Möglichkeit eines formellen Arbeitsverhältnisses auch für familiäre Betreuung normale familiäre Betreuung zur Schwarzarbeit erklärt. Gleichzeitig wird

durch ungenaue begriffliche Gegenüberstellungen Verwirrung gestiftet. So betont Bernd Marin, dass das Pflegegeld ohne Nachweis für die zweckgebundene Verwendung dem Pflegebedürftigen die Wahlfreiheit »zwischen professionellen Diensten und der Entschädigung persönlicher Helfer und Helferinnen bzw. einer Kombination aus externer und informeller Hilfe gibt«, und stellt fest: »Wahlfreiheit vermindert Abhängigkeiten und erhöht die Würde.«[146]
Bei qualifizierten Berufen weist der Begriff ›professionell‹ auf die berufliche Qualifikation durch Ausbildung hin. Im Fall der Grundpflege durch familiäre Betreuung und der hauswirtschaftlichen Hilfe wird im Regelfall keine formale Ausbildung vorausgesetzt. ›Professionell‹ kann in diesem Zusammenhang daher mit dem Blick auf die Qualität nur sachkundig heißen. Das erforderliche Wissen eignen sich die meisten Frauen und wenige Männer im Familienhaushalt bzw. in Kursen an.

Aussagen von Betroffenen scheinen die Argumente der Sozialforscher gegen die Überlegungen Brigitte Ederers, die Betreuenden anzustellen, voll zu bestätigen. Ein schwer körperbehinderter, geistig reger junger Mann, beschrieb, wie er als Betroffener abgestimmt auf seine Bedürfnisse Helfende organisiert: eine Frau als Haushaltshilfe, die die Wohnung putzt, die Wäsche reinigt, manchmal kocht und bei Bedarf auch am Wochenende und abends kommt, sowie Studenten oder über Internet Kontaktierte als Assistenten für besondere Aufgaben, wie den gesundheitlich wichtigen Besuch eines Schwimmbades. Dazu kommt seine Freundin – als familiäre Helferin – für die tägliche körperbezogene Hilfe beim Ausziehen und Baden.[147]
Eltern, die schwerstbehinderte Kinder aufopferungsvoll zu Hause pflegen, beschwerten sich in Leserbriefen, dass ihre Arbeit als ›Schwarzarbeit‹ bezeichnet wird, und verwiesen darauf, dass die Kosten für einen Heimpflegeplatz bei weitem die höchste Stufe des Pflegegeldes von ATS 21.074,– (im Jahr 1996) übersteigen.[148]
Sicher ist, dass sich »Wahlfreiheit« bezogen auf die erforderlichen Pflegepersonen als vorrangiges Kriterium für eine gute Pflegevorsorge nicht für alle Hilfsbedürftigen in gleicher Weise stellt wie für

körperbehinderte Rollstuhlfahrer; sicher nicht für Alzheimer-Patienten, für geistig behinderte Menschen oder für schwerstbehinderte Kinder. Da Geld nicht pflegt und auch nicht die Pflegenden organisiert, ist es für die größere Zahl der Pflegebedürftigen entscheidend, dass Personen da sind, die die Betreuung und Hilfe verlässlich übernehmen. Das kann in der Familie geschehen und/oder durch Personen, die im Rahmen sozialer Dienste oder von Heimen aus tätig sind.

Das Pflegegeld ist als Abgeltung bzw. (teilweise) Bezahlung dieser Arbeiten vorgesehen. Es dient somit der teilweisen Existenzsicherung der Personen, die die Versorgungsarbeiten erbringen und damit indirekt auch der Existenzsicherung der Pflegebedürftigen. Für einige Pflegebedürftige verbessert es die Möglichkeit, ein selbstbestimmtes Leben zu führen.

Familiäre Pflege; informelle Helfer/Helferinnen günstig – für wen?

Mich interessiert, ob das liberale Postulat, durch (Pflege-)Geld entstehe für den Pflegebedürftigen »Wahlfreiheit, die Abhängigkeiten vermindert und die Würde erhöht«, auch für die Töchter, Schwiegertöchter, Mütter, Schwestern – kurz: die Frauen als familiäre Pflegerinnen – gilt? Oder übernehmen manche Experten und Expertinnen unbefragt die Vorstellung des Wirtschaftsliberalismus über das unabhängige Individuum? Übersehen sie, dass die Unabhängigkeit des Pflegebedürftigen ähnlich wie die postulierte Freiheit des autonomen (männlichen) Erwerbstätigen, der dem ›Markt‹ flexibel zur Verfügung steht und durch ein hoffentlich hohes Einkommen relativ selbstbestimmt leben kann, auch Personen voraussetzt – meist Frauen –, die die Verantwortung für die hilfsbedürftigen Kinder, Kranken und Alten und dazu die täglichen Konsumarbeiten im Haushalt übernehmen?

Es ist daher nicht gleichgültig, ob das Pflegegeld als Geld des Pflegebedürftigen – als seine Leistung für den Haushalt – oder als Geld für die Betreuenden betrachtet wird. Auch wer Pflegearbeit aus Liebe erbringt, hat gern eigenes Geld und persönliche Freiräume.

Sichtbar zu machen ist weiters, warum Männer nicht in gleicher Weise wie Frauen schlecht bezahlte Hausarbeit in formellen oder informellen Arbeitsverhältnissen oder als Familienangehörige Arbeit aus Liebe übernehmen.

Die meisten Haushaltshilfen und Betreuerinnen und Betreuer der Sozialdienste wollen wie andere Berufstätige ihre Erwerbsarbeit mit ihrem Familienleben verbinden. Wegen der spezialisierten und getrennten Lebensbereiche wünschen sie sich feststehende Erwerbsarbeitszeiten und freie Sonntage. Die Gesundheits- und Pflegedienste stehen daher wie die Fachärzte am Abend und an Sonn- und Feiertagen nur eingeschränkt oder nicht zur Verfügung. Das bedarf einer Regelung.
Die Mutter, die Schwiegertochter oder andere Familienangehörige als Pflegerinnen oder Pfleger, und privat organisierte, informelle Haushaltshilfen oder Studenten, also schwarz oder geringfügig Beschäftigte, seien billiger, wird betont, als solche Personen, die von den Sozialdiensten der Gemeinden oder der Wohlfahrtsvereine vermittelt werden.
Das stimmt meist. Zumindest für den einzelnen Nachfragenden. Billiger sind die Pflegearbeit und Hilfsdienste dieser Personen im Regelfall, weil sie durch Unterhalts- und Transferleistungen so weit abgesichert sind, dass sie im Rahmen eines informellen, nicht Existenz sichernden Arbeitsverhältnisses – zum Beispiel geringfügig beschäftigt oder ehrenamtlich für ein Taschengeld – oder unbezahlt aus Liebe arbeiten können. Sie sind nicht auf ein Existenz sicherndes Einkommen und auf soziale Absicherung im Rahmen eines formellen Arbeitsverhältnisses angewiesen, und zwar unabhängig davon, ob sie die Betreuung und Hilfe professionell (im Sinne von sachkundig) leisten oder nicht.
Das heißt, es muss im Zusammenhang mit dem Pflegegeld geklärt werden, ob mit professionell beruflich ausgebildete Pflegerinnen/Pfleger gemeint sind, oder ein formelles Arbeitsverhältnis – also eine Berufstätigkeit – mit Arbeitslosen- und Krankenversicherung und dem Erwerb von Pensionsansprüchen. Letzteres strebt Brigitte Ederer vermutlich auch für etliche familiäre Pflegerinnen

und Helferinnen an. So gesehen kann ›professionelle‹ Pflege entweder durch Familienangehörige oder durch andere Personen, die bei Sozialdiensten angestellt sind, erfolgen, und nicht, wie Bernd Marin meint, nur durch als Pflegerinnen oder Pfleger ausgebildete Personen. Speziell in den oberen Pflegegeldstufen ist dies angesichts sonst fehlender eigener Pensionsansprüche langfristig gesehen aus der Sicht vieler Frauen überlegenswert.
Auch die Begriffe extern und informell werden von den Experten ungenau gebraucht. Extern und informell sind keine sich ausschließenden Merkmale der Person, die Betreuung oder Hausarbeit leistet. Externe Hilfe, also Hilfe von Personen, die nicht zum Familienhaushalt gehören, kann sowohl in formellen als auch in informellen – also nicht Existenz sichernden und nicht sozial abgesicherten – Arbeitsverhältnissen erfolgen. Außerdem können sowohl informell als auch formell arbeitende Pflegepersonen oder Haushaltshilfen netto einen hohen oder niedrigen Stundenlohn erhalten. Bei formellen Arbeitsverhältnissen kommen die Sozial- und Steuerabgaben in jedem Fall als Kosten für die Pflegebedürftigen dazu.

Pflegegeld statt Heime? Kostenwahrheit

Manche Sozialforscher scheinen die Devise zu vertreten: Pflegegeld statt Heime. So stellt ein Expertenteam des Europäischen Zentrums für Wohlfahrt und Sozialforschung zur Heimpflege verallgemeinernd ablehnend fest: »Während die höchsten Pflegesätze (ATS 21.074,–) für rund 5.000 Personen großteils von Heimen kassiert werden dürfen, wo 180 Stunden Betreuung monatlich kaum kontrollierbar sind …« und »Pflegegeld befreit Pflege aus dem Würgegriff (teilgestützter) Bietermärkte und bürokratischer Kontrolle.«[149]
Tatsache ist, dass manche Pflegebedürftige auf ein Heim angewiesen sind – sei es, weil sie keine Angehörigen haben oder die Behinderung so schwer ist, dass Angehörige überfordert sind. Ich denke zum Beispiel an alte Menschen, die gefüttert, gewickelt, gebadet werden müssen, deren Zähne geputzt, deren Zimmer gereinigt, deren Wäsche gewaschen, deren Essen gekocht werden muss; die umgebettet werden müssen, damit sie nicht wund liegen, denen zwischendurch zum Trinken gegeben wird und die auch freundliche

Zuwendung brauchen durch das Pflegepersonal und/oder die Angehörigen.
Ich frage mich, ob einzelne Experten und Expertinnen glauben, sie könnten als Angehörige im privaten Haushalt Pflege Schwerstbehinderter über Jahre besser leisten als ein Betreuerteam eines gut geführten und gut ausgestatteten Heimes? Von Töchtern, Schwiegertöchtern, Ehefrauen und Müttern scheinen sie es zu erwarten. Ich möchte mit diesen Experten über ihre totale Ablehnung von Heimen weiterdiskutieren, nachdem sie einen Monat einen schwerstbehinderten alten Menschen in einem Familienhaushalt selbst gepflegt haben. Ich meine: Nicht nur Pflegegeld, auch gute Heime und gute Sozialdienste befreien Pflege vom »Stigma der Armenfürsorge«.

Die ungenaue Verwendung von Begriffen sowie die isolierte Betrachtung eines Problems verhindern vielfach, dass die Sozialforscher die Zusammenhänge zwischen verschiedenen zu lösenden Problemen für Politikerinnen und Politiker erhellen. So wird gesagt, die ›preisgünstige‹ familiäre Pflegearbeit müsse erhalten werden. Nach Auffassung mancher Experten soll sie auch in den oberen Pflegegeldstufen auf keinen Fall zu einem formellen Arbeitsverhältnis führen. Gleichzeitig bleibt der versteckte sozialstaatliche Finanzausgleich, der die ›preisgünstige‹ Arbeit aus Liebe und die ›billigeren‹ informellen Hilfeleistungen anderer Personen ermöglicht, unsichtbar. In der Diskussion werden die sozialstaatlichen Kosten für diese ›preisgünstigeren‹ Arbeitskräfte übergangen, Kosten, die zum Beispiel für die Krankenversicherung in Form der unbedingten beitragsfreien Mitversicherung – von Studenten beim Vater, von geringfügig beschäftigten Haushaltshilfen und verheirateten, nichterwerbstätigen Ehefrauen beim Ehemann – anfallen. Diese Kosten müssen von den formell Erwerbstätigen in Form von Sozialabgaben und Steuern bezahlt werden.
Aufgabe von Sozialforschern wäre es meiner Meinung nach, die Zusammenhänge und Verbindungslinien zwischen ›preisgünstiger‹ familiärer Pflegearbeit durch Frauen und deren privater und gesellschaftlicher Existenzsicherung aufzuzeigen, nämlich der Existenzsi-

cherung von nicht-erwerbstätigen Frauen durch den Unterhalt des Ehemannes und nach dessen Tod durch die beitragsfreie, an der Einkommenshöhe des Ehemannes orientierten Witwenpension (also eine aus Steuermitteln finanzierte Transferleistung), sowie dem Fehlen eines eigenen Einkommens im Erwerbsalter und eines eigenen Pensionsanspruches für diese Frauen (was deren Abhängigkeit vom Ehemann bedeutet). Das heißt, Sozialforscher müssten neben der individuellen Sicht von betroffenen Pflegebedürftigen die Merkmale der bestehenden Sozialsysteme und mögliche Änderungen als institutionelle Rahmenbedingungen verdeutlichen. Gezeigt werden muss, durch welche Merkmale der gesetzlichen Regelungen für bestimmte Bevölkerungsgruppen – für Bezieher hoher Einkommen, für verheiratete Frauen und Männer, für nicht formell erwerbstätige Frauen … – Vorteile bzw. Benachteiligungen entstehen. Sichtbar zu machen ist zum Beispiel, wie das herrschende Wirtschaftsverständnis, die Arbeitsteilung in den Familien und die familiäre Pflegearbeit als ›preiswerte‹ (Frauen-)Arbeit zusammenhängen. Dabei ist es wichtig, neben der Art der Ansprüche auf Sozialleistungen auch die Finanzierungsseite des Sozialsystems als gesamtgesellschaftliches Verteilungsproblem aufzuzeigen und zwischen kurz- und langfristigen Vor- und Nachteilen zu unterscheiden.

Die Aussage »Pflegegeld pflegt nicht« muss ernst genommen werden. Wer eine gute Betreuung für Pflegebedürftige sicherstellen will, muss vorrangig auch die Qualität und Art der Existenzsicherung derjenigen regeln, die die Pflege- und andere Versorgungsarbeiten leisten. Es muss auch über die Bedürfnisse der Pflegenden geredet werden; über die notwendige Aufwertung ihrer Arbeit, über verschiedene institutionelle Einrichtungen und gesetzliche Regelungen, die ihre Arbeit anerkennen und erleichtern. Das gilt für Angehörige, die die Pflegebedürftigen im Familienhaushalt pflegen, und für die Pflegenden in Heimen und bei den Sozialdiensten.

Klar werden muss Folgendes: Wenn immer mehr Menschen in informellen und nicht Existenz sichernden Arbeitsverhältnissen ohne Steuer- und/oder Sozialabgaben arbeiten, wird bald die Frage auftauchen, wie Sozialleistungen und Pflegegeld finanziert werden sollen.

Das heißt, es geht darum, die Kostenwahrheit über die billigere informelle und ›preiswerte‹ familiäre Arbeit einzufordern. Diese Forderung ist nicht mit der Forderung gleichzusetzen, die gesamte innerfamiliäre Arbeit in Berufsarbeit zu verwandeln. Die Kostenwahrheit führt zu einem genaueren Bild über die Begünstigten und die Verliererinnen und Verlierer bestehender Regelungen. Sie führt sicher auch zur Frage einer gerechteren Bewertung von Arbeiten – zum Beispiel einer besseren Bezahlung von Betreuungsarbeiten – und zu den Vorteilen einer prinzipiell eigenständigen sozialen Absicherung für Frauen. Auch Schwierigkeiten, die mit Arbeitsteilung und Spezialisierung – zum Beispiel bei Sozialdiensten – zusammenhängen, werden durch den damit verbundenen Organisationsaufwand sichtbar.
Kurz: Die Art des gesamtgesellschaftlichen, institutionellen Zusammenhanges von Arbeitsteilung, Arbeitsbewertung und Arbeitsorganisation sollte durch Sozialforschung sichtbar gemacht werden.

Anmerkungen zu Einseitigkeiten und Auslassungen von Expertenaussagen in der Pflegegelddiskussion 2006[150]

Forderungen von Rollstuhlfahrern; billige illegale Betreuerinnen

Wie im Jahr 1996 wird von Körperbehinderten, meist geistig regen Männern im Rollstuhl, gefordert, dass sie abgestimmt auf ihre Bedürfnisse in freier Wahl Helfende organisieren können. Ähnlich meinte ein Behindertenvertreter – ebenfalls Rollstuhlfahrer – 2006 vor der Nationalratswahl: Die meisten Pfleger leisten keine medizinische Betreuung, sondern helfen bei der Toilette, beim Nägelschneiden, beim Kochen oder bei Behördengängen. 1996 und 2006 lautete die Schlussfolgerung: Die meisten Helfer sollen nicht angestellt, also nicht formell als Erwerbstätige mit Sozialversicherung gemeldet werden. Für behinderte und alte Menschen seien illegale Pflegerinnen/Pfleger oft die günstigste Variante. Wichtig sei, selbständig aus dem Angebot zu wählen.[151]

Etliche Experten unterstütz(t)en diese Forderungen ohne zwischen körperbehinderten, geistig regen Menschen einerseits und geistig und körperlich schwer behinderten alten Menschen und Kindern andererseits zu unterscheiden. 1996 betonten außerdem mehrere Experten, es dürfe keine öffentliche Kontrolle über die Verwendung des Pflegegeldes geben, auf keinen Fall bei familiärer Pflege; denn: die Ehefrau, die Tochter, die Schwiegertochter könne doch nicht Angestellte sein. Wie die Pflegebedürftigen ihr Pflegegeld verwenden, für Sozialdienste oder für nicht sozialversicherte, geringfügig Beschäftigte, sei ihre Sache. Einzelne schlossen sich der Forderung von Rollstuhlfahrern an, alle Heime zu schließen und als öffentliche Unterstützung ausschließlich frei verfügbares Geld vorzusehen. Auch 2006 bezeichnete Bernd Marin, Leiter des Europäischen Zentrums für Wohlfahrtspolitik und Sozialforschung, Pflegeheime abwertend als Anstalten oder Kasernen, die geschlossen werden sollen.[152]

2006 ging es weniger um die eigenständige Existenzsicherung und soziale Absicherung der pflegenden verwandten Frauen, sondern um die illegalen Pflegerinnen aus den östlichen Nachbarländern. Dazu Beispiele aus der Sendung »Offen gesagt«: Die Legalisierung der in 14-tägigem Turnus arbeitenden »billigen« Pflegerinnen, die unter dem österreichischen kollektivvertraglichen Mindestlohn arbeiten, und die »Entkriminalisierung der Familienangehörigen« wurden übereinstimmend gefordert. Paul Zulehner, Pastoraltheologe, stellte fest: »Die Bürgergesellschaft hat das Problem gelöst.« Die Menschen hätten laut Umfrage kein Verständnis für die Illegalität. Die Gesetze seien veraltet. Die Mehrheit der Menschen sähe es laut der von ihm gemachten Umfrage so. Offensichtlich sind mit »veraltet« die Sozialversicherungspflicht und die kollektivvertraglich geregelten Mindestlöhne gemeint. Experte Bernd Marin betonte: Obwohl nur 3% der Pflegebedürftigen in Heimen seien, bekommen die Heime 90% des Geldes. Der Hinweis, dass viele Pflegebedürftige erst bei schwerster Behinderung von ihrer Wohnung in ein Heim wechseln, fehlte.

Der Bevölkerungswissenschafter Rainer Münz wies darauf hin, dass es immer mehr Menschen ohne unmittelbare Angehörige geben werde und dass die illegalen Pflegerinnen die Frage des Mindestlohnes, der Kollektivverträge aufwerfen. Ersterem wurde mit der Notwendigkeit von mehr »Freiwilligen« neben der familiären Pflege, also Ehrenamtlichen, indirekt geantwortet; auf die Frage des Mindestlohnes ging in der weiteren Diskussion niemand ein. Experten, die sich öffentlich gegen nicht sozialversicherte, illegale Pflegepersonen ausgesprochen haben, wie Stephan Schulmeister[153] und Gudrun Biffl[154], waren in dieser Diskussionsrunde der Sendung »Offen gesagt« nicht vertreten.
Mich interessiert, wie die auch in der Sendung »Offen gesagt« behauptete Zahl von 40.000 illegalen Pflegerinnen gefunden wurde. Wer hat dazu wann und wie Erhebungen gemacht? Gibt es auch Daten über die Zahlungen an die Vermittlungsagenturen?

»Preiswerte« informelle Frauenarbeit – Armut

Abgesehen davon, dass geringfügige und illegale Beschäftigung oft Frauenarmut im Alter nach sich zieht, muss Folgendes aufgezeigt werden: Wenn immer mehr Menschen in geringfügigen oder illegalen Arbeitsverhältnissen tätig sind, also ohne Steuer- und Sozialabgaben arbeiten, wird bald die Frage gestellt werden, wie Sozialleistungen wie das Pflegegeld oder die Pensionen finanziert werden sollen.

Es ist daher Kostenwahrheit über die billige, ›günstigere‹ Pflege einzufordern – für Gepflegte und Pflegende. Für alle Regelungen muss verdeutlicht werden, wer die jeweils Begünstigten und wer die Benachteiligten sind, und dies auch in mittelfristiger und langfristiger Sicht, sowie die Auswirkungen auf die Leistungsmöglichkeiten des Sozialsystems. Geringfügig beschäftigte Studenten und nicht-erwerbstätige Ehefrauen sind zum Beispiel auf Kosten der Sozialabgaben leistenden Erwerbstätigen ohne Beiträge krankenversichert. Fehlende offizielle Einkommen und sehr geringe Einkommen wirken sich später nachteilig auf die Pension aus; seit der 2003 beschlossenen Ausdehnung des Bemessungszeitraumes auf 40 Jahre wird dies noch wesentlich stärker der Fall sein als bisher.

Wenn neuerlich die privaten Versicherungen private Pflegevorsorge bewerben, muss gesehen werden, dass Menschen ohne eigenes Einkommen oder in unterbezahlten Erwerbsarbeitsverhältnissen kein Geld für die private Vorsorge erübrigen können. Die unteren Einkommensgruppen in Österreich können sich die ›billigen‹ ausländischen Pflegerinnen ebenfalls nicht leisten; im Regelfall verfügen sie auch nicht über den erforderlichen Wohnraum.

Die Soziologin Marianne Egger de Campo, die die Altenpflege Österreichs im internationalen Vergleich erforscht, stellte fest, dass der internationale Vergleich zeigt, dass in- und ausländische Schwarzarbeit in der Betreuung in jenen europäischen Systemen blüht, in denen die Allgemeinheit davon ausgeht, dass die Familien Kinder betreuen, beim Lernen unterstützen und die Älteren pflegen.[155] Dass mit »Familien« in erster Linie die Frauen gemeint sind, bestätigt die Praxis.

Mehr private oder mehr staatliche Vorsorge?

Kaum in die Diskussion einbezogen wird von Wissenschaft und Medien der Zusammenhang zwischen gesellschaftlichen und wirtschaftlichen Veränderungen und der Bedarf an mehr außerfamiliären Pflegeleistungen. Ich denke an die Mobilität, die die junge Generation oft räumlich von den Eltern trennt, die geforderte Flexibilität für den Erwerbsbereich, die Kinderwünsche nicht gerade fördert, und an die für viele Menschen sinkenden Einkommen. Betreuung und Pflege gehören nach dem kapitalistischen Produktivitätsverständnis zu den ›unproduktiven‹, das Kapital nicht vermehrenden Tätigkeiten; sie sind demnach nicht viel wert, die Löhne folglich eher niedrig.

Neben Maßnahmen für ein verbessertes Angebot an verschiedenen Betreuungsformen muss auch eine Grundsatzentscheidung über die Weiterentwicklung des Pflegesystems getroffen werden, nämlich ob öffentliche finanzielle Förderung private oder sozialstaatliche Vorsorge unterstützen soll. Das heißt, es geht um das gewünschte Wohlfahrtssystem; zum Beispiel darum, welchen gesetzlichen Anspruch alle pflegebedürftigen Bürgerinnen und Bürger ohne Rücksicht auf ihre finanzielle Situation haben. Zu berücksichtigen ist hier etwa: Während zwei Drittel der Bezieher des staatlichen Pflegegeldes Frauen sind, sind in der neuerlich stark beworbenen privaten Pflegevorsorge mehr als die Hälfte der versicherten Personen Männer. Wenn das eigene Einkommen und das Pflegegeld für einen Heimpflegeplatz nicht reichen, besteht Anspruch auf Sozialhilfe, die Ländersache ist. Reichen Einkommen und Pflegegeld, sind die Pflegekosten steuerlich absetzbar. Diese steuerliche Förderung wird oft übersehen. Die steuerliche Förderung der privaten Vorsorge benachteiligt die unteren Einkommensgruppen und Frauen.
Neben der Art der Ansprüche auf Sozialleistungen – Pflegegeld, allgemein zugängliche Infrastrukturen wie Sozialdienste, Tageszentren, Pflegeheime … – muss auch die Finanzierungsseite des Sozialsystems als gesamtgesellschaftliches Verteilungsproblem durchleuchtet werden. Gudrun Biffl, Expertin des Wirtschaftsforschungsinstituts, verweist bezüglich der Kostenwahrheit darauf, dass die

Pflege durch Angehörige neben dem Pflegegeld weitere Kosten verursacht. Die Steuer zahlenden und sozialversicherten Personen müssen im Falle einer nicht-erwerbstätigen Ehefrau auch für die ›kostenlose‹ Krankenmitversicherung und für die Witwenpension der Pflegerin/Betreuerin aufkommen, und gegebenenfalls für eine freiwillige, günstige Pensionsversicherung ab Pflegestufe 3. Die Expertin schlägt unter anderem vor, legale Modelle der Betreuungsarbeit in Familien zu entwickeln, wie es sie in anderen Ländern gibt und wie sie in Österreich bei den sozialversicherten Tagesmüttern bestehen.[156]

Ergänzung: Vorhaben der SPÖ-ÖVP-Regierung 2007

Unter dem Druck der von den Medien veröffentlichten Meinung und im Einklang mit dem verständlichen Wunsch pflegebedürftiger Menschen, möglichst in der eigenen Wohnung gepflegt zu werden, haben Politiker und Sozialpartner noch im Herbst 2006 zunächst die Entkriminalisierung der Familienangehörigen, die ausländische Betreuerinnen schwarz beschäftigen, durch eine bis Ende Juni 2007 geltende Amnestie beschlossen. (Auch Familien von Spitzenpolitikern hatten ausländische Betreuerinnen beschäftigt!)

Im Koalitionsabkommen der SPÖ-ÖVP Koalition vom 11. Jänner 2007 wird der Pflegebereich umfassend behandelt. Es soll »eine Abstimmung der Finanzierungsflüsse im Gesundheits-, Sozial- und Pflegewesen mit dem Ziel einer bedarfsgerechten und leistbaren integrierten Versorgung geschaffen werden.« Ende Februar 2007 tagte erstmals eine von Bund, Ländern und Gemeinden beschickte Arbeitsgruppe, die auch eine »Rechtsgrundlage für die Rund-um-die-Uhr-Betreuung zu Hause (schaffen soll).«[157] Dies ist nicht nur ein schwieriges Vorhaben wegen der erforderlichen Einigung hinsichtlich der Aufteilung der Kosten zwischen Bund, Ländern und Gemeinden und der Frage, wie weit privates Vermögen wie bei der Betreuung im Heim herangezogen wird; die beiden Verhandler, Wirtschaftsminister Bartenstein, zuständig für das Arbeitsrecht und dem bürgerlich-konservativen, neoliberalen Teil der ÖVP zuzurechnen, und Sozialminister Buchinger, linker Sozialdemokrat, zuständig für das Sozialrecht, müssen einen Kompromiss finden.[158]

Die zu erwartenden Schwierigkeiten sind eingetreten. Zunächst hat Minister Bartenstein ohne Rücksprache mit Minister Buchinger das Hausbetreuungsgesetz für die arbeitsrechtliche Regelung der so genannten »24-Stunden-Pflege« vorgelegt. Danach soll eine Betreuerin zwei Wochen lang in einer Familie arbeiten und wohnen können; die Schlafzeiten werden ähnlich geregelt wie der Bereitschaftsdienst bei Ärzten. Die ausländischen Betreuerinnen können entweder als unselbständig Beschäftigte von der betreuten Person, von den Familienangehörigen oder bei einer sozialen Einrichtung angestellt werden. Die ausländischen Betreuerinnen können aber auch als Selbständige tätig werden. Die ÖVP ist bereits im Regierungsübereinkommen für die Möglichkeit der selbständigen Tätigkeit eingetreten. Nicht nur die Gewerkschaft kritisiert diese als Scheinselbständigkeit. Laut Wirtschaftskammer kostet die 24-Stunden-Betreuung bei Selbständigen relativ wenig, nämlich 1.500,– bis 1.800,– Euro monatlich; hingegen kommen Unselbständige wegen hoher Lohnnebenkosten auf 2.600,– bis 2.800,– Euro. Der Sozialminister schätzt die Kosten für Angestellte je nach Bundesland auf 2.800,– bis 3.000,– Euro; der Wirtschaftsminister rechnet mit Gesamtkosten von 1.500,– Euro für das selbständige Modell.[159]
Buchinger ist im Sinne einer sozialen Absicherung der (ausländischen) Betreuungspersonen, hauptsächlich Frauen, für ein Angestelltenverhältnis. Für alle legalen Angestelltenverhältnisse soll nach seinem Vorschlag von der öffentlichen Hand für die Pflegestufen 5 bis 7 zusätzlich zum Pflegegeld der Dienstgeberbeitrag zur Sozialversicherung bis zu einer Höhe von 750,– Euro übernommen werden. Für Selbständige fallen keine Mehrkosten durch Dienstgeberbeiträge zur Sozialversicherung an.

Die Verhandlungen mit den Ländern, die für die Sozialhilfe zuständig sind, über die Aufteilung der Kosten verlaufen zäh. Vorläufig letzter Vorschlag des Sozialministers: der Bund übernimmt 60%, die Länder 40% der Kosten ab 2008. Damit die Vereinbarung mit den Ländern vor dem Auslaufen der befristeten Amnestie beschlossen wird, ist der Bund bereit, die Gesamtkosten für 2007 zu überneh-

men. Ein Alternativvorschlag sieht eine Aufteilung von 65% zu 35% ab 1. Juli 2007 vor.[160]
Die Vertreterinnen und Vertreter der Länder sind bereit, die zusätzlichen Kosten mitzufinanzieren, aber nicht in der vorgeschlagenen Höhe. Um ein Ergebnis nach Möglichkeit vor dem Auslaufen der Amnestie zu erreichen, will Finanzminister Molterer zu den erst nächstes Jahr fälligen Finanzausgleichsverhandlungen noch vor dem Sommer einladen.[161]
Die Landesfinanzreferenten erteilten bei ihrem Treffen mit Finanzstaatssekretär Matznetter (SPÖ) am 1. Juni in Salzburg den Vorschlägen des Sozialministers eine Absage und meinten, sie wollten die Finanzausgleichsverhandlungen abwarten. Schon zuvor hatte die amtierende Vorsitzende der Landeshauptleutekonferenz, Landeshauptfrau Burgstaller (SPÖ), im Zusammenhang mit dem vorgesehenen Ausbau der Kinderbetreuungseinrichtungen erklärt: »Wenn die Mitglieder der Bundesregierung in Zukunft Vorschläge machen, die die Länder belasten, dann wäre es sinnvoll, dass sie sich zuerst beim Finanzminister dafür einsetzen, dass auch die Finanzierung sichergestellt ist.«[162] Finanzstaatssekretär Matznetter erwartet bei den Verhandlungen über die Kostenaufteilung keine Unterstützung der SPÖ-Landeshauptleute; er stellt fest, dass bei diesen Fragen die Fronten nicht zwischen den politischen Parteien, sondern zwischen Ländern und Bund verlaufen.

Die Regierungsvorlagen sowohl für das Hausbetreuungsgesetz von Minister Bartenstein als auch für die von Minister Buchinger vorgeschlagene Änderung des Bundespflegegeldgesetzes waren auf der Tagesordnung des Nationalrates am 6. Juni. Am 4. Juni teilte Minister Bartenstein den Medien mit, dass die ÖVP am 6. Juni einen Initiativantrag zur Verlängerung der Amnestie um sechs Monate einbringen wird. Der ORF setzte daraufhin am selben Tag um 22 Uhr 30 einen »runden Tisch« an, zu dem neben den beiden Ministern auch die Behindertensprecher der Oppositionsparteien eingeladen waren. Folgendes konnte man erfahren: Grund für die Meinungsänderung der ÖVP sei, dass der Sozialminister mit den Landesfinanzreferenten ein »Null-Ergebnis« zusammengebracht habe, und dass mit der Einengung der Förderung auf die Pflegegeldstufen 5, 6 und 7 ein zu kleiner Personenkreis unterstützt werde. Die Pflegegeldstufen 3 und 4 und die selbständige Pflege müssten einbezogen werden, Forderungen, die im Sozialausschuss von der Opposition, aber auch von Landeshauptleuten und Caritas gestellt worden waren. Minister Buchinger hat durch die Zeit im Bild vom Initiativantrag erfahren. Am 21. April hatte der Sozialminister dem Koalitionspartner vorgeschlagen, die Stufen 3 und 4 in die Förderung einzubeziehen; am 2. Mai hat die ÖVP dies abgelehnt. Im Ministerrat ist das von Minister Buchinger vorgeschlagene Modell einstimmig beschlossen worden; im Sozialausschuss des Nationalrates haben SPÖ und ÖVP gemeinsam das Hausbetreuungsgesetz und die Änderungen des Pflegegeldgesetzes gegenüber den Oppositionsparteien verteidigt. Minister Buchinger kündigte, verärgert durch den Schwenk des Koalitionspartners, noch in der Sendung einen Initiativantrag zur Einbeziehung der Stufen 3 und 4 an und forderte Minister Bartenstein auf, mit ihm beim Finanzminister für die Finanzierung einzutreten. Der Verlängerung der Amnestie wollen nur die Grünen zustimmen; das ergibt keine Mehrheit für den ÖVP-Antrag. Hausbetreuungsgesetz und Pflegepaket wurden wie geplant im Nationalrat beschlossen. Am Tag zuvor erklärten Bundeskanzler Gusenbauer (SPÖ) und Finanzminister Molterer (ÖVP) in einer Pressekonferenz, die eingebrachten Gesetze seien ein erster Schritt, es müsse über alle strittigen Fragen weiter verhandelt werden. Außerdem betonte der Finanzminister in der Fernsehsendung »Report«, »Wir [gemeint die ÖVP] haben den Vorschlag Buchinger aufgegriffen«. Vor der Sommersitzung des Nationalrates und vor Beginn der Finanzausgleichsverhandlungen soll die Einbeziehung der Pflegegeldstufen 3 und 4 und der selbständigen Pflege zwischen den Koalitionspartnern geklärt werden und die für die betroffenen Menschen wichtige Amnestie bis zur Einigung mit den Ländern verlängert werden. Er wolle mit einem gemeinsamen Ministerratsbeschluss in die Verhandlungen mit den Ländern eintreten.[163]

Minister Buchinger hat in der Pressestunde am 20. Mai auch darauf hingewiesen, dass die Regelung für die »24-Stunden-Betreuung« zu

Hause nur einen sehr kleinen Teil der etwa 380.000 Pflegegeldbezieher und -bezieherinnen betrifft, nämlich zwischen 5.000 und 20.000 Haushalte. Es gibt im Pflegebereich noch andere Aufgaben zu lösen. Die langfristige Sicherung der Finanzierung für den steigenden Pflegebedarf sei die wichtige Aufgabe des Sozialstaats. Minister Buchinger tritt für eine zweckgebundene Vermögenssteuer von 0,5% ein; diese sollen nur jene 10% der Vermögensbesitzer zahlen, die 50% des gesamten Vermögens in Österreich besitzen. Eine von einigen Experten und Politikern vorgeschlagene Pflegeversicherung würde die in Österreich ohnehin vergleichsweise hohen Lohnnebenkosten weiter erhöhen; bei der Vermögenssteuer liege Österreich innerhalb der Europäischen Union am unteren Ende.

Übrigens: Im Zusammenhang mit Korrekturen von Härten im Pensionsrecht wird für pflegende Angehörige eine Verbesserung bei der Übernahme des Pensionsversicherungsbeitrages für pflegende Angehörige beschlossen. Schon jetzt übernimmt der Bund die Hälfte des Pensionsversicherungsbeitrages ab der Pflegestufe 3, nämlich einen (fiktiven) Dienstgeberbeitrag in der Höhe von rund 140,– Euro. Nach der Gesetzesvorlage Buchingers sind ab 1. Juli 2007 pflegende Angehörige für die Pflegestufen 5 bis 7 gratis voll pensionsversichert, mit einer Beitragsgrundlage von 1.350,– Euro. Bei der Pflegestufe 4 übernimmt der Bund zum fiktiven Dienstgeberanteil den halben Dienstnehmeranteil.[164]

Witwenpension: standesgemäßer Unterhaltsersatz[165]

Am Beispiel des Pensionsrechts will ich zeigen, dass die nach Geschlecht zweigeteilte materielle Existenzsicherung unter anderem durch den Mechanismus des Unterhaltsprinzips als Grundnorm von Arbeits- und Sozialrecht aufrechterhalten wird. Nach Abschaffen des Mannes als Familienoberhaupt durch das neue Familienrecht in den 70er Jahren sollte die Gleichheit von Frau und Mann im Pensionsrecht verwirklicht werden. Die Interpretations-, Definitions- und Entscheidungsmacht von männlichen Rechtsexperten und Entscheidungsträgern in der Politik stellte jedoch sicher, dass die volle oder teilweise Existenzsicherung von (Ehe-)Frauen über den Unterhalt auch für das Pensionsrecht beibehalten wurde.
Die Forderung von Frauenpolitikerinnen, Frauen im Alter gleich gut abzusichern wie Männer, also Gleichheit im Pensionsrecht herzustellen, wurde von den damals durchwegs männlichen Familien-, Sozialrechts- und Verfassungsrechtsexperten in für Frauen und Männer gleiche unterhaltsrechtliche Ansprüche umgedeutet, ehe das Thema die öffentliche, politische Auseinandersetzung erreichte. Statt einer Existenz sichernden eigenständigen Alterssicherung für alle Frauen wurden zwei Varianten der Hinterbliebenenpension auch für Ehemänner – Partnerpension oder Witwerpension – öffentlich diskutiert; 1981 wurde überraschend die unbedingte Witwerpension beschlossen und dann in Etappen eingeführt. Die Ungleichheiten zwischen Frauen und Männern bei den Pensionseinkommen vergrößerten sich dadurch.[166]
Ich möchte an einigen Sachverhalten verdeutlichen, dass die Witwenpension vom Konzept her eine Unterhaltsersatzleistung ist. Die Witwenpension ist daher im Unterschied zu Eigenpensionen nicht die Anerkennung der geleisteten Lebensarbeit durch ein Alterseinkommen, sie anerkennt also nicht, wie gern behauptet wird, er-

brachte »Familienarbeit«, sondern ersetzt nach dem Tod des Ehemannes die standesgemäßen Unterhaltsansprüche.

Allgemeine Merkmale der Witwenpension

Auch wenn etwa 85% der Bezieherinnen einer Witwenpension älter als 60 Jahre sind, ist die Witwenpension vom Konzept her keine Alterssicherung, sondern eine standesgemäße Ehefrauenversorgung nach dem Tod des Mannes. Der Überbegriff ›Hinterbliebenenversorgung‹ muss wörtlich genommen werden:

▷ Der **Anspruch auf Witwenpension** fällt nicht bei Erreichen des Pensionsalters an, sondern **nach dem Tod des Ehemannes**. Sie ersetzt also dessen Unterhaltspflicht. Die Witwenpension ist genau genommen ein ›vererbter‹ Anspruch des Ehemannes.

▷ **Anspruchsvoraussetzung ist die Ehe**. (Im Falle einer Scheidung ist es ein gerichtlich festgestellter Unterhaltsanspruch.) Die Witwenpension scheint eine Belohnung für die Übernahme der Konsumarbeiten für den Ehemann zu dessen Lebenszeit zu sein. Genauer gesagt: Die Witwenpension ist eine öffentlich-rechtliche Anerkennung ehelicher Hausfrauenarbeit nach dem Tod des Ehemannes.

▷ Die **Höhe der Witwenpension** ist von der **Höhe** der Pension bzw. **des Einkommens des Ehemannes** abhängig. Sie betrug bis Ende 1994 allgemein 60% der Pension des Ehepartners.

Ab 1995 betrugen Witwen- oder Witwerpension je nach Einkommensdifferenz der Ehepartner zwischen 40% und 60% des Pensionsanspruches des/der Verstorbenen; bei einem Gesamtpensionseinkommen bis unter ATS 16.000,– betrug die Hinterbliebenenpension weiterhin 60%.[167]

Seit 1. Oktober 2000 betragen Witwen- und Witwerpensionen zwischen 0 und 60% der Pension, auf die der verstorbene Ehepartner Anspruch gehabt hat oder hätte. Eine 60%ige Pension gebührt, wenn die Bemessungsgrundlage des/der Verstorbenen mindestens dreimal höher als die der/des Hinterbliebenen ist; ist die Bemessungsgrundlage des/der Verstorbenen nur 3/7 der Bemessungsgrundlage der/des Hinterbliebenen, fällt keine Hinterbliebenenpension an.

▷ **Kinderbetreuung** findet bei der Höhe der zuerkannten Witwenpension **keine Berücksichtigung**.
▷ **Witwenpensionen sind ein Spiegelbild der männlichen Berufseinkommen.**

1994 lagen 20% der Witwenpensionen unter ATS 2.607,–, 20% über ATS 8.242,–. Die standesgemäße Absicherung durch die Witwenpension wird voll sichtbar, wenn nicht nur die Verteilung der Witwenpensionen nach dem ASVG (Allgemeines Sozialversicherungsgesetz), sondern auch die Höhen der Witwenpensionen nach dem Beamtenrecht mitbetrachtet werden. Betrug 1994 die mittlere Witwenpension nach dem ASVG ATS 5.115,–, so lag der mittlere Witwenbezug bei Post und ÖBB bei etwa ATS 10.110,–, bei den Bundesbeamten bei ATS 15.651,–. Innerhalb der Bundesbeamten bestehen wie in der Pensionsversicherung ebenfalls je nach Berufsgruppe erhebliche Unterschiede.[168]
Rund ein Zehntel der unselbständig Beschäftigten in der Privatwirtschaft hatten 1994 neben der ASVG-Pension eine Betriebspension. Die Bediensteten einzelner öffentlicher Rechtsträger – des ORF, der Sozialversicherungsträger, der Kammern – hatten Betriebspensionen, die die Pensionsansprüche nach dem ASVG auf die Höhe der Ansprüche nach dem Beamtenrecht – also auf 80% des letzten Erwerbseinkommens – aufstockten.[169] Manager haben durch private Verträge von ihrem hohen Einkommen berechnete, sehr hohe Pensionsansprüche. Alle diese Regelungen erhöhen selbstverständlich auch die abgeleiteten Gesamtansprüche eines entsprechenden Teils der Witwenpensionistinnen nach der gesetzlichen Pensionsversicherung.

▷ **Ausgleichszulagenrichtsatz**, eine Sozialhilfeleistung als Mindestpension
Für Frauen, die keine eigene Pension haben, werden die ganz niedrigen Witwenpensionen auf den Ausgleichszulagenrichtsatz aufgestockt. Im Dezember 1994 erhielten 112.721 Witwenpensionistinnen in der Pensionsversicherung eine Ausgleichszulage, die mit der Befreiung von der Telefongrundgebühr, der Fernseh- und Radioge-

bühr sowie der Rezeptgebühr verbunden ist. Der Ausgleichszulagenrichtsatz betrug 1994 ATS 7.500,–; 1996 ATS 7.887,–. (2006 betrug der Ausgleichszulagenrichtsatz Eur 690,–. 2007 beträgt er Eur 726,–.)
Übrigens: 80.930 Frauen mit einer Eigenpension erhielten im Dezember 1994 eine Ausgleichzulage. Mehr als zwei Drittel der Ausgleichszulagenbezieher sind Frauen. (Zwischen 1995 und 2004 ist der Anteil der Frauen bei den Ausgleichszulagen in der Pensionsversicherung von 72 auf 69,5 % zurückgegangen.)[170] Verheiratete Frauen mit einer niedrigen Eigenpension unter dem Ausgleichszulagenrichtsatz bekommen keine Aufstockung auf den Ausgleichszulagenrichtsatz, da der Ehemann unterhaltspflichtig ist.

Einzelregelungen, die mit dem unterhaltsrechtlichen Konzept der Hinterbliebenenpension zusammenhängen

▷ **Die Witwenpension als Art Erziehungsgeld**: Die Hinterbliebenenpension für (junge) Witwen mit Kindern erfüllt im Grunde die Funktion eines Erziehungsgeldes. Im Falle jung verstorbener Ehemänner mit wenigen Versicherungsjahren und niedrigem oder mittlerem Einkommen fällt oft nur eine sehr niedrige Hinterbliebenenpension an; diese wird auf die Höhe des Ausgleichszulagenrichtsatzes angehoben.[171] Die Witwenpension stellt in solchen Fällen in Verbindung mit der Ausgleichszulage oft eine Mindestversorgung für eheliche (verwitwete) Mütter auch vor Erreichen des Pensionsalters sicher. Da die Ehe Anspruchsvoraussetzung ist, bekommen nicht verheiratete, allein stehende Frauen mit Kindern kein analoges ›Erziehungsgeld‹.[172]

▷ **Ausgleichszulagenrichtsatz für Ehepaare**: Trotz neuerlich ›geschlechtsneutraler‹ Regelung bleibt der Ausgleichszulagenrichtsatz für Ehepaare eine Konstruktion, die zeigt, dass nach dem bürgerlichen Ehemodell, das nach wie vor die Grundnorm im Pensionsrecht bildet, Ehefrauen keinen eigenständigen Anspruch auf Existenzsicherung haben. Liegt das Pensionseinkommen eines verheirateten Mannes unter dem für zwei Personen definierten Existenzminimum, so hat der Ehemann Anspruch auf die Ausgleichszulage nach dem Richtsatz für Ehepaare. Diese Sozialhilfeleistung wird für die Lebenshaltungskosten der Ehefrau gewährt, die kein eigenes Erwerbseinkommen hat bzw. keinen eigenen Pensionsanspruch durch formelle Erwerbstätigkeit erworben hat. Nicht die Frau selbst, der Mann bekommt das Geld, damit er für seine Ehefrau den Unterhalt bestreiten kann. 1994 betrug der Ehepaarrichtsatz der Ausgleichszulage ATS 10.700,–; 1996 ATS 11.253,– (2006 Eur 1.055,99, 2007 Eur 1.091,–).

▷ **Lebensgemeinschaften, Wiederverheiratung**: Der Anspruch auf eine Witwenpension geht mit einer Wiederverheiratung verloren. Die Unterhaltsersatzleistung in Form der Witwenpension entfällt, da der neue Ehemann unterhaltspflichtig ist. Aufgrund dieser Rechtslage gehen Frauen mit einem Witwenpensionsanspruch häufig mit einem neuen Partner eine Lebensgemeinschaft, nicht aber eine Ehe ein.
Da die Ehe laut §44 des Eherechts »die Familienverhältnisse« begründet und daher auch den Anspruch auf eine Hinterbliebenenpension, gelten Partnerin und Partner einer Lebensgemeinschaft mit Kindern pensionsrechtlich nicht als Familie; nach dem Tod des Lebensgefährten besteht kein Anspruch auf eine Witwen-/Witwerpension. Bei bestehender Lebensgemeinschaft gelten beide Partner im Ausgleichszulagenrecht als allein stehend, bekommen also die Ausgleichszulage wie Alleinstehende.

▷ **Waisenpensionen**: Nicht erwerbsfähige und nicht-erwerbstätige Kinder haben, als zuvor Unterhaltsberechtigte, als Hinterbliebene einen Anspruch auf eine Waisenpension. Etwa 40% der Waisenpensionen entfallen auf Studenten oder Studentinnen und erwerbsunfähige Erwachsene. Die Waisenpension beträgt 24% der Pension des Verstorbenen für einfach Verwaiste, 36% für doppelt Verwaiste.

▷ **Witwerpensionen**: Um die Grundnorm der für Frauen und Männer zweigeteilten Existenzsicherung nicht aufgeben zu müssen, wurde 1981 im Namen der Gleichheit der Anspruch auf eine unbedingte Hinterbliebenenpension in Form der Witwerpension auf

Ehemänner ausgedehnt. Konsumarbeiten und Betreuungsarbeiten im privaten Haushalt können so in ihrer gesamtgesellschaftlichen Bedeutung weiterhin weitgehend unsichtbar bleiben.[173] Eine direkte geldmäßige Bewertung dieser Arbeiten kann unterbleiben. Seit 1995 gelten alle Bestimmungen des Hinterbliebenenrechts in gleicher Weise für Frauen und Männer. Der Aufwand für Witwerpensionen in der Pensionsversicherung und nach dem Beamtenrecht betrug 1996 etwa zwei Milliarden Schilling.[174]

Zusammenfassend heißt das: Die unterhaltsrechtliche Sicht als Leitlinie für die Anerkennung der ›Hausfrauenarbeit‹ im Pensionsrecht in Form der Witwenpension legitimiert sowohl soziale Ungleichheit zwischen Frauen, weil die Einkommenshöhe des Ehemannes die Grundlage der zuerkannten Höhe der gewährten Pensionsleistung ist, als auch die ökonomische Abhängigkeit der Frau vom (Ehe-)Mann. Überdies wird die öffentlich-rechtliche Anerkennung der ›Haus(frauen)arbeit‹ in den Systemen der Alterssicherung, nämlich die Anerkennung der Konsumarbeiten als makro-ökonomisch notwendige wirtschaftliche Leistung, dadurch auf eheliche Haushalte beschränkt. Gleichzeitig erhält die nicht-erwerbstätige, nur Konsumarbeiten für den eigenen Haushalt leistende Ehefrau als Angehörige des Ehemannes abgestimmt auf dessen sozialen Status Zugang zum öffentlich-rechtlichen System der Pensionsversicherung, aus dem sie als eigenständig Anspruchsberechtigte ausgeschlossen ist.

Was tun?

Vorausgesetzt es besteht der politische Wille, eine eigenständige Existenzsicherung für Frauen auszubauen, so werden Anstrengungen zur Verringerung von Ungerechtigkeiten in der materiellen Existenzsicherung von Frauen nur erfolgreich sein, wenn die Zusammenhänge und Wechselwirkungen zwischen gesellschaftlichen Teilsystemen berücksichtigt werden, insbesondere die wirtschaftlichen Strukturen und Rechtsverhältnisse, die Ungleichheit aufrecht erhalten und/oder erzeugen. Außerdem müssen Maßnahmen in mehreren Bereichen gleichzeitig und aufeinander abgestimmt vorgenommen werden.

Beispielsweise ist es im Interesse einer verbesserten eigenständigen Existenzsicherung vieler Frauen dringend erforderlich, informelle Erwerbsarbeit in das System der sozialen Sicherheit einzubeziehen. Manche leisten gegen diesen Vorschlag stillen, aber heftigen Widerstand, weil informelle Erwerbsarbeit eine der institutionellen Regelungen zur Absicherung der zweigeteilten Existenzsicherung von Frauen und Männern ist. Offen wird der Widerstand manchmal damit begründet, dass dadurch eine zusätzliche, ungerechtfertigte finanzielle Belastung der Pensions- und der Arbeitslosenversicherung zu befürchten sei, besonders, wenn aus sehr niedrigen, kurzzeitigen Beitragsleistungen Ansprüche mit individuellen Mindeststandards entstehen sollen. Bei Gewerkschafterinnen entspringt ein solcher Widerstand aus dem Sachverhalt, dass dann nicht-erwerbstätige Ehefrauen gut verdienender Männer durch minimale (oder keine) Erwerbsarbeit eine gleich hohe Eigenpensionen bekommen wie zum Beispiel Textilarbeiterinnen, die durchgängig erwerbstätig sein müssen, regelmäßig Sozialversicherungsbeiträge leisten und arbeitsmäßig durch schlecht bezahlte Berufsarbeit und Haushaltsarbeit wesentlich stärker belastet sind. Entscheidend für diesen Widerstand ist die von Experten praktizierte Vorgangsweise, eigenständige Existenzsicherung und unterhaltsrechtliche Existenzsicherung – zum Beispiel Fragen der Eigenpensionen und der Hinterbliebenenpensionen – nicht als zusammengehörige Teile eines Systems zu behandeln, also nicht gleichzeitig und zusammenschauend. Die Experten machen nicht klar, dass eine Existenz sichernde eigenständige Alterssicherung für Frauen ein Gegenkonzept zur unterhaltsrechtlichen Alterssicherung darstellt. Denn selbstverständlich sind sehr hohe Witwenpensionen für Ehefrauen sehr gut verdienender Männer als Solidarleistung aus den Beiträgen und Steuern aller Erwerbstätigen, auch der schlecht verdienenden Frauen, diskussionswürdig.

Für die unterhaltsrechtlich abgesicherte Form der Existenzsicherung sind nicht-erwerbstätige Ehefrauen auch nach dem neuen Familienrecht verpflichtet, die so genannte ›Privatarbeit‹ zu leisten. In

Ehen, in denen auch die Frau erwerbstätig ist, scheint sich nach dem herrschenden Rechtsverständnis die Hausarbeit in Luft aufzulösen: Für solche Ehen ist nur die wechselseitige finanzielle Unterhaltspflicht entsprechend des Anteils des jeweiligen Einkommens an der Höhe des Gesamteinkommens geregelt, nicht aber die Haushaltsarbeit.[175]

Grundlegende Arbeits- und sozialrechtliche Bestimmungen – individuelle Ansprüche auf soziale Sicherheit nur aufgrund von Erwerbsarbeit, beitragsfreie Krankenkassenmitversicherung für die Ehefrau, eine Hinterbliebenenpension nach dem Tod des Ehemannes, Erwerbsarbeitsverhältnisse ohne bzw. nicht Existenz sichernde arbeits- und sozialrechtliche Ansprüche … – gehen nach wie vor vom gängigen kapitalistischen Wirtschafts- und Arbeitsbegriff und vom Modell der bürgerlichen Ehe als Grundnorm aus, einer Norm, die die nach dem Geschlecht zweigeteilte Form der Existenzsicherung voraussetzt und vorsieht.
Eine Voraussetzung für eine sozial gerechte Weiterentwicklung des Pensionssystems ist daher meines Erachtens, in öffentlichen Auseinandersetzungen zu klären, wer für welche gesellschaftlich notwendige Arbeit beitragsfreie bzw. beitragssubventionierte Pensionsleistungen in welcher Höhe erhält. Das würde meines Erachtens unter anderem dazu führen, dass höhere Eigenpensionen von Frauen, die durch eine verbesserte Bewertung der Kinderbetreuungsarbeit in Kombination mit Ansprüchen aus Erwerbsarbeit die Witwenpensionen, die mit der Höhe des Einkommens des Ehemannes steigen, schrittweise ersetzen und die Witwerpensionen abgesehen von begründeten Fällen ersatzlos gestrichen werden könnten. Ohne eine bessere Bewertung der Tätigkeiten im Niedriglohnbereich – also einer allgemeinen Verteilungs-/Einkommensdiskussion, die zu einer gerechteren Arbeitsbewertung führt – werden allerdings die Pensionen vieler Frauen und etlicher Männer weiterhin unter dem Existenzminimum liegen.
Im Zusammenhang von Pensionssystem und Arbeitsbewertung fällt mir unter anderem auf, dass manche Experten nicht müde werden zu betonen, dass durch die geänderte Anerkennung der Kinderer-

ziehungszeiten 1994 und 1995 die Eigenpensionen von Frauen stark gestiegen sind (prozentuell!). Erfreulich, aber nur ein Beginn! Denn andererseits weisen Experten nur selten darauf hin, dass bei der Mitte der 1990er Jahre geltenden Bemessungsgrundlage für die Zeiten der Erziehung – also der Bewertung der Versorgungsarbeit von Kleinkindern – 59 Jahre und neun Monate hindurch ein Kind unter vier Jahren betreut werden müsste, um eine Pension in Höhe des Ausgleichszulagenrichtsatzes zu erreichen.[176]

Übersicht 3: Getrennte, idealtypische geschlechtsspezifische Strukturmerkmale des Wirtschafts- und des Rechtssystems, insbesondere des Sozialrechts, die mit Wirtschaften und generativer Existenzsicherung in bürgerlich-kapitalistisch-industriellen Gesellschaften zusammenhängen

Geldökonomie (Marktökonomie; offizielle Wirtschaft, ‚die Wirtschaft')	**Versorgungsökonomie** (Haushaltsarbeit; Konsum- und Betreuungsarbeiten; ‚Soziales')
öffentlich	**privat**
Erwerbsarbeitstätte (Betrieb, Unternehmen) bezahlte Arbeit	**Wohnung** (Familienhaushalt) unbezahlte Arbeit
Erwerbsarbeit für Geld	**Konsumarbeit** für unmittelbaren Lebenserhalt **Betreuungsarbeit** für generative Existenzsicherung
Öffentliches Recht (Arbeits-, Pensionsrecht)	**Privatrecht** (Unterhaltsrecht, Eherecht)
Rechtsansprüche als individueller Staatsbürger/in (Erwerbseinkommen, Eigenpension)	**abgeleitete Rechtsansprüche** **Ehefrau** Unterhaltsanspruch (naturalwirtschaftlicher Unterhalt, Witwenpension)

Die Übersicht 3 soll einige der getrennten, jedoch sich ergänzenden Strukturen des Wirtschaftssystems und des dazugehörigen Rechtssystems und die geschlechtsspezifische Zuordnung idealtypisch verdeutlichen. Wichtige institutionelle Regelungen und kulturelle Selbstverständlichkeiten, die die getrennten Bereiche verbinden, sind das gängige kapitalistische Wirtschaftsverständnis, der Familienhaushalt als ökonomische Einheit der Mikroebene, die Ehe als rechtliche Einheit und das Unterhaltsrecht.
Die industrielle Wirtschaftsweise scheint auf den ersten Blick gegenüber dem Geschlecht neutral. Ob eine Frau oder ein Mann in einem Labor arbeitet, behinderte Menschen pflegt oder ein bestimmtes Forschungsprojekt betreut, macht so lange keinen Unterschied, wie nicht berücksichtigt wird, dass zum Wirtschaftssystem industrieller Gesellschaften zwingend zwei Teile gehören: die Geld- (Markt-) und die Versorgungsökonomie. Diese Spaltung der materiellen Lebensversorgung als Grundmerkmal der kapitalistisch-industriellen Existenzweise setzt der Gestaltung der Geschlechterbeziehungen in den Familien Grenzen und prägt entscheidend die Merkmale der Geschlechterverhältnisse.[177]

Modell ›Pascha‹ für ›ökonomische Minderleisterinnen‹

Anmerkungen zu zwei Streitpunkten der Pensionsdebatte aus dem Blickwinkel der Existenzsicherung in Industriegesellschaften: Beitragsgerechtigkeit und Leistungsverständnis; unterhaltsrechtliche statt eigenständige Existenzsicherung für Ehefrauen

Irreführende Grundannahmen

Unsere Pensionssysteme gehen von der vielfach nicht zutreffenden Grundannahme der dauernden Erwerbsbeteiligung von Männern und einer lebenslangen, unauflöslichen »Ernährer«-Ehe als Existenzsicherungsmodell für Frauen aus. Nach dieser Lebensmodellvorstellung verdienen die Männer einen Familienlohn und die Frauen sind durch die Unterhaltsleistung des Ehemannes und nach dessen Tod durch die unterhaltsrechtlich begründete Witwenpension finanziell abgesichert. Zur geschlechtsbezogenen Grundstruktur unserer Pensionssysteme gehört daher diesem Lebensmodell entsprechend neben den an der Einkommenshöhe und Erwerbsdauer orientierten Erwerbspensionen als zweite Säule die Hinterbliebenenversorgung, insbesondere die Witwenpensionen.[178] Da aber beide Grundannahmen abgesehen von vielfach nicht ausreichenden (Familien-)Löhnen der Männer – dauernde Beschäftigung und unauflöslicher ehelicher Haushalt – für viele Menschen nicht zutreffen, erzeugt diese Grundstruktur Ungerechtigkeiten und führt in Verbindung mit niedrigen Einkommen insbesondere zur Armutsgefährdung nicht (mehr) verheirateter Frauen auch im Alter.

Pensionsexperten untersuchen meist entweder nur das System der Erwerbspensionen oder nur die Hinterbliebenenversorgung, aber kaum beide Bereiche als zusammengehörige Teile eines Systems. So wurde mit dem Blick nur auf die Hinterbliebenenversorgung im Namen der formellen Gleichheit die Witwerpension eingeführt.[179] In der 1997 geführten Reformdiskussion wurde die Hinterbliebenenversorgung ausgeklammert. So bleibt verborgen, dass in den Grundannahmen unseres Pensionssystems das irreführende Wirtschaftsverständnis von Marktökonomen steckt. Ein Dogma der kapitalistischen Marktökonomen legt fest, dass nur die Geldökonomie, also nur Erwerbsarbeit für die materielle Existenzsicherung wichtig ist. Diese Ökonomen übersehen oder übergehen, dass neben dem Geld als notwendigem Tauschmittel Konsumarbeiten – die Sorge für Essen, Kleidung und Wohnen – und Betreuungsarbeiten für die individuelle und generative Existenzsicherung notwendig sind. Dieses offizielle Wirtschaftsverständnis leugnet die Versorgungsökonomie als Teil des industriellen Wirtschaftssystems. Weil als ›Nicht-Arbeit‹ definiert, führen Versorgungsarbeiten entsprechend dem vom Pensionsrecht übernommenen, auf Erwerbsarbeit verengten Arbeitsbegriff nicht zu eigenständigen Pensionsansprüchen.

Beitragsgerechtigkeit – Leistungsgerechtigkeit

Die meisten Experten befürworten eine Stärkung des Versicherungsprinzips im Pensionsrecht und rechtfertigen diese Forderung mit dem Ruf nach mehr ›Leistungsgerechtigkeit‹ bzw. mehr ›Beitragsgerechtigkeit‹. Damit ist gemeint: Wer mehr verdient und daher höhere Beiträge an die Pensionsversicherung zahlt, soll auch eine höhere Pension erhalten. Ein Grundsatz, dem viele Menschen zustimmen.

Für die Zielsetzung, mehr Gerechtigkeit zwischen einzelnen Pensionssystemen und zwischen unterschiedlichen Einkommensverläufen herzustellen, kann Beitragsgerechtigkeit zum Beispiel in Form gleich langer Bemessungszeiträume ein taugliches Mittel sein; vor allem dann, wenn nicht die Zielsetzung Lebensstandardsicherung für Bezieher hoher Einkommen im Vordergrund steht. 1993 wurde bei der Einführung der Netto-Anpassung für die Höchstbeitragsgrundlage die Brutto-Anpassung mit der Begründung beibehalten, es solle »eine allmähliche Unterversicherung der Bezieher höherer Einkommen« verhindert werden.[180] Ähnlich würde die von einzelnen Experten vorgeschlagene vorgezogene Anhebung der Höchstbeitragsgrundlage bei gleichzeitigem Erhöhen der Höchstbemessungsgrundlage Pensionen auf Basis der Höchstbemessungsgrundlage bevorzugen.

In der politischen und fachlichen Diskussion werden meist jene geltenden Regelungen verschwiegen, die entgegen dem Versicherungsprinzip zugunsten hoher Einkommen wirken: Beispiele sind die Steuerfreistellung der Sozialversicherungsbeiträge und die Berechnungsformel für die ASVG-Pensionen, in die eine einkommensbezogene Drittelfinanzierung jeder Pension aus den allgemeinen Steuern modellhaft integriert ist. In vielen Studien wurde und wird ein Vergleich der Verteilungswirkung zwischen ASVG- und Beamtenpensionen ausgeklammert und daher das letzte Einkommen als Bemessungsgrundlage der Beamtenpensionen als extreme Abweichung vom befürworteten Versicherungsprinzip nicht thematisiert. Vielleicht spielt dabei eine Rolle, dass die meisten Experten Anspruch auf eine Beamtenpension oder eine beamtenähnliche Pension haben.

Wenn das Ziel »mehr Verteilungsgerechtigkeit« allgemein gelten soll, also auch für Frauen, dann muss die Angemessenheit der Einkommenshöhe als Maßstab der Pensionsbemessung überprüft werden. Die Begriffe Leistungs- oder Beitragsgerechtigkeit täuschen wegen der allgemeinen Begriffsinhalte von ›Leistung‹ und ›Gerechtigkeit‹ vor, dass die durch Arbeit erbrachte gesellschaftliche Leistung verschiedener Bevölkerungsgruppen im System der Alterssicherung in Form einer ihrer Arbeitsleistung gerecht werdenden Pensionshöhe Anerkennung findet. Die Pension wird als Lohn für erbrachte Lebensarbeit gesehen. ›Leistung‹ wird gedanklich mit dem Aufstieg im Berufsleben verbunden, das Ziel Lebensstandardsicherung als Sicherung des am Ende der Berufslaufbahn erreichten finanziellen Standards verstanden und pensionsrechtlich verankert. [181]

Gesellschaftliche Leistungsträger – nicht marktgängige Leistungen

In den USA ist im Jahr 1996 die Managerentlohnung um fünfzig Prozent gestiegen und betrug durchschnittlich mehr als das Zweihundertfache des durchschnittlichen Arbeitnehmereinkommens. Ursache sind die vorrangig ›leistungsbezogenen‹ Vergütungsbestandteile im Topmanagement wie Aktienoptionen oder Shareholder Values. »Keine Leistung, kein Geld«, hieß es dazu auf der Wirtschaftsseite einer industrienahen Zeitung, verbunden mit der Auf-

forderung solche Leistungskriterien für Manager bei uns verstärkt einzuführen.
Hohe Leistung so gesehen heißt, das Produzieren von Gütern so zu organisieren, dass die Rendite für die Geldanleger möglichst hoch ist. Die Manager versuchen also ihr Bestes für sich und für die Shareholders zu leisten: Sie automatisieren die Produktion und sparen Arbeitskräfte; sie verlagern in Länder mit niedrigeren Lohnkosten; sie verlagern den Steuerstandort ihres Unternehmens in Länder mit einem Kapital schonenden Steuersystem; sie fordern für Arbeiter und kleine Angestellte ›bezahlbare‹ Löhne; zum Teil befürworten sie zeitlich flexible geringfügig Beschäftigte ohne gesetzlich erforderliche Beitragsleistungen zum Sozialsystem; von den höheren Angestellten erwarten sie, dass sie bei Bedarf für das Unternehmen Tag und Nacht zur Verfügung stehen. Firmenverantwortliche sehen es daher gern, wenn ihre Manager mit einer nicht-erwerbstätigen Frau verheiratet sind.[182]

Wie aber steht es mit der Organisation und der Bewertung nicht markt-, nicht börsengängiger gesellschaftlich notwendiger Arbeiten? Zum Beispiel mit personbezogenen und/oder technisch nicht rationalisierbaren Dienstleistungen, die keinen ›Mehrwert‹ für Kapitaleigner schaffen? Erbringen Frauen (Männer) in schlecht bezahlten Dienstleistungsberufen deshalb minderwertige Leistungen? Und was ist mit den ebenfalls nicht marktgängigen unbezahlten Arbeiten in den Familienhaushalten? Gehören die Haushaltsarbeiten und die Versorgung von Kindern, Kranken und hilfsbedürftigen alten Menschen nicht zu den gesellschaftlich notwendigen Leistungen? Wer legt das so fest? Wie sind die Maßstäbe für die Organisation und die Höhe der Bezahlung verschiedener Arbeiten entstanden? Wer beeinflusst diese Maßstäbe heute?
Viele Frauen sind in zweifacher Weise von der ungerechten Leistungsbewertung betroffen: Zum einen durch die Minderbewertung nicht Mehrwert schaffender beruflicher Arbeiten, zum Beispiel von Lebensraum gebundenen Dienstleistungen; zum anderen durch die Zuordnung des Großteils der nicht bezahlten Versorgungsarbeiten in den Haushalten an Frauen. Wegen der spezialisierten Institutio-

nen, vor allem wegen der Trennung in spezialisierte Betriebe und Haushalte, scheiden etliche Frauen wegen der Versorgung von Kindern aus der Erwerbsarbeit aus oder werden Teilzeiterwerbstätige.[183] Die Hauptkriterien des so genannten Versicherungsprinzips im Pensionssystem – Erwerbsdauer und Einkommenshöhe – wirken sich folglich auf die Höhe der Eigenpensionen vieler Frauen negativ aus. Alle Maßnahmen zur Stärkung des Versicherungsprinzips seit Beginn der 80er Jahre – Verlängerung des Bemessungszeitraumes, Ausbau des linearen Steigerungsbetrages – führten daher in der Pensionsversicherung der Arbeiter und Angestellten zu stärkeren Senkungen bei den Eigenpensionen von Frauen, vor allem wegen der Einbeziehung niedriger, weit zurückliegender Einkommen in die Bemessungsgrundlage.[184] Die Anerkennung von Kindererziehungszeiten für die Eigenpensionen ist zu niedrig bewertet, um die Nachteile durch die »Beitragsgerechtigkeit« auszugleichen.[185]

Entscheidungsmacht gut verdienender Männer – nicht systemangepasste Frauen

Die dreizehn gut verdienenden, etwa 50- bis 65-jährigen Männer, die bei der Pensionsenquete Anfang Juli 1997 als Interessensvertreter und/oder Experten zu Wort kamen, übergingen sowohl die seit Jahren vorliegenden fundierten Forschungsergebnisse von Sozialrechtsexpertinnen als auch die Forderung von Frauenpolitikerinnen nach einer eigenständigen Alterssicherung für alle Frauen. Auch die aufschlussreichen Ergebnisse der von Frauenministerin a. D. Dr. Helga Konrad in Auftrag gegebenen Studie zur Strukturreform des Pensionssystems unter Berücksichtigung der Anliegen von Frauen wurden in der öffentlichen Diskussion zur Pensionsreform 1997 totgeschwiegen. Als »Wunsch vieler Frauen« (FPÖ) oder als »Brücke in die Erwerbsarbeit« (Universitätsprofessor Bert Rürup) statt als Systemelement des Lebensmodells ›Ernährer‹-Ehe wurde diskutiert, ob und wie geringfügig Beschäftigte in die Pflichtversicherung einbezogen werden sollen. Es wurde verschwiegen, dass eine klare Lösung des Problems geringfügiger Beschäftigung im Pensionsrecht nur in Verbindung mit einer gleichzeitigen Reform der Hinterbliebenenversorgung möglich ist.

Bei der Pensionsenquete Anfang Juli 1997 fragte ich Universitätsprofessor Rürup, warum er nur die erwerbsbezogene Säule unseres Pensionssystems in seiner Studie behandle und die zweite systemimmanente Säule – die Hinterbliebenenpensionen – nicht in seine Überlegungen einbeziehe. Er erklärte, dies sei der ausdrückliche Wunsch des Auftraggebers. Wörtlich bezeichnete er die unterhaltsrechtlich begründete Witwenpension als »Modell Pascha«, das heute »total überholt ist« und »nicht den Wünschen der Frauen entspricht«.
1996 wurden im ASVG-Bereich für Witwenpensionen etwa 40 Milliarden Schilling aufgebracht, für die pensionsrechtliche Anrechnung der Versorgung von Kindern jedoch nur etwa fünf Milliarden. Für die sozialpolitisch meist unnötige Witwerpension, die ersatzlos gestrichen werden sollte, wurden fast eineinhalb Milliarden ausgegeben.

Die von den meisten Experten offensichtlich als nicht reformbedürftig betrachtete Hinterbliebenenversorgung ermöglicht es, soziale Ungleichheit mit der finanziellen Abhängigkeit der Frauen von Männern zu verbinden: Für die Anspruchsberechtigung auf eine Witwenpension ist nicht die von Frauen bei der Versorgung von Kindern geleistete Arbeit Voraussetzung, sondern die Ehe. Für die Höhe ist die Einkommenshöhe des Ehemannes ausschlaggebend. Ledige Frauen als »nicht System angepasst« bekommen für geleistete Hausarbeit und Kinderversorgung nichts. Dies alles trifft im Kern auch für eine Splitting-Pension zu und widerspricht der von Experten lautstark geforderten größeren Verteilungs- und Beitragsgerechtigkeit.
Wenn die Ehe gut geht, ist die fehlende (ausreichende) eigenständige Absicherung im Alter nicht so sehr eine Frage der Armut als mehr eine Frage der Abhängigkeit vom Ehemann. Wenn die Ehe scheitert, ist Armut meist die Folge dieser Abhängigkeit. Deutlich zeigt sich dies bei vielen im fortgeschrittenen Alter geschiedenen nichterwerbstätigen Hausfrauen gut situierter Männer. Den Einfluss niedriger Löhne für Armutsgefährdung im Alter zeigten 1996 die etwa 80.000 Frauen mit einer Eigenpension und die etwa 110.000

Witwenpensionistinnen, die eine Ausgleichszulage bezogen. Trotzdem meinte der für die Rürup-Studie zuständige Sektionschef des Sozialministeriums bei der Tagung des Frauenministeriums im August1996 treuherzig, dass Frauen im bestehenden Pensionssystem gut abgesichert sind, »wenn sie sich an das System anpassen«.

Geringfügig Beschäftigte, billige Frauenarbeit

Das Einkommen aus einer geringfügigen Beschäftigung ist nicht Existenz sichernd. Mit ATS 3.740,– (1997) Erwerbseinkommen (2006: 333,16,– und 2007: 341,16,– Euro) können sich nur diejenigen begnügen, deren finanzielle Existenzsicherung in der Hauptsache anderweitig erfolgt: durch ein Vermögen, ein zweites höheres Erwerbseinkommen, ein Sozialeinkommen und/oder durch den ehelichen bzw. familiären Unterhalt. Ähnliches gilt für die soziale Sicherheit: Auf eine eigene soziale Absicherung kann verzichten, wer als Angehörige oder Angehöriger beitragsfrei mitversichert ist. Der geringfügig beschäftigte Student ist beitragsfrei über den Vater oder die Mutter krankenversichert; die geringfügig beschäftigte Ehefrau ist beim Ehemann beitragsfrei krankenversichert und bekommt nach dem Tod des Ehemannes unabhängig von ihrem Alter beitragsfrei eine Witwenpension als Ersatz für den ehelichen Unterhalt. Die Kosten für diese beitragsfreien Leistungen der Sozialversicherung tragen die Beitrags- und Steuerzahler und -zahlerinnen aller Einkommensgruppen.

Geringfügige Beschäftigungen gelten in Österreich sozialrechtlich nicht als Erwerbsarbeit. Geringfügig erwerbstätige Ehefrauen sind daher als individuelle Staatsbürgerinnen nicht in die Kranken- und Pensionsversicherung eingebunden. Die beitragsfreie Witwenpension bildet, wie unterhaltsrechtlich begründete steuerliche ›Alleinverdiener‹-Begünstigungen, einen Anreiz, nicht über der Geringfügigkeitsgrenze erwerbstätig zu sein. Für schlecht verdienende Männer und ihre Ehefrauen, die auf einen ›Zuverdienst‹ angewiesen sind, wird so das Lebensmodell der bürgerlichen ›Ernährer‹-Ehe mit nicht-erwerbstätiger Hausfrau scheinbar verwirklichbar. Eine große Rolle spielt die Funktion geringfügig Beschäftigter für

Teile der offiziellen Wirtschaft. Für Arbeitgeber sind geringfügig Beschäftigte billige Arbeitskräfte, da für sie Sozialversicherungsbeiträge für die Kranken- und Pensionsversicherung entfallen. Außerdem braucht die kapitalistisch-industrielle Wirtschaftsweise Frauen, die nicht marktgängige, schlecht bezahlte Dienstleistungen als ›Dazuverdienerinnen‹ und die unbezahlten Versorgungsarbeiten im Familienhaushalt »aus Liebe« übernehmen. Schließlich sollen die Männer frei von Verantwortung für die Versorgung der nicht arbeitsfähigen Familienmitglieder dem Markt flexibel und mobil zur Verfügung stehen.

Stärkung des öffentlich-rechtlichen Pflichtversicherungsprinzips

Im Hinblick auf Gerechtigkeit im Pensionssystem sind mindestens zwei Betrachtungsebenen zu unterscheiden. Einerseits geht es sozialpolitisch um die Frage, wer im Alter eine Pension in welcher Höhe für welche Lebensarbeit erhalten soll; andererseits geht es um die Art der Finanzierung und unter Berücksichtigung der Vermögens- und Einkommenssituation um eine gerechte Aufbringung der Mittel. Entscheidend sind auch die Wechselwirkungen zwischen Steuer- und Sozialsystem.

Um einen oft gehörten Einwand vorweg zu entkräften: Natürlich kann das Pensionssystem nicht alle Ungerechtigkeiten ausgleichen, die durch die Einkommens- und Vermögensstruktur entstehen. Aber es muss diskutiert werden, ob das öffentlich-rechtliche Pensionssystem mit seinen Annahmen und Berechnungsformeln diese Ungerechtigkeiten beibehalten, verstärken oder eher ausgleichen soll.

Das bestehende Pensionssystem wird aus Beiträgen und aus allgemeinen Steuern finanziert. Die Ausgleichszulagen zur Sicherung eines Mindesteinkommens im Alter und die Hinterbliebenenpensionen sind Beispiele für nicht beitragsfinanzierte Pensionsleistungen. Im Unterschied zu den Ausgleichszulagen, die rechtlich eine Sozialhilfeleistung sind, werden die Hinterbliebenenpensionen pensionsrechtlich als Versicherungsleistungen (!) definiert.[186] Faktisch sind Witwenpensionen eine standesbezogene Anerkennung der geleisteten Hausarbeit in ehelichen Haushalten, wobei der Ehemann den Anspruch erwirbt und der Frau die Witwenpension als Erbteil hinterlässt.

Die vom Frauenministerium in Auftrag gegebene Studie zeigt verschiedene Wege zu besseren Eigenpensionen für Frauen auf. Dabei werden die Versorgungsarbeit für Kinder besser bewertet, teilweise Mittel von den Hinterbliebenenpensionen zu eigenständigen, individuellen Pensionsansprüchen von Frauen umgeschichtet und individuelle Mindestpensionsansprüche festgelegt.[187]

Meines Erachtens sollte eine Ausweitung der öffentlich-rechtlichen Pflichtversicherung auf alle arbeitsfähigen Erwachsenen angestrebt werden. Das erfordert die Ausweitung des Arbeitsbegriffes nicht nur auf alle nicht formellen Erwerbsarbeiten, sondern auch auf nicht bezahlte, gesellschaftlich notwendige Tätigkeiten wie die Versorgungsarbeit für Kinder oder Studierende. Durch die Subventionierung von Beiträgen zur Pflichtversicherung für die Versorgung von Kindern aus den allgemeinen Steuern würde der Anknüpfungspunkt für Pensionsansprüche vom ehelichen Unterhalt auf die kindbezogene Versorgungsarbeit unabhängig vom Familienstand verlagert. Gleichzeitig würden so vom Einkommen des Ehemannes abgeleitete Ansprüche zu eigenständigen Ansprüchen auf Grund erbrachter Leistungen.

Die Diskussion über eine erforderliche, transparente Subventionierung von Beiträgen für ganz bestimmte Tätigkeiten könnte das Bewusstsein für die wechselseitige Abhängigkeit der Menschen schärfen und deutlich machen, dass soziale Ausgleichsmaßnahmen zwischen Personen, die marktgängige, gut bezahlte Arbeit, und Personen, die nicht marktgängige, schlecht bezahlte oder unbezahlte Arbeit leisten, gesellschaftlich wünschenswert und notwendig sind.

Pensionssplitting – die Lösung der Probleme in der Alterssicherung von Frauen?[188]

Zur Ausgangslage

Das österreichische Pensionssystem ist der Vorstellung verpflichtet, dass die Frau verheiratet ist, der Ehemann sie ›ernährt‹ und ihr nach seinem Tod eine Witwenpension hinterlässt. Seit einigen Jahren hinterlassen auch verheiratete Frauen im Namen der Gleichheit eine Witwerpension. Das Pensionssystem übernimmt in seinen Grundnormen das bürgerliche Modell der zweigeteilten Existenzsicherung: Das erwerbsarbeitbezogene Prinzip – auch Versicherungsprinzip genannt – ist idealtypisch für Männer gedacht; es wird durch das unterhaltsrechtliche Prinzip als idealtypische (Teil-)Absicherung für Ehefrauen ergänzt. Von Experten wird der Blick häufig entweder nur auf die Erwerbsbezogenheit der Eigenpensionen oder nur auf die Hinterbliebenenversorgung als zweite Säule des Pensionssystems gelenkt. Kaum ein Experte betrachtet beide Prinzipien zusammenschauend und in ihrer Abhängigkeit von der Einkommens- und Vermögenslage. Es ist jedoch ganz entscheidend, beide Prinzipien des Systems zusammenschauend und in ihrer Verschränkung mit der sozio-ökonomischen Lage zu analysieren; nur dann wird zum Beispiel sichtbar, wie weit es im Falle der Frauen eigenständige Leistungen sind, die durch eine Witwen- oder Splittingpension abgegolten werden und inwiefern es sich um die ›Leistung‹ des Ehepartners handelt, die auf den anderen übertragen wird.

In der Öffentlichkeit wird das erwerbseinkommensbezogene Versicherungsprinzip unter dem Slogan der Leistungsgerechtigkeit diskutiert. Mit dem Argument der Leistungsgerechtigkeit ist das so genannte Versicherungsprinzip durch Ausweitung des Bemessungszeitraumes zunächst von fünf auf zehn Jahre ab ersten Jänner 1985, und 1988 von zehn auf 15 Jahre verstärkt worden.[189] Nicht diskutiert wurde und wird, was Leistung in diesem Zusammenhang bedeutet. Das aber ist aus der Sicht von Frauen besonders wichtig. Die so genannte Leistungsgerechtigkeit im Pensionssystem geht nämlich von der Einkommenshöhe aus, setzt Einkommenshöhe mit Leistung gleich und unterstellt eine gerechte Bewertung der verschiedenen gesellschaftlichen Arbeitsleistungen. Frauen sind durch diese Sichtweise doppelt negativ betroffen: zum einen durch die Minderbewertung typischer weiblicher Erwerbsarbeit und zum anderen durch die Zuordnung eines Großteils der gesellschaftlich notwendigen, aber nicht bezahlten Arbeit. Der Sachverhalt, dass die mittlere Witwenpension – Mitte der 1990er Jahre im Regelfall 60% der Pension des verstorbenen Ehemannes – höher war als die mittlere Eigenpension von Frauen, verweist auch auf die niedrige Bewertung von Frauenerwerbsarbeit.

Für Männer führt Erwerbsarbeit in Verbindung mit der geltenden Pensionsberechnung idealtypisch zur standesgemäßen Lebensstandard sichernden Alterssicherung. Für viele Frauen ist hingegen als Witwe hierfür die von der Ehe abgeleitete Hinterbliebenenpension als Unterhaltsersatzleistung erforderlich. Viele Frauen im mittleren und unteren Einkommensbereich können sich nach dem Tod des Ehemannes die eheliche Wohnung nur leisten, weil zur niedrigen Eigenpension die Witwenpension hinzukommt. Die pensionsrechtlichen Regelungen entsprechen nämlich den gesamtgesellschaftlichen Strukturen, die das Erwerbsalter bestimmen. Dazu gehören die geschlechtsspezifische Arbeitsteilung mit Konsequenzen für die Einkommensverhältnisse, ein auf den öffentlichen Bereich eingeengter Wirtschafts- und Arbeitsbegriff, die Trennung von Wohnen und Erwerbsarbeitplatz, die Unterscheidung von privat und öffentlich und die fehlenden öffentlich finanzierten Kinderbetreuungseinrichtungen.
Altersarmut ist in überwiegendem Ausmaß ein Problem von Frauen. Vor allem ledige Frauen mit niedrigem Erwerbseinkommen, geschiedene Frauen ohne Unterhaltsanspruch und daher ohne Anspruch auf Witwenpension und jener Teil der verwitweten Frauen, deren Männer ein niedriges Einkommen hatten, sind davon betroffen. Frauen in den unteren bis mittleren Einkommensgruppen mit mehreren Kindern sind armutsgefährdet, weil sie die mindestens

erforderlichen Jahre an formeller Erwerbstätigkeit für einen Anspruch auf eine Eigenpension als Ergänzung zur Witwenpension häufig nicht erreichen.
Der Sachverhalt, dass nach einer Scheidung eine zunehmende Zahl von nicht-erwerbstätigen Frauen nach langjähriger Ehe (mit einem gut verdienenden Mann) keinen Unterhaltsanspruch hat und als Folge den Anspruch auf eine Witwenpension verliert, hat nach der Nationalratswahl 1994 im Arbeitsübereinkommen zwischen der Sozialdemokratischen Partei Österreichs und der Österreichischen Volkspartei zum Vorschlag geführt, einen Versorgungsausgleich – der pensionsrechtliche Fachausdruck für das Pensionssplitting – nach Scheidung einzuführen.

Unterschiedliche Erwartungen von Frauenpolitikerinnen

Soweit eine öffentliche Diskussion zum Pensionssplitting stattfindet, ist sie fast durchwegs von übertriebenen Hoffnungen auf Verbesserungen für Frauen geprägt.

▶ Absicherung der nicht-erwerbstätigen Hausfrau

Die ÖVP-Frauen sprechen sich mit dem Slogan »Mehr sozialrechtliche Absicherung der Hausfrauen«[190] für ein Splitting auch bei aufrechter Ehe und nicht nur bei Scheidung aus. Hier ist besonders auf die Verwendung des Begriffes ›Hausfrau‹ zu achten. Wie im gängigen Sprachgebrauch ist damit die nicht-berufstätige Ehefrau gemeint. Aber auch berufstätige Ehefrauen und Alleinerzieherinnen leisten Hausarbeit und sind ebenfalls ›Hausfrauen‹. Mit der üblichen irreführenden Verwendung des Begriffes ›Hausfrau‹ in Gegenüberstellung zur berufstätigen Frau wird der Eindruck erweckt, dass die Arbeit im Haushalt nur von nicht-erwerbstätigen Ehefrauen geleistet wird. So heißt es in der Unterlage der ÖVP-Frauen: »Das politische Ziel ist es daher, einen gesetzlichen Anspruch des haushaltsführenden Partners auf einen Teil der Pension des außerhäuslich erwerbstätigen Partners im Fall einer Scheidung zu manifestieren. Damit würde die Arbeit der Hausfrauen endlich auch finanzielle Anerkennung finden.«

Im Interesse aller Frauen muss es um die allgemeine Anerkennung von Versorgungsarbeiten im Haushalt gehen, die meist Frauen – verheiratet oder nicht verheiratet, formell erwerbstätig oder nicht-erwerbstätig, unbezahlt oder schlecht bezahlt – leisten. Das heißt nicht, dass alle Versorgungsarbeiten zu Pensionsansprüchen führen oder bezahlt werden müssen. Aber sie müssen als gesellschaftlich notwendige Arbeiten gesehen werden. Zusätzlich muss geklärt werden, wie sie verteilt, bewertet und organisiert werden und in welchem Umfang sie zu Pensionsansprüchen führen. Hat ein Mann ein niedriges (Pensions-)Einkommen, so reicht es nach einer Scheidung gesplittet nicht für zwei Haushalte. Für langjährige Ehefrauen von Universitätsprofessoren, hohen Beamten, Managern usw. – kurz: von sehr gut verdienenden Männern – würde sich ein Pensionssplitting im Scheidungsfall lohnen. Das Problem der Einkommenslosigkeit bzw. der nicht Existenz sichernden Einkommen von Frauen zwischen Scheidung und Erreichen des Pensionsalters kann allerdings auch in diesen Fällen nicht durch ein Splitting gelöst werden.

▶ Ausgleich für niedriges Einkommen?

Von den Gewerkschaftsfrauen wird mit dem Versorgungsausgleich vor allem die Hoffnung verbunden, dass Frauen, die ein geringes Einkommen haben, einige Jahre nicht-erwerbstätig und dann teilzeitbeschäftigt waren, eine bessere Absicherung im Alter erhalten, indem von den Männern zu den Frauen umgeschichtet wird.[191] Anhand eines Beispiels will ich zeigen, dass diese Erwartung im unteren Einkommensbereich nicht erfüllt wird.

1993 betrug die mittlere Alterspension der Männer nach dem allgemeinen Sozialversicherungsrecht ATS 13.250,– (ohne Zulagen und Zuschüsse). Angenommen, die Pension ergibt sich aus 35 Erwerbsjahren und die Scheidung erfolgt nach 20 Ehejahren, dann fallen etwa zwei Drittel der Pension auf die Ehejahre, das heißt etwa ATS 8.800,–. Daraus ergibt sich ein Splittinganteil von etwa ATS 4.400,– für die nicht-erwerbstätige Frau, nicht etwa die Hälfte der Pension des Mannes. Es wird nämlich nur die Pensionsleistung geteilt, für die während der gemeinsamen Ehejahre Ansprüche erworben wurden. Nehmen wir ein Beispiel aus dem untersten Viertel der Alterspensionen, so fällt der gesplittete Pensionsanteil noch geringer aus. Die mittlere Alterspension der Frauen lag 1993 bei ATS 6.345,–, die mittlere Invaliditätspension machte gar nur ATS 3.973,– aus. Die gesamte Pension der Frauen im unteren Viertel der Einkommen würde nach der Zurechnung des Splittinganteiles höchstens den Ausgleichszulagenrichtsatz für Einzelpensionen erreichen. Der Anspruch auf Ausgleichszulage würde in solchen Fällen bei geschiedenen Frauen durch den Splittinganteil (teilweise) ersetzt. Das Pensionseinkommen der Frauen bleibt weiterhin sehr niedrig und die niedrigen Männerpensionen nähern sich der Höhe des Ausgleichszulagenrichtsatzes.

Ein Versorgungsausgleich bei aufrechten Ehen mit funktionierender Partnerschaft hätte im untersten Einkommensbereich kaum praktische Auswirkungen: Das gesamte Pensionseinkommen wird für die laufenden Ausgaben gebraucht; frei verfügbares Geld bleibt nicht übrig.

Ohne über genauere Detailberechnungen zu verfügen, ist es meiner Meinung nach wahrscheinlich, dass es durch das Pensionssplitting vor allem für Frauen im oberen Einkommensdrittel zu Verbesserungen kommt.

Irreführende Argumente von Experten

▶ Sind niedrige Fraueneinkommen günstig?

Der Experte Christopher Prinz – ein Befürworter des Pensionssplittings bzw. des Versorgungsausgleichs – führt in einem Artikel in der Zeitschrift »Die Furche« als Pro-Argument an, was ich als Gegenargument sehe: Das Splitting ist desto günstiger, je höher der Einkommensunterschied zwischen der Frau und ihrem Ehemann ist, denn der Splittinganteil für die Ehefrau wird mit steigendem Einkommensunterschied höher.[193] Mit dieser Sicht wird unausgesprochen zum Ausdruck gebracht, dass die zugrunde liegende Einkommensbewertung und die unterhaltsrechtliche Existenzsicherung von Ehefrauen für wünschenswert gehalten werden. Am günstigsten ist das Splitting daher für einkommenslose, also nicht-berufstätige Ehefrauen gut verdienender Männer!

▶ Pensionssplitting – eine eigenständige Absicherung?

Der derzeitige Anrechungsmodus für Kindererziehung bedeutet, dass eine Frau 59 Jahre und 9 Monate ein- bis vierjährige Kinder betreuen müsste, um eine Eigenpension in Höhe der Ausgleichszulage zu bekommen.[194] Trotz dieser niedrigen Bewertung der Kindererziehung ist im »Frauenbericht 1995« als konkreter Vorschlag zur Verbesserung der Alterssicherung von Frauen nur der Versorgungsausgleich angeführt. Andere Möglichkeiten – etwa eine bessere Bewertung für Kindererziehung – werden gar nicht erwähnt. Das ist meiner Meinung nach verhängnisvoll, denn es führt bei sozialrechtlichen Laien zu einer falschen Einschätzung notwendiger und möglicher Maßnahmen für verschiedene Frauengruppen. So hat ein Wochenmagazin kürzlich geschrieben: »Auch der ›Frauenbericht‹ ist für das Pensionssplitting.« In der Öffentlichkeit wird der Eindruck erweckt, dass ›die‹ Frauen für einen Versorgungsausgleich als Pensionsreform in Richtung eigenständiger Alterssicherung sind. Für mich ist irritierend, dass engagierte männliche Experten, die die Benachteiligungen von Frauen aufzeigen, offensichtlich das ›systemimmanente‹ Denken nicht überwinden können oder wollen. Sie fordern nicht die Stärkung der Eigenpensionen von Frauen, sondern den Versorgungsausgleich als systemimmanente unterhaltsrechtliche Lösung. Wir dürfen aber nicht vergessen, dass in der Vergangenheit die Eigenpensionen von Frauen dann stärker gestiegen sind und mehr Frauen einen Anspruch auf eine Eigenpension erworben haben, wenn die Möglichkeit, eigene Pensionsansprüche zu erwerben, ausgeweitet wurde. Dazu zählen die nachträglichen Einkaufsmöglichkeiten von Pensionszeiten, die in erster Linie von Personen im mittleren und oberen Einkommensbereich genützt werden konnten, die additive Anerkennung von Kindererziehungszeiten, also auch für während dieser Erziehungszeit erwerbstätige Frauen, und die ›ewige Anwartschaft‹.[195]

▶ Kostenneutralität durch innerfamiliale Umverteilung

Der Experte Karl Wörister hat als Pro-Argument für die Einführung eines Versorgungsausgleiches die Kostenneutralität angeführt. Es koste dem Staat nichts, denn es werde nur von den jeweiligen Ehemännern zu deren Frauen umverteilt. Obwohl ich dem nicht ganz zustimmen kann, ist ein Versorgungsausgleich im Vergleich zu anderen Lösungen wahrscheinlich eine billige Reformvariante. Ich möchte aber warnen: Die Vergangenheit zeigt uns, wenn Frauen finanziell besser gestellt werden sollen, dann kostet es auch etwas; denn von den Männern, die wenig verdienen, kann nur relativ wenig zu Frauen umverteilt werden. Ich habe nichts dagegen, dass die Umverteilung zwischen den Geschlechtern eine Komponente der Reform ist. Aber sie kann nicht nur auf den einzelnen Familienhaushalt beschränkt, also individualisiert werden, denn es gibt strukturelle (Pensions-)Einkommensunterschiede zwischen Frauen und Männern, unter Männern und bei den Frauen. Daher muss es auch eine soziale Umverteilung zugunsten der finanziell schlecht gestellten Frauen und zusätzliche finanzielle Mittel geben.

Mich stört an der gegenwärtigen österreichischen Diskussion, dass Experten, die sich oft erfolglos für eine Besserstellung von Frauen im Pensionsrecht eingesetzt haben – wie zum Beispiel Karl Wörister –, jetzt aus ihrer Resignation heraus die billigste Variante propagieren, die insofern auch die schlechteste Variante ist, als Arbeitsteilung und -bewertung auf gesamtgesellschaftlicher Ebene überhaupt nicht infrage gestellt, sondern noch verfestigt werden.

▶ Machbarkeit?

Eng mit der Kostenneutralität hängt das Argument der Machbarkeit des Pensionssplittings im Gegensatz zu Formen der eigenständigen Alterssicherung zusammen. Dazu Folgendes: Das Machbare setzt häufig an den bestehenden Machtstrukturen und deren Logik an, etwa an der ›offiziellen‹ Wirtschaftslogik. Diese richtet den Blick allein auf die Geldökonomie oder sogar nur auf die technisch rationalisierbare industrielle Produktion; Versorgungsarbeiten im Haushalt und die ungerechte Bewertung technisch nicht rationalisierbarer Erwerbsarbeit bleiben ausgeblendet. Übersehen wird dabei: Reformen, die nur nach dem Machbaren, dem im Interesse der wirtschaftlich Mächtigen Möglichen ausgerichtet werden, verfestigen gleichzeitig jene Strukturen, die viele Frauen und die sozio-ökonomisch Schwachen benachteiligen. Daher müssen bei Reformen Vorstellungen über die Prinzipien des wünschenswerten gesellschaftlichen Zusammenlebens zur Diskussion gestellt und beachtet werden. Auch muss überprüft werden, welchen Gruppen bestimmte Maßnahmen nützen und ob sie überhaupt nützen, bzw. wie ihre Wirkungen mittel- und langfristig ausschauen, zum Beispiel für die jungen Frauen.

Das Durchsetzen von Interessen hat mit Macht zu tun. Frauen haben vergleichsweise wenig Definitions- und Entscheidungsmacht. Das Argument der Machbarkeit von Frauen vorgebracht zeigt überdies nicht nur die Unsicherheit vieler Frauenpolitikerinnen über den richtigen Weg einer Pensionsreform im Interesse vieler (junger) Frauen, sondern auch ihre Abhängigkeit von der Meinung meist männlicher Experten; diese urteilen oft auch aus der Sicht einer guten Einkommenssituation und der sozialrechtlichen Absicherung als Beamte oder analog dem Beamtenstatus.

▶ Vom Verlauf der Ehe unabhängig?

Es ist der Wunsch von Juristen und Juristinnen, bei Scheidungen mit Hilfe des Versorgungsausgleichs das Zerrüttungsprinzip statt des Verschuldensprinzips im Scheidungsrecht zu verankern. Dieses sachlich gerechtfertigte Anliegen ist gegen die geltende unterhaltsrechtliche Regelung auf Anspruch auf eine Witwenpension gerichtet. In der Pro-Stellungnahme eines Sozialrechtsexperten, der diesen Wunsch aufgreift, heißt es: Die Altersversorgung der Frauen könnte durch das Splitting wesentlich verbessert und vom Lauf der Ehe unabhängig werden.[196] Abgesehen von den Schwierigkeiten eines nahtlosen Umstiegs auf Vollerwerbstätigkeit ist diese Aussage ergänzungsbedürftig. Die Unabhängigkeit bezieht sich nämlich nur auf den Verlauf der Ehe, nicht aber auf den Tatbestand Ehe, also den Familienstand ›verheiratet‹, und nicht auf die Einkommenshöhe des Ehemannes. Der Splittinganteil der ehemals verheirateten

Frauen ist grundsätzlich von der Dauer der Ehe und der Höhe des Einkommens des Ehemannes abhängig. Für ledige Frauen und Alleinerzieherinnen, die wie Ehefrauen wichtige Versorgungsarbeit leisten und ebenfalls durch die geschlechtsspezifischen Einkommensstrukturen diskriminiert werden, bringt der Versorgungsausgleich keinerlei Verbesserungen. Berücksichtigt werden muss weiters, dass mit dem Versorgungsausgleich der Anspruch auf eine Witwenpension erlischt. Eine kostenneutrale Umverteilung innerhalb der einzelnen Ehen löst speziell für die unteren (und mittleren) Einkommensgruppen das Problem einer schlechten Alterssicherung von Frauen nicht.

Reformen im Interesse von (jungen) Frauen und Versorgungsausgleich

Der Versorgungsausgleich wird oft als Ergebnis einer partnerschaftlichen Lebensleistung dargestellt. Es stellt sich jedoch die Frage, was unter dem Begriff Leistung verstanden wird, der der Bemessung einer Pensionsleistung zugrunde gelegt wird. Der Geldökonomie entsprechend ist damit nur bezahlte Arbeit und die Höhe des Einkommens gemeint. Demnach scheint nur der Mann, oder überwiegend der Mann, diese partnerschaftliche Lebensleistung erarbeitet zu haben, die zu Pensionsansprüchen führt. Die in partnerschaftlicher Arbeitsteilung von den Frauen erbrachten Leistungen im Familienhaushalt führen zu keinen eigenen Pensionsansprüchen. Die durch formelle Erwerbsarbeit erreichten Pensionsansprüche sind oft niedrig.

Walter Geppert, Generaldirektor des Hauptverbandes der österreichischen Sozialversicherungsträger, meinte in seinem Referat: »Im Kern geht es um eine Verbesserung der Stellung der Frau in unserer Gesellschaft, die eine allgemeine Notwendigkeit darstellt, was Finanzierungen aus dem Steuertropf nahelegt.« Hinsichtlich der in Diskussion stehenden Varianten der Konstruktion des Versorgungsausgleichs plädierte Geppert für eine Aufteilung nur des Geldbetrages und nicht der Versicherungszeiten.[197] Das wäre für Frauen die ungünstigste Variante eines Pensionssplittings, denn so werden

keine Pensionsanwartschaften begründet und es entsteht zum Beispiel kein Anrecht auf eine Ausgleichszulage. Das heißt, es muss klargestellt werden, ob ein Splitting von Versicherungszeiten und/oder Beitragsgrundlagen oder lediglich eine Aufteilung von Pensionsansprüchen angestrebt wird. Wenn man, wie Walter Geppert ausgeführt hat, von der ökonomischen Kompensation des geschlechtsspezifischen Nachteils ausgeht und für ein allgemeines Splitting von Pensionsansprüchen plädiert – nicht also nur im Falle einer Scheidung –, dann dürfen bei der ökonomischen Kompensation des geschlechtsspezifischen Nachteils die Makrostrukturen der Gesellschaft nicht vernachlässigt werden. Dann geht es nämlich nicht nur um eine Neuverteilung zwischen den jeweiligen Ehepartnern, sondern um die Anerkennung der Versorgungsökonomie als Teil der Wirtschaft industrieller Gesellschaften und um eine gerechtere Einkommensstruktur. Die geschlechtsspezifische Pensionsschere hängt nämlich mit der Bewertung der verschiedenen Tätigkeiten eng zusammen, sowie mit dem in unserer Gesellschaft offiziell herrschenden Verständnis von Wirtschaft, das die Versorgungsökonomie übergeht.
Die Forderung nach einer besseren pensionsrechtlichen Absicherung muss für die Generation der jungen Frauen in Richtung einer eigenständigen Alterssicherung gehen, weg von der unterhaltsrechtlich begründeten (Teil-)Versorgung. Dies kann durch die Weiterentwicklung des geltenden Pensionssystems in Richtung der allgemeinen Pflichtversicherung in Verbindung mit einer verbesserten Anrechnung der Kindererziehungszeiten und eine bezüglich Bundeszuschuss sozial gerechtere Pensionsformel erreicht werden.[198]

Bei der Anerkennung von Kindererziehungszeiten sollte unter anderem berücksichtigt werden:
a) Die Betreuung und die Erziehung des Kindes sind jene Leistungen in den Haushalten, an die der Anspruch anknüpfen muss, statt wie im geltenden Pensionsrecht an den Status Ehe und das Unterhaltsrecht.
b) Bei der Frage, wie viele Jahre für die Kindererziehung angerechnet werden sollen, ist Vorsicht angebracht. Denn viele Jahre

schlecht bewerteter Kinderbetreuung können eine Schiene sein, die Frauen aus dem Erwerbsleben und aus den öffentlichen Entscheidungsbereichen hinauszukatapultieren. Damit das Ausgrenzen aus der Erwerbswelt nicht gefördert wird, muss das zeitliche Ausmaß der anrechenbaren Kindererziehungszeiten in Bezug zur Bemessungsgrundlage gesetzt werden. Vereinfacht gesagt: eine Verdreifachung der Pensionsleistung für Kinderversorgung kann durch eine Verdreifachung der anrechenbaren Versicherungsjahre oder durch eine Verdreifachung der Höhe der Bemessungsgrundlage erzielt werden. Das Dreifache der jetzigen Bemessungsgrundlage würde etwa der mittleren Bewertung von Erwerbsarbeit entsprechen.
c) ›Erziehungszeiten‹ sollten meines Erachtens grundsätzlich kindbezogen und unabhängig von einer Erwerbstätigkeit bzw. einer -unterbrechung zu Pensionsleistungen führen, also additiv wirken. Im Rahmen einer Pflichtversicherung lässt sich eine solche Pension begründende und die Pension steigernde Anrechnung am gerechtesten verwirklichen (auch in Form der Subventionierung des Mindestbeitrags zur Pflichtversicherung für einige Jahre).

Ein wichtiger Einwand gegen das Pensionssplitting betrifft die Beispielwirkung für familienpolitische Fördermaßnahmen. Das steuerliche Familiensplitting wird derzeit ebenfalls politisch gefordert. Parallelen sind nicht nur vom Namen her gegeben, sondern in der Art, wie die unterhaltsrechtliche, standesbezogene Sicht ausgehend von der Einkommenshöhe des Mannes als Hauptverdiener für die Existenzsicherung der Frau zum Tragen kommt.
Eine vor Versteuerung aufgeteilte Pension senkt die anfallende Steuer besonders bei hohen Pensionen, begünstigt also Haushalte mit höherem Einkommen. Eine gute Alterssicherung der Frau hängt vom möglichst hohen Einkommen des Ehemannes ab. Steuerliche, am standesgemäßen Unterhaltsprinzip ansetzende familienpolitische Maßnahmen wirken ähnlich. Sie belohnen im Erwerbsalter Ehemänner nicht-erwerbstätiger Frauen steuerlich, und zwar umso mehr, je höher ihr Einkommen; die Frau soll im Interesse der Verfügbarkeit des Mannes für den Markt für die Versorgungsarbeiten zuständig sein.

Zusammenfassung

Die Propagierung des Versorgungsausgleiches hängt mit dem Anerkennen der Strukturmerkmale des ›offiziellen‹ Wirtschaftssystems – auf die ich jetzt nicht näher eingehen kann – zusammen. Betreuungs- und Konsumarbeiten sollen im Pensionssystem – und nicht nur dort – auf der Makroebene unsichtbar bleiben und weiterhin in Form des standesgemäßen Unterhalts Berücksichtigung finden. Der Anspruch auf eine Leistung aus dem Pensionssystem, der über das Splitting geschaffen wird, begründet sich wie die Witwenpension im Status als Ehefrau und nicht im Erbringen von gesellschaftlich notwendigen Leistungen in Form von Betreuungs- und Konsumarbeiten. Im Falle eines Versorgungsausgleichs würde der Unterhaltsanspruch nicht wie bei der Witwenpension erst nach dem Tod des Ehemannes im Pensionsrecht rechtswirksam werden, sondern bei Erreichen des Pensionsalters. Ich betrachte das Befürworten des Pensionssplittings auch für bestehende Ehen angesichts der Forderung von Frauen, dass die von ihnen erbrachten Leistungen sich angemessen in ihren Eigenpensionen bereits bei Erreichen des Pensionsalters niederschlagen, und angesichts der Probleme nach Scheidungen daher als einen Beitrag zum Bemühen, das Modell der bürgerlichen Versorgungsehe mit geschlechtshierarchischer Arbeitsteilung als Rechtsnorm aufrechtzuerhalten.
Entscheidend ist, dass es sich beim Versorgungsausgleich um ein marktkonformes, patriarchales Pensionsmodell handelt: Frauen fordern eine gleich gute Alterssicherung wie Männer; als Antwort soll der Anspruch auf naturalwirtschaftlichen Unterhalt durch ein Pensionssplitting ab dem Pensionsalter in einen Geldunterhalt umgewandelt werden.

Die individuellen Staatsbürgerinnenrechte werden nicht ausgebaut, die geschlechtshierarchischen Grundnormen des bürgerlich-patriarchalen, zweigeteilten Existenzsicherungsmodells werden nicht in Frage gestellt, die standesbezogene unterhaltsrechtliche Absicherung der Frau wird weiterhin aufrecht erhalten. Mit dem Pensionssplitting ist zwar eine standesgemäße innerfamiliale Anerkennung der Versorgungsarbeiten im Pensionssystem gegeben, die schlechte Bewertung typischer Frauenerwerbsarbeit und die fehlende Anerkennung der Versorgungsarbeiten als Teil gesellschaftlich notwendiger Arbeiten bleiben jedoch makroökonomisch und sozialpolitisch unangetastet.

Diskussionsbeitrag anlässlich der Präsentation der Studie »Eigenständige Alterssicherung für Frauen«[199]

Zuerst möchte ich festhalten, dass aus guten Gründen aus der Sicht von Frauen eine Weiterentwicklung des bestehenden Pensionssystems, nämlich der positiven Elemente dieses Systems notwendig ist. Vor allem geht es darum, das öffentlich-rechtliche Pflichtversicherungssystem aufrechtzuerhalten und durch das Einbeziehen aller Frauen auszubauen. Forderungen, die unter dem Motto »Mehr Privat, weniger Staat« den Abbau der gesamten sozialstaatlichen »Verteilungsbürokratie« zum Ziel haben, richten sich gegen Verbesserungen in der Alterssicherung besonders für schlecht abgesicherte Frauen. Es ist nämlich die Frage zu stellen, was eine Verteilung, die über den Markt läuft, für Frauen bedeutet, die die nicht marktgängige (börsengängige) Arbeit leisten. Private Vorsorge über den Markt ermöglicht den höheren Einkommensgruppen, sich dem allgemeinen Solidarausgleich weitgehend zu entziehen. Privatvorsorge mit steuerlicher Förderung, die eine Variante der öffentlichen Subventionierung zukünftiger Leistungsansprüche darstellt, begünstigt darüber hinaus verstärkt die oberen Einkommensgruppen. Was der Ausbau der Privatvorsorge zu Lasten des öffentlich-rechtlichen Pensionssystems für Frauen aus dem unteren und mittleren Einkommensbereich bedeuten würde, kann sich jede und jeder leicht vorstellen. Die Weiterentwicklung des Systems der Alterssicherung muss daher im Interesse der meisten Frauen innerhalb des öffentlich-rechtlichen Systems stattfinden, denn nur dann ist ein Solidarausgleich über die gesamte Bevölkerung für Risikofälle, aber auch für das Erbringen von nicht marktgängigen gesellschaftlich notwendigen Arbeiten – den unbezahlten Versorgungsarbeiten und den schlecht bezahlten Erwerbstätigkeiten – möglich. Meines Erachtens muss im Interesse vieler Frauen nicht nur die Sicherung des Existenzminimums im öffentlich-rechtlichen System erfolgen, sondern bis zu einer gewissen Höhe – ähnlich wie im ASVG – auch die Lebensstandardsicherung. Geschieht dies nicht, werden vor allem

Menschen im mittleren Einkommensbereich auf das Existenzminimum hinuntergedrückt. Andererseits sollte es über dieses Ausmaß hinaus weder im Pensions- noch im Steuersystem eine subventionierte Lebensstandardsicherung geben.

Weiters muss berücksichtigt werden, dass für die schlechte finanzielle Situation von Frauen und daher auch für die Entwicklung von frauengerechten Maßnahmen im Pensionssystem das Vorhandensein und die Verschränkung von zwei Ungleichheiten ganz entscheidend ist: nämlich die Geschlechterungleichheit auf Grund der Arbeitsteilung in den Familienhaushalten und die soziale Ungleichheit auf Grund der unterschiedlichen, ungerechten Bewertung verschiedener Arbeiten. Das heißt, es geht einerseits um die Frage, wie die lebensnotwendige aber unbezahlte Arbeit, die von ledigen und verheirateten, von erwerbstätigen und nicht-erwerbstätigen Frauen geleistet wird, anerkannt wird. Diesen Gesichtspunkt möchte ich all jenen ans Herz legen, die sagen, »Die Frauen arbeiten nicht« (was auch bei dieser Tagung geschehen ist), und die gleichzeitig für diese Frauen die standesgemäße, unterhaltsrechtliche Witwenpension als Alterssicherung für richtig erachten. Andererseits geht es um die extrem unterschiedliche Bezahlung von Erwerbsarbeit und den Zusammenhang zwischen unbezahlter und schlecht bezahlter Arbeit. Ein Blick auf jene Frauengruppen, die im Alter armutsgefährdet sind, verweist deutlich auf diese Faktoren als Ursachen: Einerseits sind es Frauen, die aus einer ehebezogenen (guten) unterhaltsrechtlichen Absicherung unvorhergesehen herausfallen wie geschiedene Frauen, und andererseits sind es Frauen, die niedrig bewertete Erwerbsarbeit leisten wie Arbeiterinnen, die allein stehend einen großen Anteil der Ausgleichzulagenbezieherinnen ausmachen. Dass auch die Einkommenssituation des Ehemannes eine große Rolle spielt, zeigt sich an der großen Zahl von Witwenpensionen mit Ausgleichszulage.
Um einen oft gehörten Einwand vorweg zu entkräften: Natürlich kann das Pensionssystem nicht alle Ungerechtigkeiten, die durch die Einkommens- und Vermögensstruktur entstehen, ausgleichen. Aber berechtigt ist die Frage, ob das Pensionssystem mit seinen Be-

rechnungsformeln diese Ungerechtigkeiten verstärken oder eher ausgleichen soll.

Nun einige Anmerkungen zum Pflichtbeitrag in einer allgemeinen Pflichtversicherung, nämlich zur Frage der Subventionierung oder Zahlung des Mindestbeitrages für die Ehefrau durch den Ehemann. Abgesehen davon, dass Männer mit niedrigem Einkommen Zahlungsschwierigkeiten hätten, muss eine eigenständige, individuelle Alterssicherung für alle Frauen das Ziel sein, und nicht eine vom Ehemann abhängige. Bei der öffentlichen Subventionierung von Pensionsbeiträgen für eine gesellschaftlich wichtige Tätigkeit wie Kinderbetreuung ist Folgendes zu berücksichtigen: Auf den ersten Blick gleichgerichtete Maßnahmen der Subventionierung wirken sich je nach Zuordnung auf die Beitrags- oder die Leistungsseite unterschiedlich aus.

Der Zusammenhang zwischen Beitragsseite zum Pensionssystem und den Pensionen als Transferleistung wird durch Sozialversicherungsbeiträge und durch allgemeine Steuern als Grundlage der jeweils ausbezahlten Pensionsleistungen hergestellt. Die genauere Gestaltung dieses Zusammenhangs betrifft unter anderem die Frage, welche Pensionsleistungen sich an der Höhe von gezahlten Beiträgen orientieren und welche Pensionsleistungen im Sinne eines Solidarausgleichs gewährt werden. Dieser Solidarausgleich kann beitragsfrei auf der Leistungsseite zum Beispiel in Form von Ersatzzeiten oder durch Subventionierung eines Pensionsbeitrages in zu bestimmender Höhe als Gutschrift auf das individuelle Pensionskonto auf der Beitragsseite erfolgen. Ersatzzeiten wirken sich im Regelfall einkommensbezogen aus, begünstigen daher Bezieher und Bezieherinnen höherer Einkommen.

Im bestehenden gesetzlichen Pensionssystem (ASVG) wird jede Alterspension vom Berechnungskonzept her etwa zu einem Drittel aus dem Bundesbeitrag subventioniert, die höheren Pensionen also stärker als die niedrigen. Außerdem werden derzeit (1996) etwa 40 Milliarden Schilling für die Hinterbliebenenpensionen ausgegeben und aus den allgemeinen Steuern durch den so genannten Bundesbeitrag finanziert. Etwa eineinhalb Milliarden Schilling werden für die sozialpolitisch weitgehend unnötigen Witwerpensionen ausgegeben. Die Witwenpensionen sind entsprechend dem Konzept der unterhaltsrechtlichen Existenzsicherung von Ehefrauen im jetzigen Alterssicherungssystem sozialpolitisch gerechtfertigt. Die Begründung eines Anspruchs auf die Solidarleistung Witwenpension als angebliche Anerkennung für geleistete Versorgungsarbeit im Familienhaushalt hängt aber bekanntlich nicht von geleisteter Kinderversorgung ab, sondern vom Status Ehefrau. Die aus Steuermitteln bezahlte Witwenpension wird offensichtlich für die Versorgung des Ehemannes gewährt und steigt mit der Höhe des Einkommens des Ehemannes. Den Bezugspunkt »Ehe« für die Zuerkennung und die Bezugsgröße »Höhe des Einkommens des Ehemannes« als ausschlaggebend für die jeweilige Höhe der steuerlich subventionierten Solidarleistung »Witwenpension« für die unbezahlte Versorgungsarbeit im Haushalt anzusetzen, ist meines Erachtens aus frauen- und sozialpolitischer Sicht nicht gerechtfertigt. Ein frauen- und sozialpolitisch angemessener Anknüpfungspunkt für geleistete Versorgungsarbeit im Familienhaushalt wäre die Versorgung und Betreuung von Kindern unabhängig vom Familienstand. Kleinkinderbetreuung und die Versorgung älterer Kinder (auf Basis einer geringeren Bemessungsgrundlage) sollten für die Person, die verantwortlich für ein Kind sorgt, als Anerkennung für gesellschaftlich notwendige Arbeit in einem zu bestimmenden Ausmaß zu subventionierten Beiträgen für das individuelle Pensionskonto, zu individuellen Pensionsansprüchen führen. Meines Erachtens sollte die Zahl der Jahre der subventionierten Beiträge für die Versorgung von Kindern mit etwa maximal 15 begrenzt werden, da die Frauen nicht auf die Hausfrauenrolle festgenagelt werden sollen. (Gut verdienende) Ehemänner, die sich auf Dauer eine nicht-erwerbstätige Hausfrau leisten können und wollen, müssen für darüber hinaus gehende, standesgemäße Pensionsleistungen für ihre Ehefrau Beiträge entrichten.

Soziale Transfersysteme können immer nur das verteilen, was auf der Aufbringungsseite – also bei den Beiträgen und/oder den Steuern – dafür aufgebracht wird. Ein sinnvollerer Solidarausgleich muss sich wegen des Zusammenhangs von Aufbringungs- und Transferseite auch in einem gerechteren Aufbringungsmodus niederschlagen. Es muss daher auch darüber gesprochen werden, wer in welchem Umfang in welcher Form an der Aufbringung der Mittel für soziale Ausgleichsmaßnahmen zu beteiligen ist. Beispielsweise könnten nicht nur von Erwerbseinkommen Pensionsbeiträge eingehoben werden, sondern auch von anderen Einkommensarten, etwa von Kapitaleinkommen.

Die Subventionierung auf der Beitragsseite – zum Beispiel von Zeiten der Kindererziehung – im Rahmen einer individuellen Pflichtversicherung hat auch den Vorteil der größeren Transparenz. Die Frage, wer wofür in welchem Ausmaß einen sozialen Ausgleich zugesprochen erhält, kann zeitlich direkt mit den gesellschaftlich notwendigen Tätigkeiten in Verbindung gebracht werden, für die eine Solidarleistung gerechtfertigt ist.
Eine individuelle Pflichtversicherung für alle Erwachsenen – für derzeit geringfügig beschäftigte oder nicht am formellen Arbeitsmarkt erwerbstätige Ehefrauen, für Studenten usw. – bietet sich, statt der tendenziell nach oben umverteilenden unterhaltsrechtlichen Absicherung, als Grundmodell an. Persönlich bin ich für die Pflichtversicherungsvariante, weil Pflichtbeiträge und die Diskussion über ihre Subventionierung von Beiträgen bewusstseinsbildend wirken könnten. Es könnte das Bewusstsein für die wechselseitige Abhängigkeit der Menschen geschärft werden und sichtbar machen, dass soziale Ausgleichsmaßnahmen zwischen Personen, die marktgängige (börsengängige) gut bezahlte Arbeit leisten, und Personen, die nicht marktgängige unbezahlte oder schlecht bezahlte Arbeit leisten, gesellschaftlich wünschenswert und notwendig sind.

Abschließend ein Hinweis zur Einschätzung der ausgearbeiteten Grundmodelle: Das Aufzeigen der Wirkungen der Systemunterschiede ist wichtig. Mindestens so entscheidend sind die konkrete Ausgestaltung einzelner Bauelemente, der Module in jedem System und das Zusammenspiel der verschiedenen Bauelemente im jeweiligen System. Manche Module sind systemspezifisch wie die unterhaltsrechtliche Säule im bestehenden Pensionssystem, andere spielen in jedem System eine Rolle wie eine Mindestsicherung. Unter anderem müssen Fragestellungen wie die folgenden geklärt werden: Welche nicht beitragspflichtigen Tätigkeiten führen zu Pensionsleistungen? In welchem Ausmaß? Wie wird die Kinderversorgung angerechnet? Wie wird die Äquivalenz genau berechnet? Wird in der Pensionsberechnung klar zwischen beitragsbezogenen Teilen und Teilen des sozialen Ausgleichs unterschieden? Welcher Steigerungsbetrag kommt zur Anwendung? Welche Regelungen des Pensions- und des Steuerrechts begünstigen die oberen Einkommensgruppen? Kurz gesagt: Die Rolle der konkreten Ausgestaltung der einzelnen Bauelemente und der Pensionsformel für die Verteilungswirkung zwischen den Geschlechtern und zwischen sozialen Gruppen muss sichtbar gemacht werden.

Wissenschaftliche Festlegungen – kulturelle Selbstverständlichkeiten – Frauenpensionen

Zur Rolle von Experten

Als ich eingeladen wurde, einen Beitrag zur Alterssicherung aus der Sicht von Frauen für den Jubiläumsband zum 60. Geburtstag von Johanna Dohnal[200] zu schreiben, war ich mir sofort sicher, was ich nicht will: eine weitere Stellungnahme zur Pensionsreform 1997 verfassen. Diese Reform war im Anschluss an die Rürup-Studie erfolgt, welche vom Sozialministerium nach Aussage von Herrn Rürup mit der Auflage in Auftrag gegeben worden war, den für das Geschlechterverhältnis wichtigen, unterhaltsrechtlich begründeten Teil unseres Alterssicherungssystems in Analyse und Schlussfolgerungen nicht einzubeziehen.[201] Diese Vorgangsweise ist ein weiteres Beispiel für politisch und wissenschaftlich beschränkende und umdeutende Vorgangsweise, mit der Frauenpolitikerinnen bei Pensionsreformen seit dem Witwerpensionserkenntnis konfrontiert sind.[202]

Die Studie »Neue Wege der eigenständigen Alterssicherung von Frauen« war zwar von Helga Konrad, der Nachfolgerin von Johanna Dohnal als Frauenministerin, rechtzeitig als wichtige frauenpolitische Ergänzung zu den Reformabsichten des Sozialministeriums veranlasst und in mehreren öffentlichen Veranstaltungen mit Sozialrechtsexpertinnen und -experten sowie mit Politikerinnen und Politikern diskutiert worden.[203] Von den Medien jedoch wurden die Ergebnisse der Studie, die Vor- und Nachteile verschiedener Vorschläge zur eigenständigen Alterssicherung von Frauen in Abhängigkeit von Einkommenssituation, Familienstand und Kinderzahl aufzeigen, totgeschwiegen. Auch auf die mit Expertinnen und Experten dazu veranstalteten öffentlichen Veranstaltungen wurde nicht eingegangen. Helga Konrad wurde als Frauenministerin Anfang 1997 entlassen.

Als Repräsentanten des offiziellen Wissenschaftssystems, das als System der Wahrheitsfindung gilt, üben Experten einen großen Einfluss auf politische Entscheidungen aus. Dies zeigt sich nicht nur bei jeder Pensionsreform. Ich werde mich daher mit der politischen Bedeutsamkeit der Festlegung von sozialwissenschaftlichen Kategorien und Begriffen für die Geschlechterungleichheit auseinandersetzen.

Da gibt es einerseits die Bereitschaft von Wissenschaftern, auf Wunsch der Auftraggeber wesentliche Merkmale unseres Pensionssystems aus der Analyse auszuklammern, und andererseits eine Blindheit vieler, auch engagierter junger Experten und Expertinnen gegenüber kulturellen Interpretationsmustern, die als nicht hinterfragte Dogmen, als geheime Mechanismen der Macht, die einzelwissenschaftliche Sichtweise irreführend bestimmen. Verbunden mit dem Kampf um Anerkennung in ihrer Wissenschaftsdisziplin ist es Etlichen daher offensichtlich unmöglich, die in den Grundkategorien und Begriffen ihrer Wissenschaft festgelegten bzw. aus anderen Wissenschaftsdisziplinen übernommenen interessengeleiteten Sichtweisen zu erkennen, die mit der Wirklichkeit der meisten Menschen nichts gemein haben.

Irreführende wissenschaftliche Methoden/Begriffe – kulturelle Selbstverständlichkeiten

Ein folgenreiches Beispiel ist das auf die Geldökonomie eingeengte Wirtschaftsverständnis, das die Versorgungsökonomie[204] aus wirtschaftswissenschaftlichen Kennziffern wie dem Bruttoinlandsprodukt (BIP) oder Wachstumsmaßen ausklammert. Dies lässt die Leistungen der Versorgungsökonomie und ihre notwendige organisatorische Zusammenschau mit der Marktökonomie für wirtschaftspolitische Entscheidungen unsichtbar werden. Dieses irreführende Wirtschaftsverständnis bildet in Verbindung mit den darauf abgestimmten politikwissenschaftlichen Kategorien ›öffentlich – privat‹ die Grundlage der unterhaltsrechtlichen statt einer eigenständigen Absicherung von Ehefrauen im Erwerbsalter und in unseren Pensionssystemen. Die scheinbar einander ausschließenden Kategorien ›Hausfrau – berufstätige Frau‹ sind auf das eingeschränkte Wirt-

schaftsverständnis abgestimmt und dienen als Grundlage der Klassifizierung von Haushalten auch in einer einseitig interessengeleiteten Armutsforschung.[205] In der Rechtswissenschaft sind die systematische Trennung von Privatrecht und öffentlichem Recht eine wichtige Abstimmung auf das Wirtschaftsverständnis, sowie Rechtsnormen, die den ehelichen Haushalt – meist irreführend als Familie bezeichnet – als einzig anerkannten Ort der Versorgungsökonomie auf der Mikroebene des Wirtschaftssystems festlegen. Dabei wird die Existenzsicherung von Ehefrauen über den Unterhalt so geregelt, dass der soziale Status des Ehemannes bei Einkommen und Vermögen als Belohnung für die biologisch begründete ›Arbeit aus Liebe‹ für eheliche nicht-erwerbstätige Hausfrauen wirksam wird – auch im Pensionssystem. Gleichzeitig wird verhindert, dass die von allen Hausfrauen – auch von nicht verheirateten und erwerbstätigen verheirateten – erbrachten versorgungsökonomischen Leistungen als systemimmanenter Teil der industriellen Wirtschaftsweise in den Blick geraten.[206]
Ein Beispiel für eine die Sicht auf Unterschiede zwischen Gruppen – zum Beispiel zwischen Frauen und Männern – oft einschränkende Methode ist das ausschließliche Argumentieren mit Durchschnittswerten; diese lassen sozio-ökonomische Unterschiede innerhalb der Gruppen, also innerhalb der Frauen und innerhalb der Männer in den Wirtschafts- und Sozialstatistiken verschwinden.[207] Bei der Diskussion von Einkommensunterschieden lediglich die durchschnittlichen Einkommen von Frauen und Männern gegenüberzustellen und soziale Einkommensunterschiede innerhalb von Frauen und innerhalb von Männern zu übergehen, ist daher genauso ein Beispiel der Verschleierung der Realität, wie Arbeitnehmer/Arbeitnehmerinnen und Arbeitgeber/Arbeitgeberinnen gegenüberzustellen, ohne sozio-ökonomische Unterschiede innerhalb dieser Gruppen zu berücksichtigen.[208]

Auf der anderen Seite gibt es weiterführende Forschungsergebnisse. Zum Beispiel hat Gerda Lerner verdeutlicht, dass es wichtig ist zu erkennen, dass das System von Herrschaft und Hierarchie ein einziges untrennbares System der Unterordnung mit verschiedenen

Erscheinungsformen ist, das Unterschiede in Herrschaft verwandelt. Für die Analyse von Geschlechterverhältnissen, für aktuell wirksame Herrschaft und Benachteiligung ist unwichtig, welches Unterordnungssystem sich zuerst und welches sich als zweites oder drittes entwickelt hat – sei es das Geschlecht, die Klasse, die Rasse, die ethnische Zugehörigkeit, die Religion oder ein auf einem anderen Unterscheidungsmerkmal beruhendes System der Unterordnung.[209]
Für die politische Praxis folgt daraus die Forderung, nicht in polaren Begriffen zu denken, die jeweils klar getrennte, zweigeteilte Bereiche postulieren, die sich in jeder Hinsicht gegensätzlich gegenüberstehen. Mehrere Forscherinnen haben zum Beispiel aufgezeigt, dass die Kategorien ›öffentlich – privat‹ irreführen, sowohl in der Abgrenzung des Familienhaushalts gegenüber dem Staat und der Wirtschaft als auch in der Abgrenzung der Privatwirtschaft gegenüber dem öffentlichen Sektor der Wirtschaft als dem Politischen.[210]

Bei wirtschafts- und sozialpolitischen Auseinandersetzungen geht es um die Verschiebung der in Gesetzen und anderen nationalen und internationalen Regelungen festgelegten Grenzziehungen zwischen privat und öffentlich aufgrund geänderter Machtverhältnisse oder eines neuen Selbstverständnisses. Viele Frauen fordern zum Beispiel, die Versorgung und Betreuung von Kindern als gesellschaftlich notwendige Arbeiten anzuerkennen und gerecht zu bewerten; dies hat zur teilweisen Anerkennung im Pensionssystem geführt. Viele Frauenpolitikerinnen kritisieren die zu niedrige Bewertung und/oder die fehlende Gleichwertigkeit mit Erwerbsarbeit im Pensionsrecht. Sie treten für eine eigenständige Alterspension für Frauen ein. In der öffentlichen Diskussion erfolgt meist durch Politiker mit Hilfe von Experten (zum Beispiel der katholischen Kirche, des Sozialministeriums, privater Forschungseinrichtungen …) die Festlegung, wie diese Forderungen durch Rechtsansprüche befriedigt werden sollen.[211] Dabei wird dieses Anliegen häufig von der Frage der Arbeitsbewertung abgekoppelt und in die ebenfalls berechtigte Forderung nach eigenständiger finanzieller Mindestsicherung für alle uminterpretiert. Eine Mindestpension, oft Grundpension genannt, soll dann für Nichtarbeitsfähige – zum Beispiel Behinderte – und für alle Frauen bei Erreichen des Pensionsalters den Anspruch auf eine eigene Altersversorgung bringen. Die bestehende ungerechte Bewertung verschiedener gesellschaftlich notwendiger Erwerbsarbeiten und die unterhaltsrechtliche Lebensstandardsicherung werden dabei nicht in Frage gestellt. Eine Diskussion über die Bewertung der Versorgung von Kindern und von Konsumarbeiten im Haushalt in Vergleich zur Bewertung anderer Arbeiten wird unterbunden. Die Grünen legen zum Beispiel für ihre Grundpension ausdrücklich fest: »Durch diese Grundsicherung im Alter sind alle Solidarleistungen des bestehenden Systems abgegolten: Ausgleichszulage, Präsenzdienst, Studienzeiten, Kindererziehungszeiten.«[212]

Fehlende Anerkennung und ungerechte Bewertung verschiedener gesellschaftlich notwendiger Arbeiten werden aber auch für Pensionssysteme wirksam, die nach dem so genannten Versicherungsprinzip gestaltet sind. Die rechtfertigenden Ausdrücke ›Leistungs‹- und ›Beitragsgerechtigkeit‹ für die Stärkung des Versicherungsprinzips verweisen berechtigt auf die Verteilungswirkung der Finanzierungsseite; sie übergehen aber nicht nur die ungerechte, vom kapitalistischen Produktivitätsmalus beeinflusste Arbeitsbewertung; sie verschleiern unter anderem, dass trotz ›Versicherungsprinzip‹ vom Konzept her der steuerfinanzierte Anteil der Pensionen in die Berechnungsformeln so integriert ist, dass höhere Pensionen einen höheren ›sozialen‹ Ausgleich erhalten als niedrige Pensionen. Beide Sachverhalte verhindern für viele Frauen eine den (bescheidenen) Lebensstandard sichernde Eigenpension.

Sprache und patriarchal-kapitalistische Sichtweisen

Mich beschäftigt unter anderem die Frage: Gibt es gängige frauenpolitische Argumentationen, die irreführende begriffliche Festlegungen des patriarchalen Kapitalismus übernehmen und daher den Blick für gesellschaftliche Zusammenhänge nicht erhellen, sondern verstellen? Ich las meinen Beitrag »Frau und Politik, Frau und Macht« in dem Band »Johanna ist 50. Wir geigen weiter!«[213] und überlegte: Welchen vor zehn Jahren gemachten Aussagen, welchem

Sprachgebrauch kann ich unter Berücksichtigung meines heutigen Wissensstandes noch zustimmen?
Ich halte die 1989 gemachten Aussagen auch heute für gültig, besonders die Ansicht, dass es um die Auseinandersetzung mit den Machtsstrukturen der Gesellschaft und den dazugehörigen Rechtfertigungsideologien geht. Allerdings: In einigen damals von mir und heute noch von vielen verwendeten Begriffen und Formulierungen stecken patriarchale und/oder kapitalistische Sichtweisen, die überwunden werden müssen. Und: Die Funktionsweisen der Rechtfertigungsideologien sind genau zu klären; welche Rechtsverhältnisse und internationalen Verträge in Verbindung mit immer wieder verwendeten Begriffen und Aussagen schaffen zum Beispiel wirtschaftliche Herrschaftsstrukturen und verbreiten den Glauben an den ›freien, selbst gesteuerten Markt‹ im Interesse der ökonomisch Mächtigen.

Wichtig scheint mir, von der Meinung, Geld allein sichere die Existenz, wegzukommen und zu fragen: Wie leben die Menschen, wie organisieren sie ihren Alltag in den spezialisierten, räumlich getrennten Strukturen mit jeweils eigenen Zeitordnungen? Für die persönliche Existenzsicherung in der arbeitsteiligen Industriegesellschaft sind ein bestimmtes Ausmaß an Geld als Tauschmittel und das Erbringen von Konsumarbeiten erforderlich, für das generative Überleben auch Kinderbetreuungsarbeiten. Geld wird im Regelfall durch Erwerbsarbeit erworben, aber auch als Unterhalt, Sozialeinkommen oder Einkommen aus Vermögen. Für Frauen in den unteren Einkommensschichten war und ist Erwerbsarbeit, formelle und/oder informelle, aus finanziellen Gründen immer eine Selbstverständlichkeit, auch als Mütter. Wenn in einem Haushalt eine Frau oder ein Mann mit sehr niedrigem Einkommen allein lebt oder das einzige arbeitsfähige Haushaltsmitglied ist, dann droht Armutsgefährdung (Wohnkosten, Heizung …)[214] und/oder Arbeitsüberlastung; diese Menschen, darunter viele Frauen, müssen aus finanziellen Gründen alle Konsumarbeiten (Einkaufen, Kochen, Instandhalten von Wäsche und Wohnung …) sowie Betreuungsarbeiten neben der schlecht bezahlten Lohnarbeit selbst erledigen.

Von der »Trennung von Erwerbswelt/Öffentlichkeit und Familie/Privatraum« zu sprechen, bedeutet daher nicht nur den Blick des bürgerlichen Mannes bei der Grenzziehung ›öffentlich – privat‹ zu übernehmen: Familie statt Haushalt zu sagen bedeutet auch, vom Haushalt als wirtschaftlicher Struktur, vom Ort lebensnotwendiger wirtschaftlicher Tätigkeiten abzulenken, und die Aufmerksamkeit auf die rechtlichen und gefühlsmäßigen Beziehungen zwischen den Haushaltsmitgliedern zu richten. So wird verschleiert, dass die industrielle Wirtschaftsweise zur räumlichen Spaltung der materiellen Existenzsicherung führte – in die spezialisierte, technisch rationalisierte Produktion von Gütern und Dienstleistungen in Unternehmen und Betrieben einerseits und in die zur unmittelbaren individuellen Lebenserhaltung notwendigen Konsumarbeiten und Betreuungsarbeiten für die generative Existenzsicherung im (Familien-)Haushalt andererseits. Der (Familien-)Haushalt wurde der für körperliche (und seelische) Bedürfnisse zuständige Ort. Dies gilt auch für Einpersonenhaushalte. Das heißt aber: Durch die einzelnen Menschen oder durch die Gestaltung der Geschlechterverhältnisse im Familien-Haushalt muss die lebensnotwendige Verbindung der wirtschaftlich-strukturell, räumlich getrennten Bereiche hergestellt werden. Rechtliche Anreizsysteme für das bürgerliche Ehemodell wie beitragsfreie Krankenkassenmitversicherung, Witwenpension als Unterhaltsersatz, steuerliche Alleinverdienerförderung, hohe Männereinkommen als ›Familienlohn‹, geringfügige Beschäftigungsverhältnisse als abgabenfreies Dazuverdienen für Frauen bei niedrigen Männerlöhnen … setzen an der Gebärfähigkeit der Frau an und legen die Arbeitsteilung entsprechend dem bürgerlichen Ehemodell nahe.

Vom »Versorgungsmodell Familie für die Frau« statt von der naturalwirtschaftlichen unterhaltsrechtlichen Existenzsicherung für Ehefrauen zu sprechen verschleiert die Funktion der bürgerlichen Ehe als nach wie vor geltende Grundnorm des Familienrechts, einer Norm, die die zweigeteilte wirtschaftliche Existenzsicherung in Form der geschlechtlichen Arbeitsteilung vorsieht. §44 des ABGB legt auch heute fest: »Die Familienverhältnisse werden durch den

Ehevertrag begründet.« Dadurch sind zum Beispiel Mutterfamilien – Frauen, die ohne Mann mit ihren Kindern in einem Haushalt leben – aus der rechtlichen Definition von Familie und den zugeordneten Sozialleistungen wie beitragsfreie Krankenversicherung und Witwenpension ausgeschlossen.
Die Witwenpension als Unterhaltsersatz nach dem Tod des Ehemannes auch für junge Witwen entspricht der für das Erwerbsalter geltenden, rechtlich verankerten naturalwirtschaftlichen Absicherung der Ehefrau zu Lebzeiten des Mannes. Entscheidend ist: Die privatrechtliche Unterhaltsregelung der Existenzsicherung für Ehefrauen bedeutet weder öffentlich-rechtlich noch makro-ökonomisch eine Anerkennung der Haushaltsführung als wirtschaftliche Leistung auf gesamtgesellschaftlicher Ebene. Das gilt auch für das Pensionssplitting.

Gut und schlecht bezahlte Arbeit, unbezahlte Arbeit

Die tief greifenden gesellschaftlichen Änderungen[215] verringern für viele Menschen, besonders für viele Frauen, bisher öffentlich-rechtlich, also durch den Staat gesicherte Chancen. Zurzeit wird von Repräsentanten unserer Gesellschaft der Glaube an die umfassende Überlegenheit des Marktes propagiert. Es wird behauptet, dass die Investoren und risikofreudigen Unternehmer die Garanten des allgemeinen Wohlstandes seien. Sie werden daher als die Zuständigen für die Organisation des ökonomischen Geschehens betrachtet.

Die Einengung des Blickwinkels auf das Unterordnungssystem Geschlecht mit der Gegenüberstellung von unbezahlter und bezahlter Arbeit als Hauptunterschied zwischen Frauen und Männern kann in dieser Situation leicht für kapitalistische Interessen instrumentalisiert werden; diese Gegenüberstellung wird in sozialpolitischen Kämpfen dazu benutzt, von den rasant zunehmenden Einkommensunterschieden für bezahlte Arbeit und dem diesem Vorgang zugrunde liegenden Bewertungsmaßstab – dem kapitalistischen Verständnis von produktiver Arbeit – abzulenken.
Die eingeschränkte Sicht von ›produktiver‹ Arbeit, die Wohlstand schaffen auf Vermehren (Mehrwert) des Kapitals einengt, will ich als

Beispiel eines institutionell vielfach festgelegten kulturellen Interpretationsmusters mit weit reichenden Folgen für das einheitliche Unterordnungssystem ›Klasse – Geschlecht‹ analysieren.

Übersicht 4 »Zur Institutionalisierung der kapitalistischen Sicht produktiver Arbeit« verdeutlicht ansatzweise, durch welche rechtlichen Bestimmungen die für die Eigentümer von Vermögen günstige Arbeitsorganisation und -bewertung als richtig und gerecht außer Streit gestellt werden. Die angeführten Einkommensstufen von informellen Erwerbsarbeiten bis zu sehr gut bezahlten Erwerbsarbeiten haben fließende Übergänge. »Kein Einkommen für Arbeit« und »hohe Einkommen ohne Arbeit« sind von den sehr unterschiedlich bewerteten Erwerbsarbeiten, denen arbeits- und sozialrechtliche Ansprüche zugeordnet sind, klar abgegrenzt und durch privatrechtliche Regelungen verankert; sie sind dem ›privaten‹ Haushalt und dem ›privaten‹ Eigentum/Vermögen, zwei wichtigen wirtschaftlichen Institutionen des ABGB, zuzuordnen. Werden die Einkommensunterschiede als Stundenlohn dargestellt, so könnte man auch sagen: Der Stundenlohn drückt den jeweiligen Wert einer Stunde Lebenszeit von Menschen verschiedener ökonomischer Klassen aus.

Übersicht 4: **Zur Institutionalisierung der kapitalistischen Sicht von Arbeit im Rechtssystem**

Kapitalistische Arbeitsbewertung: „produktiv" – Einkommenshöhe	**Rechtsverhältnisse, sozialrechtliche Ansprüche**
kein Einkommen für unproduktive Arbeit: **Haushaltsarbeit,** **Betreuen** von Kindern, Kranken im Haushalt **Studium** … unbezahlte Arbeiten scheinen im BIP nicht auf!	**keine individuellen sozialrechtlichen Ansprüche, unterhaltsrechtliche Existenzsicherung, Privatrecht abgeleitete sozialrechtliche** Ansprüche für verheiratete Hausfrauen und Studierende: **Krankenversicherung, Witwen- (und Waisen)-pension**
informelle Erwerbsarbeit: geringfügige Beschäftigungsverhältnisse, besonders nicht technisierbare Arbeiten, Dienstleistungen (Handel) (1998: max. ATS 3.830; 2006: 333,16, 2007: 341,16 monatlich)	**sozialrechtlich: nur Unfallversicherung** übrige sozialrechtliche Absicherung wie bei unbezahlter Arbeit. ‚Dazuverdienst' ohne Sozialabgaben!
schlecht bezahlte Erwerbsarbeiten: „bezahlbare Arbeit", „arme Beschäftigte"; besonders nicht technisierbare, ortsgebundene Dienstleistungen	**einkommensbezogene sozialrechtliche Absicherung,** aber **keine Mindesthöhe** für Arbeitslosengeld, Notstandshilfe, Krankengeld; **Pension**: Ausgleichszulagenrichtsatz
gut bezahlte Erwerbsarbeiten: ausreichendes Einkommen für Lebenshaltung entsprechend den gesellschaftlichen Errungenschaften	**einkommensbezogene sozialrechtliche Absicherung** Sozialeinkommen sichern Lebensstandard
sehr gut bezahlte Erwerbsarbeiten: trotz Luxus Vermögensbildung, z.B. Organisieren von „Arbeit" (Manager), Bankenbereich, Wirtschaftsexperten, Universitätsprofessoren …	**einkommensbezogene sozialrechtliche Absicherung,** z. T. nach oben begrenzte Sozialinkommen (ASVG-Pensionen), dazu Einkommen aus Vermögen
hohe Einkommen ohne Arbeit: **„Kapital arbeitet"**; Reiche. Einkommen aus Vermögen: Grund und Boden, Immobilien, Kapital, Aktien …	**keine Sozialabgaben** Einkommen aus Vermögen **nicht oder geringer besteuert als Einkommen aus Arbeit,** verfassungsmäßige **Vorrechte des Privateigentums**

Gängige Denkmuster lassen leicht übersehen, dass das Organisieren von Wirtschaftsprozessen ein entscheidender Teil der gesellschaftlichen Arbeit ist, der irreführend als ›die Wirtschaft‹ bezeichnet wird, und dass aus gesamtgesellschaftlicher Sicht Geld das Mittel ist, Arbeitsprozesse in der Marktökonomie zu organisieren. Wer die Verteilung von Einkommen und wirtschaftlicher Macht und damit die Ordnung des gesellschaftlichen Zusammenlebens gestalten will, muss daher die Kriterien der Organisation des Wirtschaftens festlegen. Heute werden diese Kriterien zunehmend von der Höhe des erzielbaren Gewinns – des Einkommens aus (Kapital-) Vermögen – bestimmt. Das heißt, dass Kapitaleigner und Manager den offiziell anerkannten Teil des kapitalistisch industriellen Wirtschaftssystems ohne Rücksicht auf ortsgebundene, nicht technisierbare oder persönliche Dienstleistungen und ohne Rücksicht auf die Versorgungsökonomie organisieren, also einen wichtigen Teil des Alltagslebens der Menschen neben dem Erwerbsbereich außer Acht lassen.

Die kapitalistische Arbeitsbewertung macht unter anderem eine angemessene Lebensstandardsicherung von Frauen (und Männern), die nicht börsengängige Arbeit – unbezahlte Konsum- und Betreuungsarbeiten im Haushalt und/oder schlecht bezahlte oder sozialrechtlich nicht anerkannte Erwerbsarbeit – verrichten, in Form von Existenz sichernden Eigenpensionen in jedem Pensionssystem schwierig bis unmöglich. Dies gilt für eine vom Erwerbseinkommen abgeleitete, durch Beiträge finanzierte Pflichtversicherung mit Mindestpension genauso wie für eine steuerfinanzierte Grundpension in Form einer Mindestpension. In dem im Sommer 1998 veröffentlichten Reformmodell schlagen zum Beispiel die Grünen als Grundpension ATS 8.000,– für alle allein lebenden Personen, bzw. ATS 6.000,– pro (Ehe-)Partner vor. Dies entspricht in der Höhe ungefähr den Ausgleichszulagenrichtsätzen im geltenden österreichischen Pensionssystem: 1998 ATS 7.992,– für eine allein lebende Person, die Anspruch auf eine Erwerbs- oder Hinterbliebenenpension hat, und ATS 11.403,– für Ehepaare; das sind je ATS 5.701,– für die Ehefrau und Ehemann im gemeinsamen Haushalt, allerdings meist als Anspruch des unterhaltspflichtigen Ehemannes. Angesichts der Wohnkosten liegen diese Pensionshöhen an der Armutsgrenze. (Bei internationalen Vergleichen muss die 14-malige Auszahlung in Österreich berücksichtigt werden; umgerechnet auf zwölf mal monatlich ergibt dies für 1998 ATS 9.240,– Ausgleichszulagenrichtsatz für Alleinstehende, ATS 13.303,– für Ehepaare. 2007 betragen die Ausgleichszulagenrichtsätze Eur 726,– und 1091,–, umgerechnet auf zwölf Monate Eur 847,– bzw. Eur 1272,83).

Zusammenfassung – Was tun?

Den wichtigen Kategorien verschiedener Wissenschaftsdisziplinen, aber auch den im Alltag unterschiedenen Bereichen wie Haushalt, Familie, Markt, Staat, sind die gleichen Interpretationsmuster von Leistung und gerechtem Einkommen, von privat und öffentlich, von Gleichheit ... institutionell unterlegt. Dadurch wird ein innerer Wahrnehmungs- und Interpretationszusammenhang zwischen all diesen, nach offiziellem Wissenschaftsverständnis voneinander unabhängigen Bereichen hergestellt. Das allgegenwärtige Vorhandensein dieser Interpretationsmuster auch in den Symbolen der Gesellschaft, zum Beispiel in der Sprache, lässt diese Sicht für viele Menschen gleichsam als naturgegeben erscheinen. Der Glaube an ihre Richtigkeit ist die Folge. Herrschende brauchen daher keine unmittelbar und ausdrücklich auf die Herrschaft über die Menschen gerichteten Strategien anzuwenden. Außerdem entsteht so ein einziges untrennbares System von Herrschaft und Hierarchie, das Unterschiede wie Geschlecht und Klasse in ein integriertes System der Unterordnung verwandelt.

Am Beispiel der kapitalistischen Sicht von produktivem Wirtschaften als kulturellem Interpretationsmuster habe ich versucht zu zeigen, wie dieses integrierte System wirtschaftlicher Über- und Unterordnung in vielfältiger Weise durch wirtschaftliche Strukturen, Rechtsverhältnisse und mit diesen übereinstimmenden kulturellen Selbstverständlichkeiten gesichert wird.
Ein für alle Frauen gerechtes Pensionssystem erfordert daher neben dem wichtigen Kampf um rasche Verbesserungen in kleinen Schritten für verschiedene Gruppen von Frauen, unter anderem die Beantwortung folgender Fragen: Nach welchen Kriterien soll langfristig das Zusammenleben der Menschen geregelt werden? Wer soll zuständig sein, gesellschaftlich notwendige Arbeiten zu bewerten und zu organisieren? Welche Rolle spielt die Verbindung der Technologien Geld und Computer, deren Logiken der virtuellen Wert-, Raum- und Zeitordnungen von den Herrschenden als Machtinstrument gegen die historisch- und lebensraumgebunde-

nen spezifischen Bedürfnisse von Menschen eingesetzt werden, bei der Gestaltung der Lebensverhältnisse?[216]

Da eine richtige Analyse noch keine wünschenswerte politische Änderung bewirkt, geht es auch um das Problem: Wie können von Unterordnung betroffene Menschen politisiert und zum Handeln gebracht werden?

Haiders Mütterpension/Müttergeld und für Frauen wichtige Änderungen im Pensionssystem durch ÖVP-FPÖ/BZÖ-Regierungen

Haiders Forderungen als Oppositionspolitiker

Bereits Ende der 1980er Jahre trat Haider als Oppositionspolitiker für ein Drei-Säulen-Pensionsmodell mit einer öffentlichen Alterssicherung in Form einer Grundvorsorge ein. Die zweite und dritte Säule, das Betriebspensionssystem und die Eigenvorsorge, sollen für die Lebensstandardsicherung sorgen und außerdem steuerlich gefördert werden.

Dieses Modell bedeutet: Sowohl durch die Betriebspension als auch die private Pensionsvorsorge wird für die oberen und zum Teil für die mittleren Einkommensgruppen mit Hilfe von Steuergeldern die Alterssicherung verbessert, während für die unteren Einkommensgruppen nur die Mindestsicherung bleibt. Frauen ohne Erwerbseinkommen mit Ehemann mit niedrigem oder mittlerem Einkommen oder Frauen mit niedrigem Einkommen werden sich keine Privatvorsorge leisten können. Außerdem gilt: Beschäftigte in Branchen mit niedrigem Lohnniveau, in Betrieben mit niedrigem Lohnniveau oder Teilzeitbeschäftigte werden durch die betriebliche Altersversorgung gar nicht oder eher unterdurchschnittlich erfasst. Frauen, die häufiger als Männer von Armut im Alter bedroht sind, werden aus all den genannten Gründen im Regelfall durch die betriebliche Alterssicherung keine Besserstellung erfahren. Außerdem unterbrechen Frauen ihre Erwerbstätigkeit häufiger als Männer.

1996 stellte die damalige SPÖ-Frauenministerin Helga Konrad die Ergebnisse einer Studie zu möglichen Weiterentwicklungen des Pensionssystems mit dem Ziel der »eigenständigen Alterssicherung für alle Frauen« im Rahmen einer ExpertInnenenquete vor. Drei Grundmodelle, die alle durch verschiedene Module wie Mindestpension für alle und/oder verbesserte Anrechnung von Kindererzie-

hungszeiten erweitert werden können, wurden vor Expertinnen und Experten zur Diskussion gestellt.
Ein Kernpunkt der Ergebnisse war, dass für die Besserstellung der schlecht abgesicherten Frauen das öffentlich-rechtliche Pensionssystem ausgebaut werden muss. Nur durch den Solidarausgleich innerhalb der gesamten Gesellschaft kann durch Maßnahmen wie eine Mindestpension für alle und eine verbesserte Anrechnung von Kindererziehungszeiten eine ausreichende, eigenständige Alterssicherung für alle Frauen erreicht werden.

In dem vom Bundesministerium für Frauen herausgegebenen Buch »Eigenständige Alterssicherung von Frauen« werden die Ergebnisse der von Frauenministerin Helga Konrad 1995 in Auftrag gegebenen Studie sowie die Diskussionen zu den drei ausgearbeiteten Grundmodellen dargestellt. Nämlich a) das so genannte Pensionssplitting oder der Versorgungsausgleich, b) das Zweisäulen-Modell, bestehend aus einer Grundpension und einer erwerbsabhängigen Zusatzpension und c) eine individuelle durchgehende Pflichtversicherung. Frauenministerin Helga Konrad führte dazu aus: »Die bereits angesprochene Studie wurde mit dem Ziel verfasst, die frauenspezifischen Aspekte dieser drei Modelle und ihre Anbindung an das österreichische System der Pensionsversicherung zu analysieren und darzustellen. Damit soll auch eine klare Abgrenzung gegenüber Reformmodellen erfolgen, die im öffentlich-rechtlichen System der Alterssicherung nur eine Grundsicherung vorsehen und die gesamte Lebensstandardsicherung der Privatvorsorge überantworten wollen.«[217] Frauenministerin a. D. Helga Konrad hat mit der von ihr in Auftrag gegebenen Studie, die kritisch von einem Beirat begleitet wurde, wichtige Anstöße für ein frauengerechteres Pensionssystem geleistet. Der Beirat hat unter anderem die Studienverfasser veranlasst, die Auswirkungen der Modelle und einzelner Module wie Grundsicherung oder eine höhere Bemessungsgrundlage für Kindererziehungszeiten nicht nur für durchschnittliche Einkommen, sondern für niedrige, mittlere und hohe Einkommen getrennt zu berechnen.

Am Tag der Enquete (21. August 1996) gab Dr. Haider, zurückgekehrt von einem Bildungsurlaub in den USA, einer österreichischen Tageszeitung ein ausführliches Interview. Auf die Frage, was er zur Neuorientierung der Sozialpolitik gelernt habe, antwortete Haider: »Erstens Missbräuche einschränken. Zweitens Leistungsunwilligen klarzumachen, dass sie nicht auf fünf Jahre weiter vom Staat bezahlt werden, sondern dass ›well bodied adults‹ verpflichtet sind, Arbeit soweit vorhanden anzunehmen, sonst entfällt jede staatliche Leistung. Drittens wird – was allerdings ein sehr spezifisch amerikanisches Problem ist – der Missbrauch abgeschafft, dass Leute aus dem unteren sozialen Milieu durch das Kinderkriegen sich ihr Budget verschaffen und dass Minderjährige selbst vier und fünf Kinder haben, die der Staat finanzieren soll.«[218] Die Voraussetzung für eine teilweise Umsetzung des von US-Privatisierungsstrategen Gelernten sah Dr. Haider in einer Steuerreform, bei der von höheren Einkommen weniger genommen wird und diejenigen, die weniger verdienen, eine Negativsteuer bekommen.[219] Im Sinne von »mehr privat, weniger Staat« meinte er: »Damit erspart man sich die gesamte Verteilungsbürokratie – also eine Behörde, ein System.« Das heißt: Der FPÖ-Vorsitzende Haider war damit auch gegen einen Solidarausgleich in der allgemeinen öffentlich-rechtlichen Pensionsversicherung. Ob Dr. Haider übersah, dass Privatversicherungen beitragsfreie Leistungen für die Betreuung von Kindern oder alten, pflegebedürftigen Menschen nicht gewähren und dass ein rechtlicher Anspruch auf eine eigenständige Alterssicherung besonders schlecht abgesicherter Frauen nur über einen gesamtgesellschaftlichen Solidarausgleich möglich ist, solange das herrschende Wirtschafts- und Arbeitsverständnis die Einkommenshöhen für verschiedene Tätigkeiten entscheidend bestimmt?

FPÖ-Sozialminister für Splitting-Pension

FPÖ-Sozialminister Herbert Haupt wollte, dass die wichtige Arbeit von ›Hausfrauen‹, nämlich von nicht-erwerbstätigen Ehefrauen anerkannt wird und schlug im Spätherbst 2000 eine Aufteilung (Splitting) der Pensionszahlungen zwischen den Ehepartnern vor. Dies ist eine Art des Splittings, die es für die Bauernpensionisten bereits gibt; dieses Aufteilen der Pensionszahlungen integriert bekanntlich die Bäuerin nicht ins Pensionssystem. (Daher bekommen auch Bäuerinnen trotz Splittingpension Haiders Müttergeld! Geld, das von der Pension des Ehemannes abgezweigt wird, ist keine eigenständige Pension.) Sozialminister Haupts Vorschlag sah vor, dass der Prozentsatz der Teilung frei vereinbart werden sollte. Zusätzlich sollte ein Mindestprozentsatz von 20% bis 30% für die nicht-erwerbstätige Ehepartnerin gesetzlich festgeschrieben werden. Diese Mindestquote von etwa 25% für die nicht-erwerbstätige Ehefrau verrät symbolhaft die Geringschätzung der Arbeit von Frauen im Haushalt.

Eine von der ÖVP-FPÖ-Regierung zu den Frauenpensionen eingesetzte Expertenkommission bewertete Anfang 2002 alle Formen des Pensionssplittings negativ. Es sei langfristig kein ideales Instrument, eine eigenständige Alterssicherung für Frauen zu schaffen. Im Abschlussbericht lautete die Hauptbegründung: »Die Abhängigkeit« der Frauen vom Ehemann bleibe aufrecht. Außerdem seien für Männer Probleme durch eine Pensionsteilung, »insbesondere eine erhöhte Armutsgefährdung« zu erwarten. Ein Splitting habe in der Diskussion der Arbeitsgruppe »nur eine untergeordnete Rolle« gespielt.[220] Damit bestätigte im Jahr 2002 eine männlich geführte Expertenrunde die von Expertinnen bereits 1995 und 1996 vorgebrachten Einwände gegen ein Pensionssplitting.[221] Damals wurde ein Pensionssplitting von vielen männlichen Experten bevorzugt, auch von Experten der Arbeiterkammer. Die von der Expertenkommission des Sozialministeriums 2002 vorgelegten Vorschläge zeigen außerdem, dass die Studienergebnisse und ihre Diskussion, die 1996 in der Öffentlichkeit totgeschwiegen wurden, in ihre Überlegungen eingingen; unter anderem zeigt dies der Vorschlag, die Bemessungsgrundlage für Kindererziehungszeiten deutlich anzuheben.

Neuregelung der Witwenpensionen

Bereits im Jahr 2000 wurde von der ÖVP-FPÖ Regierung die Berechnung der Witwen-/Witwerpensionen neu geregelt. Maßgebend für die Höhe der Witwen-/Witwerpension ist die Relation der Einkommen des Verstorbenen und des überlebenden Ehepartners in den letzten zwei Kalenderjahren. Die Bandbreite der Pensionshöhe beträgt zwischen 0 und 60% der (fiktiven) Pension des (der) Verstorbenen, wobei es für Hinterbliebene mit geringem Einkommen eine untere Schutzgrenze (2005: 1.525« Euro monatlich) sowie eine Leistungsobergrenze bei hohem Einkommen (2005: 7.260,– Euro monatlich) gibt. Witwen/Witwer, die beim Tod des Ehepartners/der Ehepartnerin das 35. Lebensjahr vollendet haben, haben bis zur ihrem Lebensende Anspruch auf diese Pension, es sei denn, sie gehen eine neue Ehe ein. Auch vor Erreichung des 35. Lebensjahres besteht Anspruch auf eine Dauerleistung, wenn ein Kind aus der Ehe hervorging oder die Ehe mindestens 10 Jahre bestand.[222] Diese Regelung bedeutet die endgültige Umwandlung der unbedingten Witwenpension in eine Partnerpension, die sich am Prinzip des Haushaltseinkommensersatzes orientiert – ohne öffentliche Diskussion.[223] Tendenziell begünstigt eine solche Regelung nicht-erwerbstätige Ehefrauen gegenüber erwerbstätigen Ehefrauen.

Die Bestimmungen der Versorgung über die Ehe sind nach wie vor großzügig. Dies trifft meiner Meinung nach besonders für die obere Leistungsgrenze zu und die Altersgrenze 35 Jahre für einen lebenslangen beitragsfreien Anspruch, sowie das Wegfallen jeder Altersgrenze bei einem Kind aus der Ehe oder zehn Jahre Ehedauer. Die Großzügigkeit, die auch die Krankenversicherung einschließt, kommt besonders Witwen gut verdienender Männer zugute. Im krassen Gegensatz dazu steht die schlechte Versorgung vieler allein stehender Mütter aus dem unteren Einkommensbereich; diese erhalten keine Sozialleistung für den Lebensunterhalt und haben keine beitragsfreie Krankenversicherung; außerdem gelten alle 2003 für Pensionen aus der Gesetzlichen Pensionsversicherung beschlossenen Kürzungen auch für die niedrigen Pensionen dieser Frauen.

Pensionsreformen 2003 und 2005

Zu den wichtigen offiziellen Zielen der ÖVP-FPÖ-Reformen gehören: die Gestaltung eines beitrags- und leistungsgerechten Pensionssystems, die Finanzierung der beitragsfreien Ersatzzeiten und die Ergänzung des jetzigen Systems durch die zweite (betriebliche) und die dritte (private) Säule.[224]

Unter Berufung auf die 2000 eingesetzte Reformkommission und die geplante Budgetkonsolidierung wurden unter Sozialministerin Ursula Haubner, Haiders Schwester, 2003 weit reichende Änderungen im Allgemeinen Sozialversicherungsgesetz (ASVG) beschlossen. Folgende Kürzungen sind für die Pensionen von vielen Frauen mit typischem Erwerbsverlauf (fehlende Erwerbsjahre wegen Kinderbetreuung, Teilzeit, niedrige Einkommen, Arbeitslosigkeit) von besonderer Bedeutung: Die schrittweise Ausdehnung des Bemessungszeitraumes auf 480 Monate (also von 15 auf 40 Jahre); die schrittweise Verringerung der Steigerungspunkte von 2% auf 1,78% und die Bestimmung, dass Pensionen ab dem Stichtag 1. Jänner 2004 erst im zweiten Kalenderjahr nach dem Pensionsstichtag erstmalig angepasst werden.

Ebenfalls 2003 wurde die Erhöhung der Bemessungsgrundlage für Zeiten der Kindererziehung ab 2004 um jährlich zwei Prozent beschlossen, bis 150% des Ausgleichszulagenrichtsatzes erreicht sind, was im Zeitraum zwischen 2004 und 2028 erfolgen soll; diese Erhöhung gilt wie die beschlossene Anrechnung von 24 Monaten der Kindererziehung als Beitragszeiten nur für Geburten ab 1. Jänner 2004.[225] Es ist leider sehr wahrscheinlich, dass bei den meisten niedrigen ASVG-Pensionen von Frauen die Kürzungen nicht durch die (bescheidenen) Verbesserungen bei der Anrechnung von Kindererziehung aufgefangen werden.

Nach dem heftigen Protest von Arbeiterkammer, Gewerkschaft und Opposition wurde ein »Verlustdeckel« von 10% beschlossen. In diesem Deckel ist der Verlust durch den Wegfall der ersten Anpassung – etwa 2% – nicht enthalten.

Durch die Reform 2004 trat das so genannte Pensionsharmonisierungsgesetz (einheitliches Pensionsgesetz für alle Erwerbstätigen mit Ausnahme der Gemeinde- und Landesbeamten sowie der Ärzte, Notare und anderer Freiberufler) in Kraft. Es gilt für Personen, die am 1. Jänner 2005 das 50. Lebensjahr noch nicht vollendet haben. Beschäftigte, die zum Stichtag über 50 Jahre alt sind, sind von den Neuregelungen nicht betroffen.[226]

Mit dem Pensionsharmonisierungsgesetz werden alle Zeiten, die früher Ersatzzeiten waren, durch die Leistung von Beiträgen zu Versicherungszeiten. Für Zeiten der Kindererziehung werden die Beiträge aus den Mitteln des Ausgleichsfonds für Familienbeihilfen und der öffentlichen Hand bis zum Jahr 2009 zu gleichen Teilen, ab 2010 im Verhältnis 75% zu 25% getragen. Ab 1. Jänner 2005 wurde die Bemessungsgrundlage für Kindererziehungszeiten von 650,– auf 1.350,– Euro angehoben. (Dieser Betrag entspricht in etwa dem durchschnittlichen Erwerbseinkommen der Frauen.) Das heißt: Pro Jahr werden 1,78% dieser Beitragsgrundlage als Gutschrift auf dem ebenfalls eingeführten Pensionskonto verbucht. Außerdem wurden die eine Pension begründenden Kindererziehungszeiten von zwei auf vier Jahre erweitert. Die für die Alterspension erforderliche Anzahl von Beitragsjahren auf Grund einer Erwerbstätigkeit wurde von fünfzehn auf sieben Jahre verkürzt. Als Zeiten der Erwerbstätigkeit gelten auch Zeiten der Pflege eines behinderten Kindes und der Pflege eines (einer) nahen Angehörigen mit Anspruch auf Pflegegeld zumindest in Höhe der Stufe 3 sowie Zeiten der Familienhospizkarenz.[227]
Der Notstandshilfe-Nachteil im Pensionsrecht wurde beseitigt; auf dem Pensionskonto erfolgen nämlich auch dann Beitragszahlungen, wenn auf Grund eines zu hohen Einkommens des Partners keine Notstandshilfe genehmigt wird.

Die im Pensionsharmonisierungsgesetz festgelegte höhere Bemessungsgrundlage für Zeiten der Kindererziehung wird sich für Geburten ab dem 1. Jänner 2005 positiv auswirken, also für Frauen, die in 30 bis 40 Jahren in Pension gehen. Für Frauen, die ihre Kinder vor dieser Zeit hatten und ASVG-Versicherte sind, werden vor allem die 2003 beschlossenen Kürzungen wirksam werden, dies trotz Übergangsregelungen, die die Kürzungen mildern. Die Durchrechnung im Namen der so genannten Beitrags- und Leistungsgerechtigkeit übergeht die ungerechte, vom kapitalistischen Produktivitätsverständnis beeinflusste Arbeitsbewertung. Diese bleibt für viele Frauen weiterhin wirksam, ja verstärkt sich durch den Druck auf die unteren Einkommen als Folge der neoliberalen Globalisierung; viele Frauen sind nämlich in den schlecht bewerteten persönlichen, in nicht technisierbaren ortsgebundenen Dienstleistungsbereichen beschäftigt. Dazu kommt, dass diese Frauen im Regelfall zu jenen Bevölkerungsgruppen gehören, die die steuerlich geförderte Betriebspension und die private Vorsorge nicht nützen können.

Haiders Mütterpension/Müttergeld

Kurz vor Weihnachten 2005 erfand Haider in Kärnten die Mütterpension, eine Einmalzahlung von 150,– Euro für alle Mütter über 60 mit mindestens zwei Kindern ohne eigene Pension. Diese Mütterpension sollte die wertvolle gesellschaftliche Leistung dieser Frauen, nämlich der so genannten Hausfrauen anerkennen. Zwischen Dezember 2005 und Februar 2006 reisten Haider und seine beiden Fraktionskollegen in der Kärntner Landesregierung durch die Kärntner Bezirke und übergaben den Frauen persönlich 150,– Euro Mütterpension als einmalige Zahlung. Laut Zeitungsberichten sollen etwa 12.000 Mütter Haiders Geschenk in Empfang genommen haben.

In den Monaten vor der Nationalratswahl 2006 wurde Haiders Mütterpension in »Müttergeld« umbenannt. Am 23. Juli 2006 übergaben »Landeshauptmann Haider und Landesrat Dörfler mit einer symbolischen Scheckübergabe das erste monatliche Müttergeld Kärntens in der Höhe von 150,– Euro einer Mölltaler Bäuerin.«[228] Ungefähr zur gleichen Zeit wurde auf Großplakaten und in Zeitungsinseraten, auf denen zwei ländlich gekleidete Frauen abgebildet waren, im Rahmen der BZÖ-Wahlwerbungsserie unter dem Titel »Kärnten: Wir sind Wir« das Kärntner Müttergeld mit der Aussage »Müttergeld für 2.364 Mütter« angekündigt. In Zeitungsanzeigen unter dem Titel »Soziale Gerechtigkeit für Mütter!« und dem Motto »Kärnten: Wir sind Wir« hieß es unter anderem zum Müttergeld: »Kärnten als soziales Vorbild. Nach dem Kindergeld wird das Kärntner Müttergeld vom BZÖ österreichweit umgesetzt! ... Die Einführung soll in drei Schritten erfolgen: Als ersten Schritt hat Landeshauptmann Haider in einer Auszahlaktion an über 11.000 Kärntner Mütter je 150,– Euro ausbezahlt. In einem zweiten Schritt wurde das Müttergeld für 2.364 Kärntner Mütter, die unter der Armutsgrenze leben müssen, eingeführt. Ein starkes BZÖ mit Landeshauptmann Jörg Haider garantiert den dritten Schritt: Die österreichweite Einführung des Müttergeldes für ALLE Mütter über sechzig Jahren und ohne eigene Pension!«[229]

In gewisser Weise ist Haiders Müttergeld ein Vorgriff auf Regelungen des Pensionsharmonisierungsgesetzes: Etliche Frauen, die im Erwerbsalter meist nicht-berufstätige Hausfrauen sind, werden mit sieben Jahren Erwerbstätigkeit und acht Beitragsjahren für zwei oder drei Kinder die erforderlichen fünfzehn Versicherungsjahre für den Anspruch auf eine eigene, wenn auch sehr niedrige, nicht Existenz sichernde Alterspension erwerben.
Gleichzeitig weist Haiders Müttergeld in die gleiche Richtung wie die steuerliche Alleinverdienerförderung: Familien von nicht-erwerbstätigen verheirateten Müttern bekommen eine Belohnung. Familien von verheirateten erwerbstätigen Müttern bekommen diese nicht, auch wenn Mütter aus finanziellen Gründen auf das »Dazuverdienen« angewiesen waren wie viele Arbeiterfrauen, die eine sehr niedrige eigene Alterpension beziehen.
Bemerkenswert finde ich, dass für die Anerkennung der Kindererziehung im Pensionsrecht 1.350,– Euro, das durchschnittliche Frauenerwerbseinkommen, als angemessen betrachtet werden, gleichzeitig aber eine analoge Bewertung der Erziehungsarbeit beim Kinderbetreuungsgeld nicht einmal andiskutiert wird. Das heißt, es fällt den meisten Menschen gar nicht auf, dass es in der politischen Auseinandersetzung nur mehr um die Anerkennung der Kinderversorgung im öffentlich-rechtlichen Sozialsystem, vor allem im Pensionssystem geht (und zwar in einer Weise, dass für die von der beschließenden Regierung zu verantwortenden Budgets keine Mehrkosten entstehen), aber nicht um eine Anerkennung als Teil der erforderlichen gesellschaftlichen Arbeit im Wirtschaftssystem. Auch die Forderung nach einer gerechteren primären Einkommensverteilung mit Existenz sichernden Niedriglöhnen steht nicht (mehr) auf der politischen Tagesordnung.[230]

Wenn ich verschiedene Maßnahmen und Vorschläge von FPÖ/BZÖ unter der Schirmherrschaft von Dr. Haider betrachte[231], dann vermute ich, dass es Dr. Haider nicht um eine angemessene Anerkennung und gerechte Bewertung von Kinderversorgung und Haushaltsarbeit für alle Frauen geht. Schon gar nicht geht es ihm um die finanzielle Unabhängigkeit von Frauen im Erwerbs- und Pensionsalter. Die von Feministinnen seit Jahren geforderte Anerkennung der Versorgungsleistungen im Haushalt als Teil des Wirtschaftens in der arbeitsteiligen kapitalistischen Industriegesellschaft ist nicht sein Anliegen. Möglicherweise will er mit der Mütterpension einen Schritt für die Umwandlung des derzeitigen öffentlich-rechtlichen Pensionssystems in Richtung Drei-Säulen-Modell mit niedriger Grundpension setzen.

KAPITEL 3:
Persönliche Erfahrungen als Frauenpolitikerin

»Das Zeitalter der Frauen« und »die Kraft der wirtschaftlichen Gesetzmäßigkeit«. Gedanken zu zwei »Thesen zu den Grundsätzen der Sozialdemokratie«[232]

Das Zeitalter der Frauen

Die Feststellung, die Sozialdemokraten hätten nicht alles für die »volle Gleichberechtigung der Frauen« getan, findet sich in These 23 der »Grundsätze«. An dieser Stelle heißt es: »Heute aber wissen wir nur zu genau, dass wir alle unsere Kraft einzusetzen haben, um die Reste der Benachteiligung von Frauen zu überwinden. Die volle Gleichberechtigung der Frauen – und das heißt vor allem: die Schaffung aller Voraussetzungen für die Entfaltung der Frauen – ist nicht nur die Begleichung einer Schuld, die unsere Gesellschaft abzustatten hat, sie ist vor allem auch ein Beitrag zur Entwicklung unseres Landes. Denn unsere Gesellschaft – und auch unsere Bewegung – braucht die Kraft, das Engagement und die Kreativität der Frauen.«

Alle Voraussetzungen für die Entfaltung der Frauen schaffen … Als ich diesen Satz las, wollte ich ihn zunächst als Ausdruck des Diskussionsstandes in der SPÖ und des Bewusstseinsstandes von Spitzenfunktionären einfach nicht für möglich halten. Aber die Formulierung ließ keinen Zweifel offen: Auch führende Sozialdemokraten scheinen trotz intensiver Diskussion seitens der Frauenbewegungen in den letzten 20 Jahren – auch auf wissenschaftlicher Ebene – nicht sehen zu können oder zu wollen, dass die Gleichheit von Frau und Mann die Lösung der Versorgungs- und Betreuungsarbeiten einschließen muss, und zwar unter Mitwirkung der Männer sowie der gesamten Gesellschaft. Frau könnte sagen, dass vor allem die

Schaffung aller Voraussetzungen für die Entfaltung der Männer gefragt ist. Dabei ist es besonders wichtig, von den Formen des Patriarchalismus auszugehen, die ursächlich mit der Organisation der bürgerlich industriellen Wettbewerbsgesellschaft zusammenhängen.
»Unsere Gesellschaft und unsere Bewegung braucht die Frauen.« Irgendwie klingt das wie eine Rechtfertigung des Beschlusses der 40%-Quote beim letzten Parteitag. Im Parteitagsbericht 1993 im Abschnitt »Bundesfrauenkomitee« steht unter einem Foto, das die damalige Bundesvorsitzende der SPÖ-Frauen, Johanna Dohnal, die Bundesfrauensekretärin Irmtraut Karlsson und die stellvertretende Bundesvorsitzende Helga Konrad zeigt: »Die Erhöhung der Frauenquote ist eines der Hauptanliegen der SPÖ-Frauen.«
Am 24. Mai 1993, dem Schlusstag der Bundesfrauenkonferenz, gab es eine Kurzmeldung im Fernsehen in der Zeit im Bild 1: Johanna Dohnal wurde mit über 90% wieder SPÖ-Bundesfrauenvorsitzende; das Hauptthema der Konferenz sei die 40%-Frauenquote gewesen.

Eigenständige Existenzsicherung, nicht Quotenregelung ist das Ziel

Diese Meldung dürfte nicht nur mich, sondern auch etliche andere Teilnehmerinnen der Konferenz irritiert und verärgert haben. Denn Außer einem kurzen Hinweis im Referat von Johanna Dohnal auf den Antrag zur 40%-Quote spielte dieses Thema nämlich keine Rolle. Dieser kurze Hinweis beinhaltete die Aussage, dass die Verwirklichung eines Frauenanteils, der es berechtigt erscheinen lässt, von einer Gleichbehandlung von Frauen und Männern in der SPÖ zu sprechen, Angelegenheit der gesamten Partei sein müsse. Die entsprechenden Anträge fanden die diskussionslose Zustimmung. Die Konferenz stand im Zeichen der bedrohlichen Entwicklung in der Welt der Erwerbsarbeit. Die damit verbundenen negativen Auswirkungen auf die Lebenschancen von Frauen – steigende Frauenerwerbsarbeitslosigkeit, sinkende Einkommen, Zunahme der Beschäftigungsverhältnisse ohne soziale Sicherheit, die Entwicklungen im Osten und im Westen Europas und die damit verbundenen Auswirkungen auf die österreichische Politik sowie das Problem der

Gewalt – dies waren die auf der Konferenz vorrangig behandelten Themen.
Der Bildtext im Parteitagsbericht spiegelt wahrscheinlich eine innerparteiliche Problemlage wider: Viele sozialdemokratische Männer erleben den Anspruch der Frauen auf mindestens 40% der Positionen und Mandate als bedrohlich. Bei den öffentlichen Positionen und Mandaten in den Parlamenten auf Gemeinde-, Länder- und Bundesebene bedeutet jede Frau mehr einen Mann weniger. Selbstverständlich wissen alle politisch Interessierten, dass die Erhöhung des Frauenanteils kein inhaltliches politisches Ziel ist. Die Quotenregelung ist ein Mittel, Frauen in möglichst gleicher Anzahl wie Männer in Entscheidungspositionen zu bringen. Gleich viele Frauen wie Männer in den entscheidenden Gremien und Institutionen der Gesellschaft und der Partei sollen die Chance erhöhen, so genannte Frauenanliegen besser durchsetzen zu können. Was konkrete Frauenanliegen sind, wurde bei der Behandlung und Diskussion der Forderungen des so genannten Gleichbehandlungspaketes in Zusammenhang mit der Änderung des Pensionsalters (1992) hoffentlich allen klar: höhere Mindestlöhne, keine Beschäftigungsverhältnisse ohne soziale Absicherung, ein ausreichendes, den Bedürfnissen der Eltern entsprechendes Angebot an Kinderbetreuungseinrichtungen, usw.; kurz: die individuelle Existenzsicherung, das heißt, das Recht und die Möglichkeit auf eigenständige ökonomische Sicherheit für jede und jeden, und die Verantwortung der gesamten Gesellschaft für Betreuung und Pflege von Kindern und anderen Hilfsbedürftigen.
Es drängt sich daher die Frage auf: Was ist die beabsichtigte, nebenbei übermittelte Botschaft, die sowohl bei der Falschmeldung im Fernsehen als auch im Bildtext im Parteitagsbericht Menschen erreichen soll, die sich mit den angesprochenen gesellschaftlichen Problemen nicht näher beschäftigen? Diese Botschaft lautet meines Erachtens: Das Wichtigste für die SPÖ-Frauen sind mehr politische Funktionen, mehr Ämter; es geht den SPÖ-Frauen nicht so sehr um die Gestaltung der Gesellschaft im Interesse der Menschen. Ihr Interesse ist auf Positionen und Mandate gerichtet.
Im Falle des Berichtes im Fernsehen war die Meldung, die Er-

höhung des Frauenanteils sei beherrschendes Thema der Konferenz gewesen, eine gezielte Falschmeldung. Oder: Der oder die Verantwortliche war nicht bei der Konferenz und ist einer tendenziösen Meinungsmache aufgesessen. Letzteres ist insofern denkbar, als im Zusammenhang mit den prekären Beschäftigungsverhältnissen bzw. mit der Frage, ob und wie diese in das System der sozialen Sicherheit eingebunden werden sollen, eine kontroversielle Diskussion stattfand. Diese Auseinandersetzung hätte sich als Meldung angeboten im Sinne der gängigen Tendenz der Medien, über ›Konflikte‹ zu berichten.

Frauenfragen = Fragen der Geschlechterverhältnisse

In Abwandlung einer Äußerung von Bruno Kreisky im Zusammenhang mit den Schwierigkeiten, die soziale Demokratie zu verwirklichen, möchte ich sagen: Die Verwirklichung der Geschlechterdemokratie ist eine unendlich schwere Aufgabe, vor allem angesichts der Bewusstseinsbildung, die die Menschen – Männer aber auch Frauen – erfahren. Die alltäglichen Erfahrungen und die modernen Medien, die nicht isoliert von der Gesellschafts- und Wirtschaftsordnung gesehen werden können, spielen dabei eine besondere Rolle. Denn das heute geschaffene Bewusstsein wird, wie Bruno Kreisky sagte, wie ein erratischer Block in jene Zukunft noch für lange Zeit hineinwirken, die zu gestalten wir uns vornehmen.

Frauenpolitik ist Geschlechterpolitik. Die neue Frauenbewegung hat den Zugang zu Wissen, Bildung und Ausbildung genutzt. Wissenschafterinnen haben die einseitig männliche Blickrichtung in allen Wissenschaftsdisziplinen und im Alltagsdenken aufgezeigt. Frauenforscherinnen haben unter anderem die Bedeutsamkeit der männlich orientierten Sprache in Wissenschaft und Alltag aufgedeckt. Diese Sprache ist Teil der symbolischen Konstruktion der sozialen Welt durch die Herrschenden in Vergangenheit und Gegenwart. Die symbolische Macht durch Begriffs- und Bewertungssysteme lenkt die Wahrnehmung und das Denken so, dass undemokratische Geschlechterverhältnisse selbstverständlich erscheinen und ökonomische Macht als Ursache dem Blick entschwindet. Dies erschwert es, neue, demokratische Geschlechterverhältnisse zu gestalten.

Ein Beispiel: Die gängige Wirtschaftstheorie versteht unter wirtschaftlichen Prozessen ausschließlich bezahlte Arbeit und Vorgänge, die auf Märkten geregelt werden. Es stellt sich nun die Frage, ob diese Einengung auf vom Eigennutz gesteuerte Tauschverhältnisse eine korrekte Sicht wirtschaftlicher Prozesse darstellt. Sind wirklich alle Tauschbeziehungen und Vorgänge, bei denen es sich nicht um einen Geld-Waren-Tausch handelt, nicht gesellschaftliche Wirtschaftsprozesse? Sind zum Beispiel Besorgen der Lebensmittel, Zubereiten des Essens, Instandhalten der Kleidung oder verschiedene Gratisarbeiten in Vereinen oder Parteien nicht Teil der gesellschaftlichen Arbeit? Der Wert der Güter und Dienstleistungen der nichtmonetären Wirtschaft scheint in den wirtschaftswissenschaftlichen Kenngrößen (= Bewertungen) wie dem Bruttoinlandsprodukt nicht auf, wird dadurch unsichtbar gemacht.

Wirtschaftswissenschafterinnen haben für verschiedene Länder nachgewiesen, dass auf diese Weise etwa die Hälfte der geleisteten Arbeit, der Güter- und Dienstleistungen, nicht im Bruttosozialprodukt aufscheint.[233] Tatsache ist: Wenn der nicht-monetäre Wirtschaftssektor in der Wirtschaftstheorie überhaupt mitgedacht wird, dann als soziales Geschehen, nicht aber als ökonomisches. Manche Wissenschafterinnen nennen den Nicht-Geld-Sektor unserer Wirtschaft Versorgungswirtschaft oder Subsistenzwirtschaft.[234]

Interessengeleitete Wirtschaftstheorie und Wirtschaftspraxis

Dass die Repräsentanten der industriellen Gesellschaft bzw. der Marktwirtschaft diese nicht widerlegbaren Erkenntnisse ignorieren und totzuschweigen versuchen, wird angesichts einer Aussage des bekannten Wirtschaftswissenschafters John K. Galbraith verständlich. Er stellte fest: »Die Verwandlung der Frauen in eine auf unsichtbare Weise dienende Klasse war eine ökonomische Leistung ersten Ranges. Dienstboten für niedrige Arbeiten konnte sich nur eine Minderheit der vorindustriellen Gesellschaft leisten. Im Zuge der Demokratisierung steht heute fast dem gesamten männlichen Bevölkerungsteil eine Ehefrau als Dienerin zur Verfügung.«[235] Die

Repräsentanten des Wirtschaftssystems – überwiegend Männer – versuchen daher, den »industriegesellschaftlichen Zusammenhang von Markt- und Versorgungsökonomie« im Dunklen zu halten. Ein wesentliches Merkmal der bürgerlichen Industriegesellschaft seit Beginn der Industrialisierung besteht in der geschlechtsspezifischen Trennung in Erwerbstätigkeit (in Betrieben) als primär männliche und in Versorgungsarbeiten – Konsum- (Haushalts-) und Betreuungsarbeiten – als primär weibliche Domäne. Die gleichsam perfekte Anpassung feudaler patriarchalischer Rechtsnormen an die Bedürfnisse der Industriegesellschaft vor allem im Familien- und Unterhaltsrecht – zum Beispiel durch die allgemeine Heiratserlaubnis ohne Nachweis der Existenzsicherung durch Besitz oder ein Einkommen verbunden mit der Unterhaltspflicht des Mannes für die Ehefrau – brachte so gesehen nicht nur mehr Freiheit, sondern war auch eine historische Meisterleistung der Herrschenden.[236]

Und heute? Nicht zufällig haben die Vertreter der Industriellenvereinigung und der Bundeswirtschaftskammer vor allem jene Forderungen des Gleichbehandlungspaketes 1992 abgelehnt, die etwas kosten und die die eigenständige Existenzsicherung von Frauen entscheidend verbessern würden: Rechtsanspruch auf sozial abgesicherte Teilzeitarbeit für Eltern kleiner Kinder, Umkehr der Beweislast im Falle des Nachweises der Ungleichbehandlung von Frauen bei Anstellung und Beförderung sind Beispiele. Die Repräsentanten der Wirtschaft haben auch ihre Mitzuständigkeit für Betreuung und Pflege zurückgewiesen.[237] Das heißt nicht, dass sie nicht wissen, dass es Kinder, Alte und Kranke gibt, die sich aus eigener Kraft in der Konkurrenz nicht behaupten können. Sie wissen auch, dass sich nur Menschen flexibel und mobil ganz der Berufsarbeit widmen können, wenn andere – meist die Ehefrauen – stillschweigend diese Verantwortung für die täglichen Versorgungs- und Betreuungsarbeiten sowie die Aufgaben des Ausgleichs zum rauen Konkurrenzkampf übernehmen.

Kulturelles und symbolisches Kapital

Im Zusammenhang mit Verteilungsproblemen innerhalb der Arbeitnehmerschaft verwies der Parteivorsitzende Vranitzky unter anderem auf Geschlecht und Kultur als wichtige Gesichtspunkte für Ungleichheit: »Wir haben es also einerseits weiter mit einer wirtschaftlich bedingten Dimension der Ungleichheit zu tun. Andererseits wird aber auch die nicht-wirtschaftlich bedingte Dimension dieser Ungleichheit an Schärfe zunehmen. Es werden persönliche Faktoren zunehmend eine Rolle spielen, wie etwa das Alter auf dem Arbeitsmarkt oder das Geschlecht und das kulturelle Niveau, die beide zu höchst unterschiedlichen Chancen im Leben und in der Gesellschaft führen können.«[238]

Welche Bedeutsamkeit die Teilhabe an der herrschenden Kultur für die Lebenschancen hat, bringt der französische Soziologe Pierre Bourdieu eindrucksvoll auf den Punkt: »Es ist nur möglich, der Struktur und dem Funktionieren der gesellschaftlichen Welt gerecht zu werden, wenn man den Begriff des Kapitals in allen seinen Erscheinungsformen einführt, nicht nur in der aus der Wirtschaftstheorie bekannten Form. Die Wirtschaftstheorie hat sich nämlich ihren Kapitalbegriff von einer ökonomischen Praxis aufzwingen lassen, die eine historische Erfindung des Kapitalismus ist. Dieser wirtschaftswissenschaftliche Kapitalbegriff reduziert die Gesamtheit der gesellschaftlichen Austauschverhältnisse auf den bloßen Warenaustausch, der objektiv und subjektiv auf Profitmaximierung ausgerichtet und von (ökonomischem) Eigennutz geleitet ist. Damit erklärt die Wirtschaftstheorie implizit alle anderen Formen sozialen Austausches zu nicht-ökonomischen, uneigennützigen Beziehungen.«[239] Bourdieu zeigt die Bedeutsamkeit von Bildungs- und Erziehungssystemen für die Aufrechterhaltung der Sozialstruktur auf, indem sie die »Vererbung« von kulturellem Kapital sanktionieren. Es wird oft übersehen, dass Fähigkeiten oder Begabungen auch Produkte einer Investition von Zeit und kulturellem Kapital sind. Nicht alle Menschen verfügen über die ökonomischen und kulturellen Mittel, um die Bildung ihrer Kinder über das Minimum hinaus zu verlängern; das aber beeinflusst den Wert der Arbeitskraft am Arbeitsmarkt.

Auch für die so genannte Frauenfrage ist das kulturelle Kapital ein fast ebenso machtvolles Differenzierungsprinzip wie das ökonomische Kapital: Frauen wenden ihre Zeit vielfach für Haushalts- und Betreuungsarbeiten auf, statt ihre Arbeitskraft gegen Geld auf dem Markt einzutauschen; sie ermöglichen dadurch den anderen Familienmitgliedern ihre Zeit für den Erwerb von kulturellem Kapital einzusetzen, also für Qualifikation durch Ausbildung, Beruf, usw., was deren Wert als Arbeitskraft am Markt erhöht.

Auch im Hinblick auf das Geschlecht ist die symbolische Dimension der Herrschaft entscheidend, das heißt das, was an Herrschaft durch Kultur ausgeübt wird. Wirtschaft, Recht, Religion und Sprachgebrauch spielen dabei eine große Rolle. Frauen und Männer entwickeln die kulturellen Bilder von Weiblichkeit und Männlichkeit zugleich mit ihrer geschlechtlichen Identität als wichtigen Teil ihrer sozialen Identität. Dies geschieht gleichzeitig mit der Wahrnehmung der Arbeitsteilung zwischen den Geschlechtern, nämlich mit der Wahrnehmung der Aufgabenteilung von Mutter und Vater und zugleich mit der Entwicklung und Übernahme der Sprachmuster. Die Herrschaft über Symbole – zum Beispiel über in der Sprache bestehende Begriffe und Sichtweisen – kann daher mit der abgenötigten oder unbewussten Komplizenschaft derer rechnen, die ihr unterworfen sind.[240]
Das erklärt auch, warum manche Frauen wie viele Männer im Sprechen und Denken die die Geschlechter spaltenden Begriffe verwenden und so die Spaltung immer wieder neu mitschaffen. Beispiele solcher irreführender begrifflicher Kategorien sind: öffentlich – privat, der Begriff Arbeit eingeschränkt auf Erwerbsarbeit, Hausfrau als Gegenbegriff zu berufstätiger Frau. Diese Sicht zeigt sich auch, wenn sozialdemokratische Männer und Frauen Leitanträge mit den Überschriften »Arbeit und Wirtschaft«, »Familie und Soziales« oder »Frau und Familie« formulieren. Die Verwendung der Begriffe Arbeit und Wirtschaft nur für den geldwirtschaftlichen Bereich, also für die Marktökonomie, lässt Wirtschaftsleistungen der Frauen in der Versorgungsökonomie außer Acht. Durch den Gebrauch dieser begrifflichen Verbindungen wird also letztlich das

die Wirklichkeit verzerrt wiedergebende und wirtschaftlich gegen die Frauen gerichtete Begriffs- und Denkschema immer wieder neu erzeugt. Wenn die Arbeitsorganisation, die Arbeitsbewertung und die Arbeitsteilung, die die eigenständige ökonomische Existenzsicherung von Frauen verhindern, in den Blick kommen sollen, muss statt »Arbeit und Wirtschaft« ein solcher Leitantrag »Bezahlte und unbezahlte Arbeit« oder »Marktwirtschaft und Versorgungsökonomie« heißen. Statt eines Leitantrages »Frau und Familie« oder »Familie und Soziales« müsste mit dem Blick auf die zu lösenden Probleme ein solcher Antrag »Kinderbetreuung und geteilte Elternschaft« oder »Gesamtgesellschaftliche Verantwortung für Betreuungs- und Versorgungsarbeiten und individuelle Existenzsicherung« genannt werden.
Es stimmt: Geschlecht und Alter sind in Zeiten von Wirtschaftskrisen mehr den je entscheidend für Lebenschancen. Alter und Geschlecht sind biologische Merkmale des Menschen, die für soziale Lebenschancen entscheidend sind. Wie die zunehmende Erwerbsarbeitslosigkeit von über 50-jährigen Frauen und Männern und von jungen Frauen zeigt, bestimmen Alter und Geschlecht auch unabhängig von individueller Leistung die Einkommenschancen innerhalb der vorgegebenen sozialen Strukturen in der Marktwirtschaft. Alter und Geschlecht sind aber nicht individuell beeinflussbare Merkmale, also nicht persönlich verantwortbare und veränderbare Merkmale. Nur politisch geänderte sozio-ökonomische Strukturen und angemessene wirtschaftliche Kenngrößen (Bewertungen) würden eine andere Bewertung von Alter und Geschlecht zulassen.

Die harten Gesetze des Wirtschaftens? – Missverständnisse

Etliche Frauen sind aufgrund des Zuwachses an Wissen durch politische Bildung, der Bildungsmöglichkeiten und ihrer konkret erlebten Benachteiligungen zu einer schärferen Wahrnehmung des Ungleichgewichtes im Geschlechterverhältnis in unserer Gesellschaft gekommen. Dies, die Unbeweglichkeit und Uneinsichtigkeit vieler Männer sowie die rechtlichen und ökonomischen Hindernisse auf dem Weg zur Gleichstellung der Geschlechter haben bei vielen Frauen auch zu Enttäuschung, Resignation oder Wut geführt. Tatsache ist: Immer mehr Frauen sind nicht mehr bereit, still und leidend Ungerechtigkeiten hinzunehmen. Trotz vieler Fortschritte in den letzten Jahrzehnten kann es daher nur als Ausdruck von Zynismus und/oder als Zeichen des Beharrens in traditionellen Denkmustern betrachtet werden, wenn es im Thesenpapier zu den Grundsätzen der Sozialdemokratie heißt: »Heute wissen wir aber nur zu genau, dass wir alle unsere Kraft einzusetzen haben, um die Reste der Benachteiligungen von Frauen zu überwinden.«

Von der Sache her geht es ganz entscheidend um ein vernünftig gestaltetes Wirtschaftssystem, das allen das in der Geldwirtschaft zum Überleben erforderliche Geld sichert, um die Beantwortung von Fragen, die immer brennender werden: Sind Arbeiten, nur weil sie nicht gegen Bezahlung erbracht werden, keine Arbeiten und daher nicht Teil des Wirtschaftens? Welche sind die »harten Gesetze« des Wirtschaftens (These 14), die nicht ignoriert werden dürfen? Wer macht diese Gesetze? Welche Gesetze der Wirtschaft führen dazu, dass es in den modernen Industriestaaten Millionen von Erwerbsarbeitslosen gibt? Sind diese Gesetze nicht veränderbar? Wer ist »die Wirtschaft«? In welchem Verhältnis stehen Wirtschaft und Gesellschaft, Wirtschaft und Staat zueinander?

Immer mehr, besonders auch junge Menschen, fragen sich, was für eine demokratische Ordnung es ist, die ihnen nicht ermöglicht, ihre Arbeitskraft sinnvoll einzusetzen und das Geld zu erwerben, das für das Leben in der Geldwirtschaft notwendig ist. Es ist zu bezweifeln, dass sich diese jungen Menschen mit der Antwort begnügen werden, das seien eben »die harten Gesetze des Wirtschaftens« (These 14), das sei »die Notwendigkeit der Wirtschaftlichkeit«.

Die aktuellen wirtschaftspolitischen Auseinandersetzungen, zum Beispiel auch in Österreich zwischen den beiden Regierungsparteien SPÖ und ÖVP[241], konzentrieren sich auf die Frage »mehr privat oder mehr (Sozial-)Staat?«. Angesichts der negativen Auswirkungen der Konkurrenz auf Weltmärkten, die unter dem Motto »Integration der Wirtschaft« vorangetrieben wird[242], drängt sich die Frage auf, was sinnvollerweise auf nationalen regionalen Märkten, durch öffentliche Dienste und auf Weltmärkten wirtschaftlich geregelt werden soll. Die Vernachlässigung dieser Frage und die Tatsache, dass wichtige Bereiche des nicht monetären Wirtschaftssektors in dieser Diskussion ausgeklammert bleiben, wirken sich besonders nachteilig für die ökonomisch Schwachen aus, vor allem für viele Frauen.

Manche Frauenpolitikerinnen sähen es als Ausweg an, keine Positionen mehr anzunehmen, die sich mit »Sozialfragen« befassen, z.B. die Position einer Soziallandesrätin oder Sozialministerin: Mit dieser Auffassung konfrontierte eine Reporterin den damaligen Parteivorsitzenden Bundeskanzler Vranitzky in einem Interview im Rahmen der Bundesfrauenkonferenz 1993. Vranitzky griff den Gedanken auf: »Ja, es gibt Frauen, die nicht aus frauenspezifischen Gründen, in frauenspezifischen Angelegenheiten mitarbeiten wollen, sondern die fachlich aus ihrer Qualifikation heraus eingesetzt sein wollen.« Beide Sichtweisen, ob von Männern oder Frauen vertreten, basieren auf einem Missverständnis: Entscheidungspositionen für so genannte Sozialfragen – Bundesministerin für Arbeit und Soziales, Soziallandesrätin – sind Positionen, in denen Versorgungsleistungen als wichtiger Teil des industriellen Wirtschaftssystems sichtbar gemacht werden könnten. Es geht darum, diese Leistungen als gesellschaftlich notwendige, wertvolle Arbeit deutlich zu machen. Landesrätinnen und Landesräte sowie Ministerinnen und Minister leisten ja nicht täglich Haushaltsarbeiten oder Betreuungsarbeiten. Diese werden im Regelfall von Frauen erbracht. Landesrätinnen und Ministerinnen für ›Soziales‹ hätten die Aufgabe und die Möglichkeit, dazu beizutragen, dass Versorgungsarbeiten als notwendige, wertvolle Arbeiten in unserer Gesellschaft wahrgenommen werden, dass berufliche Betreuungsarbeiten gut bezahlt und die Begriffs- und Bewertungssysteme im Zusammenhang mit Wirtschaft und Arbeit entsprechend geändert werden.
Tatsächlich sind es meiner Erfahrung nach oft Sozialexperten und -politiker, die in Diskussionen betonen, dass es viele Menschen gibt, die bereit sind, ein paar Stunden gratis mitzuarbeiten. Sie meinen nie sich selbst bzw. Männer in gut bezahlten Positionen, sondern vielmehr, dass es zur Senkung der Kosten für Betreuungsarbeiten dadurch kommen kann, dass Gratisarbeit in den Modellen der Organisation von Sozialdiensten Eingang findet. Genau diese Vor-

gangsweise jedoch erweitert den Kreis jener Frauen, die ohne eigene Existenzsicherung und soziale Sicherheit arbeiten. Auf diese Weise wird gleichzeitig das weibliche Armutspotential von morgen geschaffen.
Wenn es einen Aufruf zur Verweigerung gibt, darf er sich nicht auf die Übernahme von Entscheidungspositionen beziehen, sondern muss auf die Regelungen und Rahmenbedingungen hinweisen, die ehrenamtliche oder geringfügig bezahlte Sozialarbeit zulassen bzw. fördern.

Die zweite Feststellung, Frauen wollen sich nicht in Frauenangelegenheiten, sondern als fachlich Qualifizierte engagieren, geht auf das Missverständnis zurück, dass Frauenfragen bzw. Frauenpolitik ein besonderer Bereich seien. Die wichtigen Frauenfragen werden unter anderem im Steuerbereich, bei der Frage der Bewertung und Bezahlung verschiedener Arbeiten, bei den gesetzlichen Regelungen des sozialen Sicherungssystems, bei der Organisation des Wirtschaftssystems und bei der Entscheidung über Rechtsnormen getroffen.
Es geht also darum, dass qualifizierte Frauen (und Männer) den eingeengten Blickwinkel überwinden, den sie in ihrer Ausbildung auch als universitär Gebildete kennen gelernt haben. Qualifizierte Frauen und Männer müssten unter anderem die von feministischen Wissenschafterinnen aufgezeigten Mängel in der wissenschaftlichen Arbeit ihres Fachbereichs berücksichtigen und in ihre beruflichen Entscheidungen einbringen. Kurz: Gut Qualifizierte auf dem letzten Stand der wissenschaftlichen Diskussion müssten erkennen, dass Frauenfragen als Fragen der Organisation des Geschlechterverhältnisses innerhalb der bürgerlich industriellen Gesellschaft begriffen werden müssen.

Sprache und Politik: Hausfrau – berufstätige Frau, Alleinverdiener – Doppelverdiener

Eine Analyse, die die Wirklichkeit angemessen erfasst, muss zu korrekten Begriffen führen, die in der Folge auch die Alltagssprache und das Denken der Menschen zu korrigieren vermögen. Ein Beispiel, das mit der Ungleichheit der Geschlechter und dem bürgerlichen kapitalistischen industriellen Wirtschaftssystem zusammenhängt, ist die irreführende Kategorisierung der Frauen in Hausfrauen und berufstätige Frauen. Die bei statistisch-wissenschaftlichen Erhebungen und in der öffentlichen Diskussion übliche Einteilung der Frauen in Hausfrauen und berufstätige Frauen entspricht nicht der Lebenswirklichkeit. Zum einen sind berufstätige Frauen fast immer gleichzeitig auch Hausfrauen; sie leisten ebenfalls Haushaltsarbeit, betreuen und versorgen Kinder und Ehemänner. Das heißt, außerhalb der Berufsarbeit führen die meisten berufstätigen Frauen ein intensives Hausfrauendasein, besonders wenn Kinder zu versorgen sind. Zum anderen sind viele nicht-berufstätige Hausfrauen in bestimmten Lebensabschnitten berufstätig; viele wollen berufstätig werden. Etliche von diesen Frauen leisten Erwerbsarbeit in Form geringfügiger Beschäftigung oder als Schwarzarbeit, sind also erwerbstätig, allerdings ohne arbeits- und sozialrechtliche Absicherung.[243] Sie zählen in den Statistiken zu den nicht-erwerbstätigen Frauen.

Die ständige Verwendung der Begriffe Hausfrau und berufstätige Frau als einander scheinbar ausschließende Kategorien auch in der wissenschaftlichen Forschung prägt die Alltagssprache, das Denken und das Handeln der Menschen, auch das von Frauen und der politischen Entscheidungsträger. Eine Festigung des Denkmusters der ungerechtfertigten Spaltung der Frauen in Hausfrauen und berufstätige Frauen zeigt sich auch in der Gegenüberstellung von so genannten Doppel- und Alleinverdienerfamilien. Das statistische Zentralamt hat mit diesen Begriffen jahrelang gearbeitet und damit die öffentlichen Wahrnehmungsmuster geprägt, und zwar so nachhaltig, dass sie in die Umgangssprache eingeflossen sind. Schließlich wurden sie nach Protesten von Frauenpolitikerinnen in den Statistiken nicht mehr verwendet; stattdessen war von »Familien mit einem

Einkommen« und »Familien, in denen beide Eltern berufstätig sind« die Rede. Die Terminologie wurde zwar geändert – die die Frauen und ihre Familien nach den Kategorien Hausfrau und berufstätige Frau spaltende Einteilung blieb jedoch praktisch Grundlage der Unterscheidung der Haushalte.[244] Die Einteilung nach Erwerbstätigkeit der Frau ist politisch bedeutsam. Die Familienarbeit führt nämlich nach wie vor zum Teil nur dann zu sozial- und familienrechtlichen Ansprüchen, wenn es sich um die Ehefrau, besonders die nicht-erwerbstätige handelt. Dies zeigen Alleinverdienerabsetzbeträge oder die Forderung nach Verstärkung solcher Begünstigungen bzw. nach Alleinverdienerfreibeträgen für Kinder und für die nicht-erwerbstätige Ehefrau im Steuerrecht. Gleichzeitig wird der Eindruck vermittelt, dass viel Geld immer dann zur Verfügung steht, wenn beide Eltern berufstätig sind, also je ein Erwerbseinkommen haben. Dass die Einkommenshöhe sehr entscheidend ist, bleibt genauso außer Betracht wie die Tatsache, dass der ökonomische Beitrag für den Haushalt sowohl in Form von Geld durch Erwerbsarbeit als auch durch private Versorgungsarbeit erbracht werden muss.[245] Von der Einkommenshöhe der erwerbstätigen Haushaltsmitglieder hängt bekanntlich ab, ob Haushaltsarbeiten ausschließlich durch Familienmitglieder gemacht werden oder (teilweise) durch eine bezahlte Haushaltshilfe.

Durch die Gegenüberstellung von Familienarbeit, die der nicht-erwerbstätigen, ehelichen Hausfrau, und von Erwerbsarbeit, die der berufstätigen Frau zugeordnet wird, vermittelt sich der Eindruck, dass ausschließlich die (zumindest vorübergehend) nicht-erwerbstätige Frau Versorgungsarbeiten leistet. Die Folge: Familien mit nicht-erwerbstätiger Ehefrau scheinen unabhängig von der finanziellen Situation besonders förderungswürdig. Auch beim Wechsel der Blickrichtung hin auf die Ehemänner als Allein- oder Doppelverdiener wird die besondere steuerliche Förderung des Alleinverdieners nahe gelegt.

Die mit dem gängigen Begriffssystem vermittelte Argumentation lautet: Die Familien der verheirateten Alleinverdiener verfügen nur über ein Einkommen; weil die Frau Kinder betreut, müssen diese Familien besonders gefördert werden. Die Familien von Frauen und Männern, die in einer so genannten partnerschaftlichen Ehe leben (wollen oder müssen), also beide Geld verdienen und sich die Versorgungsarbeiten teilen, verfügen über zwei Einkommen und leisten keine Kinderbetreuung. Sie sind nicht so förderungswürdig.

»Die Wirtschaft« – ein Teil der gesellschaftlichen Arbeitsprozesse

Die ungenaue Sprache hat also politische Folgen. Die Einteilung in Hausfrauen und berufstätige Frauen verstellt auch den Blick auf die Verschränkung von geschlechtlicher und sozialer Ungleichheit; sie verhindert eine dem Armutsproblem angemessene Kategorisierung nach den Merkmalen »verheiratet(e) – nicht verheiratet(e Mütter)«, »sozial- und arbeitsrechtlich gesicherte Erwerbsarbeitsverhältnisse – prekäre Beschäftigungsverhältnisse« sowie »Existenz sichernde Einkommen – nicht Existenz sichernde Einkommen«; die entscheidenden Faktoren für die Armutsgefährdung von Frauen bleiben ebenso unsichtbar wie die Tatsache, dass im Sozial- und Steuerrecht wirtschaftliche Belohnungen vor allem für jene vorgesehen sind, die in einer bürgerlich patriarchalen Ehe leben.

Wenn die Sozialdemokratie ernstlich für die Gleichstellung von Frau und Mann eintritt, ist es dringend erforderlich, auch die Versorgungsökonomie in die Überlegungen zur Gestaltung der Wirtschaft einzubeziehen. Die eigenständige Existenzsicherung auch derjenigen Menschen, die heute unbezahlte und/oder schlecht bezahlte Arbeit leisten, muss politisches Ziel sein. Frauen als derzeit Hauptverantwortliche für Versorgungsleistungen wollen als angebliche Nicht-Leistungsträgerinnen nicht aus Gnade oder Barmherzigkeit der so genannten Leistungsträger der Gesellschaft ihren Lebensunterhalt gesichert sehen. Frauen wollen, dass in die Diskussion einer leistungsgerechten Entlohnung und einer gerechten Wirtschaftsordnung die Versorgungsarbeiten als wichtige wirtschaftliche Leistung eingehen. Die Leistungsträger der Gesellschaft, die auch die Sozialdemokratie im Hinblick auf einen gerechten Lohn vertritt, weil sie an der Bereitstellung der materiellen und immateriellen Versorgung der Volkswirtschaft im Besonderen beteiligt sind[246], setzen sich nicht nur aus gut verdienenden Erwerbstätigen wie Managern und Unternehmern zusammen, sondern auch aus Menschen, die schlecht bezahlte Erwerbstätigkeit leisten, die zum Beispiel ortsgebundene oder körperbezogene Dienstleistungen erbringen und/oder Versorgungsarbeit leisten. Solange private Versorgungsleistungen nicht als Teil des industriellen Wirtschaftssystems, als Arbeit anerkannt werden, darf es nicht verwundern, wenn in der gängigen Sicht von Leistungsgerechtigkeit diese Arbeiten, wenn als Erwerbsarbeit erbracht, bei der Entlohnung unterbewertet werden.

Ingrid Kurz-Scherf, eine engagierte feministische Wissenschafterin, die viele Jahre für den und im deutschen Gewerkschaftsbund tätig war, weist darauf hin, dass auch in den Gewerkschaften und innerhalb der Linken ein verkürzter Arbeitsbegriff vorherrscht. Dieser enthält sowohl die kapitalistische als auch die patriarchalische Organisation der Arbeit. Damit ist das Denken in Kategorien von Arbeit, die nicht Lohnarbeit ist, fast nicht möglich. Gewerkschaften und Linke haben einen klaren Gegnerbezug. Gegner ist das Kapital. Sie opponieren zwar gewissermaßen innerhalb des Kapitalismus, aber mit der Perspektive, auch einmal jenseits desselben anzukommen. Das Kapital nimmt bei den Gewerkschaften die konkrete Form der Arbeitgeber an, und mit dieser konkreten Form wird das Kapital dann auch zu ›der Wirtschaft‹. Auf diese Weise kommt es zu einer Gegenüberstellung von Arbeit und Wirtschaft, und es entwickelt sich ein Verständnis von Arbeit in Konflikt und in Abgrenzung zur Wirtschaft. Es gelingt daher nicht, zwischen Arbeit und Lohnarbeit zu unterscheiden und eine eigenständige Vorstellung von Wirtschaft als Teil des gesellschaftlichen Arbeitsprozesses zu entwickeln. Linke haben so übersehen, dass Fragen wie Produktivität und Arbeitsteilung nicht nur dem Herrschaftsverhältnis Kapital zuzuschreiben sind, sondern für sich selbst Fragen der Organisation von Ökonomie sind. Dazu Kurz-Scherf: »Ich denke, dass die gesamte Linke im Grunde deswegen auch kaum eine Vorstellung davon hat, wie der gesellschaftliche Arbeitsprozess sinnvoll und nach menschlichen, ökologischen und sozialen Kriterien, gerecht, aber eben auch effizient zu gestalten ist.«[247]

Wer die Themen der Zeit nach sozialdemokratischen Grundsätzen aufarbeiten und beantworten will, muss solche Überlegungen in die Entwicklung von Perspektiven für die Zukunft einbeziehen.

Weibliche Funktionsbezeichnungen und patriarchalisches Rechtssystem

Verfassungsrichter bestimmen Normen

Die Begründung der Herren Verfassungsrichter für die Ablehnung des Rechts auf die Verleihung des akademischen Grades in Form von »Magistra der Rechtswissenschaften« ist für die Abwehr von Staatsbürgerinnenrechten aufschlussreich. »Aus dem Recht, einen akademischen Grad in weiblicher Form zu verwenden, ergibt sich kein Anspruch darauf, dass dieser auch in weiblicher Form verliehen wird.« Dies wird mit dem Hinweis, dass die Verfassung den Begriff »Bundesbürger« als Oberbegriff für alle Bürgerinnen und Bürger verwendet und mit der 1988 in das Bundesverfassungsgesetz auf Drängen von SPÖ-Bundesrätinnen aufgenommenen folgenden Ergänzung begründet: »Amtsbezeichnungen können in der Form verwendet werden, die das Geschlecht des Amtsinhabers oder der Amtsinhaberin zum Ausdruck bringen. Gleiches gilt für Titel.« Diesen Vorstoß, weibliche Funktionsbezeichnungen, Amtsbezeichnungen bzw. Titel für Frauen einzuführen, deuten die obersten Rechtshüter so (um): »Die Art und Weise, in der die Bundesverfassung das Problem geschlechtsspezifischer Bezeichnungen löst, ist als ein die gesamte Rechtsordnung beherrschender Grundsatz anzusehen, derart nämlich, dass der geschlechtsneutrale Gebrauch der männlichen Sprachform durch den Gesetzgeber zulässig ist, einer Verwendung der Bezeichnung in einer das Geschlecht betroffenen Person zum Ausdruck bringenden Form aber nicht entgegensteht.«[248]
1.000 Kindergärtnerinnen und ein Kindergärtner sind nach dieser männlichen Logik 1.001 Kindergärtner! Diese Sicht der Verfassungsrichter erklärt wohl warum die Juristen des Unterrichtsministeriums nach der Zulassung von Burschen Mitte der 1980er Jahre die Ausbildungsstätte für Kindergärtnerinnen »Bildungsanstalt für Kindergärtner« nennen wollten.[249]

Interessant ist im Zusammenhang mit der Argumentation, dass Dr. Ludwig Adamovic, 1993 Präsident des Verfassungsgerichtshofes, als

Sektionschef im Bundeskanzleramt, bei der zweiten Rechtsenquete des Frauenstaatssekretariats zum Thema »Frauendiskriminierung – Schutz und Förderung der Gleichbehandlung durch das Recht« im Februar 1983 kein Problem in der Einführung weiblicher Amtstitel durch die einfache Gesetzgebung gesehen hat, aber andererseits betonte: »Ich persönlich … kann mir nicht vorstellen, dass man eine ausdrückliche Verfassungsbestimmung schafft des Inhalts, dass diese Funktionsbezeichnungen nun geschlechtsspezifisch zu verwenden wären. Die bisherige Auslegung ist dahin gegangen, dass es sich eben um Funktionsbezeichnungen handelt, die von Haus aus nicht geschlechtsspezifisch sind, wenn sie auch so klingen, und dass es sich daher weiter um kein Problem handelt.« Er regte aber an, internationale Erfahrungen zum Problem zu sammeln.

Hindernislauf zur »Bundesrätin, Ministerin, Schriftführerin«

Da ich 1987/88 diese Verankerung der Möglichkeit der weiblichen Funktionsbezeichnungen im Zusammenhang mit der neuen Geschäftsordnung des Bundesrates vorangetrieben habe – ich war in der zweiten Jahreshälfte 1987 Vorsitzende des Bundesrates –, weiß ich, warum nicht der Rechtsanspruch auf die Verleihung, Führung … weiblicher Funktionsbezeichnungen, Titel, Amtsbezeichnungen usw. »die Art und Weise ist, in der die Bundesverfassung das Problem löst«: weil nämlich viele Männer – nicht nur Parlamentarier – einen Rechtsanspruch auf weibliche Bezeichnungen offen oder unausgesprochen ablehnen, und was noch entscheidender ist, weil die Vertreter des männlich beherrschten Rechtsbereiches eine solche Regelung – ich bin versucht zu sagen, mit allen Mitteln – zu verhindern such(t)en.

Ich möchte blitzlichtartig einige meiner Erfahrungen und Beobachtungen aufzeigen.

▷ Der Schriftverkehr zwischen dem Bundesrat und den Ministern wurde von den zuständigen Beamten und Beamtinnen ohne namentliche Nennung der Funktionsträgerinnen durchgeführt. Dieser Schriftverkehr sah also beispielsweise zwischen mir als Vorsitzender des Bundesrates und der damaligen Ministerin Dr. Fleming so aus: Der Vorsitzende des Bundesrates an den Minister für Umwelt, Jugend und Familie bzw. umgekehrt, der Minister für Umwelt, Jugend und Familie an den Vorsitzenden des Bundesrates. Durch die männliche Funktionsbezeichnung wurde unsichtbar gemacht, dass zwei Frauen die Funktionen innehatten. Diese und ähnliche Beispiele haben auch der Forderung zunächst ablehnend gegenüberstehende Frauen von der Notwendigkeit weiblicher Bezeichnungen überzeugt; etliche Frauen waren vorher durch männliche Einschüchterungsversuche (»Habt ihr keine wichtigeren Probleme ...«) beeinflusst; einige Politikerinnen hatten angesichts des gängigen Sprachgebrauchs in Österreich, der für die Ehegattinnen der männlichen Funktionsträger die weibliche Sprachform vorsieht, zunächst gemeint: Ich bin lieber Präsident als Präsidentin.

▷ Der während meines Bundesratsvorsitzes amtierende Justizminister Dr. Foregger hat als gewissenhafter Verfassungsjurist die Funktionsbezeichnungen nach dem Buchstaben des Gesetzes auch mündlich verwendet und mich im Plenum des Bundesrates immer mit »Frau Vorsitzender« angesprochen. Bis zur ausdrücklichen Aufforderung, wörtlich zu protokollieren, korrigierten die Stenographinnen und Stenographen für das Protokoll die Anrede auf »Frau Vorsitzende«. Sie dachten, der Minister habe sich versprochen oder sie hätten sich verhört. Der Justizminister hat so durch die gesetzeskonforme, das Sprachgefühl aber verletzende Anrede »Frau Vorsitzender« die Unsinnigkeit männlicher Bezeichnungen für Frauen dankenswerterweise sichtbar gemacht.

Das entsprechende Sprachgefühl kann aus verständlichen Gründen bei lateinischen Wörtern wie Magistra keine Hilfe für die Bewusstseinsbildung sein. Das Abweichen von einer gewohnten Sprachnorm wird zunächst vielfach als komisch empfunden. Die Gewöhnung an die weiblichen Bezeichnungen geht aber rasch vor sich, wie der jetzt selbstverständliche Gebrauch von Gemeinderätin, Ministerin, Obfrau usw. zeigt.

▷ In der Anfangsphase der Gespräche zur beabsichtigten Einführung der weiblichen Funktionsbezeichnungen in der neuen Geschäftsordnung des Bundesrates und im Bundesverfassungsgesetz sagten mir mehrere Männer der SPÖ-Fraktion »im Vertrauen«, dass die damalige zweite Nationalratspräsidentin (ÖVP) gegen weibliche Funktionsbezeichnungen wäre. Den Versuch, die Parlamentarierinnen der verschiedenen Parteien gegeneinander auszuspielen, unterlief ich: Ich erzählte der Nationalratspräsidentin von diesen Mitteilungen und machte gemeinsam mit ihr, einer Sprachwissenschafterin und einem Sprachwissenschafter eine Pressekonferenz zum Thema »Sprachliche Gleichbehandlung von Frau und Mann«.[250]

Männerbündischer Frauenausschluss durch Rechtssystematik

Im Sonderausschuss zur Änderung der Geschäftsordnung des Bundesrates und der damit zusammenhängenden Änderung von Verfassungsbestimmungen waren nur zwei Frauen vertreten, zwei SPÖ-Bundesrätinnen, Dr. Eleonore Hödl und ich. Seitens der ÖVP war keine Frau in diesem Ausschuss vertreten. Mit Geduld und Beharrlichkeit brachten wir in den Verhandlungen zunächst Folgendes als Kompromiss durch:

▷ eine Generalklausel, die geschlechtsspezifische Funktionsbezeichnungen für den Bundesrat vorsieht,
▷ die »Kann-Bestimmung« für die Bundesverfassung,
▷ konkrete weibliche Funktionsbezeichnungen in den Überschriften des Textes der Geschäftsordnung.

Die ausgehandelte Geschäftsordnung wurde erst zwei Monate später im Bundesrat beschlossen, zugleich mit den erforderlichen Änderungen des Bundesverfassungsgesetzes. Zu meiner Überraschung stellte ich vor jener Bundesratssitzung bei der Besprechung der Tagesordnung im SPÖ-Klub fest, dass der im Geschäftsordnungsausschuss ausgehandelte Text verändert worden war. Die weiblichen Überschriften des Textes fehlten. Meine Kollegin Hödl und ich begehrten auf. Man sagte uns, dass in einer nachträglichen Sitzung des Geschäftsordnungsausschusses, bei der wir »gefehlt« hätten, eine Angleichung an die Rechtssystematik, »ein formaler Reinigungsprozess« durchgeführt worden wäre – angeblich aufgrund einer Aufforderung des Verfassungsdienstes des Bundeskanzleramtes. Die systematische Ordnung unserer Gesetze, die vorsieht, nur die männliche Form der Funktionsbezeichnung anzu-

führen, sollte nicht durchbrochen werden. Außerdem hätte dies für die Praxis keine Relevanz.
Die Feststellung von uns beiden Frauen, wir hätten nie eine Einladung zu jener zusätzlichen Sitzung bekommen, wurde mit dem Bedauern quittiert, unsere Einladungen müssten auf dem Postweg verloren gegangen sein. Da seitens der ÖVP keine Frau im Geschäftsordnungsausschuss war, konnten die Männer in unserer Abwesenheit unter sich diesen »formalen Reinigungsprozess« durchführen.
Meine Empörung war groß. Ich beschloss zu versuchen, die Gegner der weiblichen Funktionsbezeichnungen mit ihrer Methode der falschen Beschuldigung zu schlagen. Bei der Beratung im zuständigen Ausschuss des Bundesrates vor der Beschlussfassung im Plenum, fragte ich den damaligen Leiter des Verfassungsdienstes des Bundeskanzleramtes, Dr. Gerhart Holzinger, warum die vorgeschlagene Bezeichnung Präsident/Präsidentin statt Vorsitzender des Bundesrates in einer vom System abweichenden Weise in die Verfassung komme (daran waren etliche sehr interessiert), aber gleichzeitig die weiblichen Bezeichnungen mit der Begründung der Systemwidrigkeit auf Verlangen des Verfassungsdienstes des Bundeskanzleramtes entfernt wurden. Dr. Holzinger reagierte, wie ich es erwartet hatte: Er wies jede Verantwortung von sich. Die Änderungsvorschläge zum ursprünglichen Entwurf der Geschäftsordnung seien vom Parlament gekommen. Das heißt, Juristen der Parlamentsdirektion und der Klubs hatten, wie ich vermutet hatte, im Einverständnis mit der Mehrheit der Männer im Bundesrat die im Text vorgesehenen weiblichen Bezeichnungen »weggereinigt«. In der entstandenen Verwirrung nach dieser Klarstellung über die Urheberschaft wurde sozusagen in letzter Sekunde vor der Beschlussfassung im Plenum des Bundesrates der Text der Geschäftsordnung auf Antrag des damaligen Vorsitzenden des Bundesrates, Dr. Herbert Schambeck (ÖVP), in §1Abs.(1) »zurück« abgeändert, so dass die Mitglieder des Bundesrates den Titel »Bundesrat« bzw. »Bundesrätin« führen.

Mir als Nicht-Juristin wurde erst angesichts der Argumentation der Herren Verfassungsrichter im Erkenntnis zur »Magistra der Rechtswissenschaften« bewusst, wie wichtig die konkrete Aufnahme der weiblichen Sprachform »Bundesrätin« in den Geschäftsordnungstext war. Es wurde mir auch klar, dass das Vertrauen in männliche Juristen oft unangebracht ist; sie würden nämlich versuchen, eine sinngemäße Vereinbarung so zu formulieren, dass eine einschränkende Interpretation möglich wird – zum Beispiel »Recht, zu verwenden« ist nicht »Anspruch auf Verleihung«.
Meine Beharrlichkeit und der erreichte Teilerfolg erzürnten einige Männer sehr. Ein paar Monate später, als ich in Kärnten als Landesvorsitzende der SPÖ-Frauen um Positionen für Frauen kämpfte, stellte sich heraus, dass ein SPÖ-Bundesrat am Tag der Beschlussfassung der Geschäftsordnung im Bundesrat den damaligen Kärntner Parteivorsitzenden aufgefordert hat, mir das Bundesratsmandat zu entziehen, da ich gegen die eigene Fraktion arbeitete! Der Brief wurde nun als Argument gegen meine Forderungen angeführt.

Macht der Männerbünde aufbrechen

Der Spruch des verfassungsrichterlichen Männergerichtshofes, die Vorgangsweise der männerdominierten Gremien und Männer in den Entscheidungspositionen in ihrem Zusammenspiel machen meines Erachtens unter anderem Folgendes deutlich: Im gesamten Rechtsbereich – in der Gesetzgebung, in den Rechtsabteilungen der Verwaltung, im Norm setzenden und Norm kontrollierenden Verfassungsgerichtshof – müssen Frauen als Entscheidende, also als Machtträgerinnen, in repräsentativer Zahl vertreten sein. Dann können jene Frauen, die sich mit den Erscheinungsformen und Wirkungsweisen des Patriarchalismus auseinandersetzen, den entscheidenden Anstoß geben, gegen patriarchalische Theorie und Praxis vorzugehen. »Viele« können verhindern, dass zwei einzelne Frauen zu einer entscheidenden Sitzung nicht eingeladen werden oder dass ein reiner Männergerichtshof (wie es beim Verfassungsgerichtshof noch der Fall war), zusammengesetzt aus Herren fortgeschrittenen Alters, die Rechtmäßigkeit patriarchalischer Normen festschreibt oder propagiert. Dies, obwohl der Verfassungsdienst

des Bundeskanzleramtes in seiner Stellungnahme zum Ergebnis kommt, gegen die Verleihung des von den Beschwerdeführerinnen gewünschten akademischen Grades »Magistra der Rechtswissenschaften« bestünden keine verfassungsrechtlichen Bedenken, und obwohl das Fakultätskollegium der Rechtswissenschaftlichen Fakultät der Leopold-Franzens Universität Innsbruck die Gesetzeslage frauenfreundlich ausgelegt hat.
Die aufgezeigten Erfahrungen verweisen auf einen zweiten wichtigen Gesichtspunkt für die Entwicklung erfolgreicher Strategien seitens der Frauen: Streitpunkte müssen öffentlich diskutiert werden. Es muss zumindest die Teilöffentlichkeit eines Fachbereiches, einer Institution usw. gesucht werden. Aufgeschlossene und zögernde Männer können dann von den Patriarchen nicht so leicht unter Druck gesetzt und Frauen nicht so einfach gespalten und gegeneinander ausgespielt werden.

Nachtrag aus dem Jahr 2004

Anlässlich meines 70. Geburtstages teilte mir der Direktor der Bundesratskanzlei mit, dass der Präsident des Bundesrates zu einem Essen einlade. Als meine Begleiterin nannte ich Bundesrätin a. D. Dr. Lore Hödl. Als wenige Tage vor dem vereinbarten Termin weder Lore Hödl noch ich die angekündigte schriftliche Einladung bekommen hatten, rief ich im Bundesratsbüro an und erhielt die Auskunft, dass alles wie besprochen stattfinde. So war es auch. Alle anderen Teilnehmerinnen und Teilnehmer hatten, wie es sich zeigte, die Einladung rechtzeitig erhalten. Wir zwei »Kämpferinnen für weibliche Funktionsbezeichnungen« nicht. Lore Hödl, die auch während ihrer Tätigkeit als Bundesrätin an derselben Adresse in Graz wohnhaft war, erhielt ein paar Tage später die Einladung; die Adresse war fehlerhaft gewesen. Mich hat die Einladung zu meiner Geburtstagsfeier auch verspätet nicht erreicht, ebenfalls trotz gleich gebliebener Adresse. Wer immer für die Nicht-Versendung der Einladungen verantwortlich war – ob als Angestellte in der Bundesratskanzlei oder in verantwortlicher Position –, dürfte meine Tätigkeit als Parlamentarierin nicht geschätzt haben.

In der Öffentlichkeit sorgte Gabi Burgstaller, SPÖ, die erste Frau an der Spitze der Salzburger Landesregierung, 16 Jahre nach der Verankerung weiblicher Funktionsbezeichnungen in der Verfassung für aufgeregte Leserbriefe und Kommentare. In der Kleinen Zeitung wurde in einem Kommentar mit dem Titel »Das Protokoll« versucht, die neue Landeshauptfrau lächerlich zu machen: Sie wolle »vorne und hinten Frau sein«; das »amtliche LandeshauptMANN« sei der von Frau Klasnic gesetzte Maßstab.[251] Laut Bericht der Salzburger Nachrichten über die Angelobung Gabi Burgstallers zur Landeshauptfrau wünschte der damalige Bundespräsident Thomas Klestil der »Frau Landeshauptfrau« viel Erfolg, fügte jedoch hinzu: »In der Verfassung steht aber Landeshauptmann.«[252]

Nicht nur manche Frauen und Männer sowie etliche Journalisten, auch der damalige Bundespräsident, ein Jurist, waren und sind offensichtlich schlecht informiert. Sie betrachten weibliche Bezeichnungen für überflüssig, ja lächerlich, oder lehnen das Sichtbarmachen von Frauen durch weibliche Amtsbezeichnungen ab; wenn informiert, stört sie das sanfte Kratzen an der patriarchalischen Rechtssystematik. Denn seit Frühjahr 1988 gibt es in der Bundesverfassung auch den Absatz 3 des Artikels 7: »Amtsbezeichnungen können in der Form verwendet werden, die das Geschlecht des Amtsinhabers oder der Amtsinhaberin zum Ausdruck bringt. Gleiches gilt für Titel, akademische Grade und Berufsbezeichnungen.« Dieser frauenfreundliche Absatz 3 des Artikels 7 wurde vom damaligen Kanzleramtsminister Franz Löschnak nach Beschluss der Kann-Bestimmung in der Verfassung veranlasst.

Familiäre und gesellschaftliche Rahmenbedingungen beeinflussten meine persönlichen Möglichkeiten und Entscheidungen[253]

Bei Kriegsende war ich elf Jahre alt. Die letzten eineinhalb Jahre wohnten wir – meine Mutter, meine Schwester, mein Bruder und ich – in Sattendorf am Ossiacher See. Wegen der Bombenangriffe auf Villach waren wir »umquartiert«. Wir hatten in einer Sommer-Fremdenpension zwei kleine Zimmer. Als die Engländer Anfang Mai mit ihren Militärautos durch Sattendorf fuhren, wussten wir, dass der Krieg endlich aus ist. Zwei große Sorgen plagten meine Mutter: ob mein Vater lebend aus dem Krieg zurückkäme – er war als Soldat in Jugoslawien –, und ob wir in unsere Wohnung in Villach zurückkehren könnten. Man wollte uns in einem alten Hotel am See Zimmer zuweisen. Mit viel Mühe gelang es meiner Mutter aber, mit uns Kindern in die Wohnung, die nicht zerbombt war, zurückzukehren.

Unmittelbar nach dem Krieg war die Versorgung mit Lebensmitteln in der Stadt schlecht. Ich erinnere mich, dass meine Mutter mehrere Tage »Not-Knödel« aus Mehl, Erdäpfeln und Wasser machte. Sie schmeckten nicht gut.

Meine Mutter bekam von der Fürsorge 20,– Schilling pro Kind und das Geld für die Miete. Sie hat mit Aufräumen einer Arztpraxis und anderen Arbeiten unser Überleben gesichert. Wir hatten (keine besonderen) Schätze wie Teppiche usw., die wir bei Bauern gegen Lebensmittel eintauschen konnten. Meine Schwester und ich verkauften unsere Zöpfe einem Frisör oder Perückenmacher und tauschten unsere Babypuppe gegen Lebensmittel ein.

Einmal im Spätherbst 1945 bin ich mit der Bahn zu unseren Verwandten ins Görtschitztal gefahren. Ich hatte einen großen Rucksack dabei. Auf der Heimfahrt war er mit zwei Litern Milch, zwei Kilo Brot und einem Stück Speck gefüllt. Schwarzhandel war verboten. Ich hatte Angst vor einer Kontrolle, aber es ging alles gut. Als ich beim Umsteigen in St. Veit auf die damals sehr hohen Wagonstufen stieg, wäre ich durch das Gewicht des Rucksacks beinahe nach hinten gestürzt. Ich war groß gewachsen, aber unterernährt. Der Schrecken ist mir heute noch in Erinnerung.

Die ersten Jahre nach dem Krieg war die Ernährungslage schlecht. In der Schule gab es in der Pause die »Ausspeisung«: Haferflockenbrei oder eine Suppe. Eine Freundin meiner Mutter hat uns in Sattendorf ein Stück ihres Ackers zur Verfügung gestellt. Meine Mutter konnte dort Erdäpfel, Gurken und Stangenbohnen anbauen. Nicht nur Lebensmittel, sondern auch Kleidung war Mangelware. Daher gab es nicht nur Lebensmittelkarten, sondern auch Bezugsscheine, zum Beispiel für Schuhe. Mit vierzehn, fünfzehn Jahren hatte ich für den Winter ein einziges Kleid aus einem alten Militärmantel.

Trotzdem hatten wir Kinder auch viel Spaß. Unser Häuserblock hatte einen großen Hof mit einer schönen Wiese als Spielplatz. Heute ist alles eng mit Wohnblöcken bebaut.

Im Spätherbst 1945 begann am Realgymnasium Villach wieder der Unterricht. Wir waren 56 Mädchen in der ersten Klasse. In der vierten Klasse waren wir nur noch 25, ab der fünften Klasse 13. 1953 gab es in Villach 13 Maturantinnen einer Allgemein Bildenden Höheren Schule; dabei war Villach damals die einzige Allgemein Bildende Höhere Schule für Mädchen für die Bezirke Villach, Hermagor und Feldkirchen. Damals musste für den Besuch einer höheren Schule Schulgeld gezahlt werden. Für finanziell schlecht gestellt Familien gab es Ermäßigungen. Schulbücher habe ich immer billig antiquarisch gekauft. Ab der fünften Klasse (ab fünfzehneinhalb Jahren) habe ich durch Nachhilfestunden Geld verdient.

Mein Vater war nach der Rückkehr aus der Gefangenschaft im Dezember 1946 wieder bei der Post beschäftigt. Mein Mutter hatte die Handelsschule besucht, mein Vater nur die Volksschule. Er machte verschiedene Dienstprüfungen und später noch die Beamtenmatura. Sein Allgemeinwissen besonders bezüglich Geschichte und Politik war größer als das mancher Maturanten. Er war schon vor dem Krieg Sozialdemokrat und nach dem Krieg langjähriger Gewerkschaftsfunktionär. Meine Mutter war einer politischen Arbeit gegenüber skeptisch eingestellt; sie war der Meinung, politisches Engagement bringe im Regelfall Nachteile mit sich.

Ich selbst hatte zunächst durch den Unterricht im Realgymnasium eine diffuse Abneigung gegen partei-politische Aktivitäten und zugleich eine große Wissenschaftsgläubigkeit entwickelt. Aber ich war in der Oberstufe immer gewählte Klassensprecherin. Wäre es finanziell möglich gewesen, hätte ich nach der Matura gerne Mathematik und Physik studiert. 1953/54 absolvierte ich einen einjährigen Abiturientenlehrgang an der Lehrerbildungsanstalt in Innsbruck und wurde Volksschullehrerin.

Mitte der 50er Jahre gab es eine ähnlich hohe Arbeitslosigkeit wie heute. Ich wurde erst im Frühjahr 1955 in Arnoldstein als Lehrerin angestellt. Leider habe ich mich dort nach zwei Tagen mit Diphtherie angesteckt und musste ins Krankenhaus. Danach war ich als Vertretung an verschiedenen Orten im Bezirk Villach/Land als Volksschullehrerin tätig. Die Prüfung zur Hauptschullehrerin bereitete ich, wie damals üblich, im Selbststudium vor. Ich legte die Prüfungen für Englisch, Mathematik und Stenografie ab. In der Folge unterrichtete ich an Hauptschulen in Villach.

Eines Tages machte mich meine Mutter auf die Meldung in der »Neuen Zeit« aufmerksam, dass es ein Auswahlgespräch für Fulbright-Stipendien für die USA gibt. Ich nahm daran teil und bekam für 1957/58 ein Stipendium an der University of Kansas in Lawrence. Die Vereinigten Staaten waren damals für mich das Land der Freiheit. Der Aufenthalt wurde eine finanziell sorgenfreie, interessante Zeit. Manches erstaunte mich dort: etwa die Tendenz zur Konformität. So mussten im Studentinnenheim die Rollos in allen Zimmern genau zwei Drittel heruntergelassen sein. Auch die Vorliebe für Superlative – wie die Ankündigung »the biggest little city of the world«, also die größte kleine Stadt der Welt. Überraschend und positiv erlebte ich die Bereitschaft vieler Menschen, immer wieder einen neuen Anfang zu wagen, sei es durch Berufs- oder durch Ortswechsel.

Nach meiner Rückkehr nach Österreich arbeitete ich als Hauptschullehrerin in Villach. 1963 begann ich in Wien zu studieren, Psychologie und Völkerkunde, später auch Soziologie. Ohne damals ausgesprochene Feministin gewesen zu sein, war mir klar, dass ein

Mathematik- und Physikstudium bedeutet hätte, statt in Hauptschulen in Höheren Schulen zu unterrichten: als Frau und dazu 10 Jahre älter als die Regelstudierenden hatte ich keine realistische Chance, eine andere berufliche Laufbahn einzuschlagen, etwa in der Forschung. Ich war darauf angewiesen, möglichst bald Geld für meinen Unterhalt zu verdienen. Im Rahmen der Umstrukturierungen im Bildungsbereich versprach die Kombination Pflichtschullehrerin und Psychologie interessante Möglichkeiten in der Schulpsychologie oder der neuen Lehrerbildung an der Pädagogischen Akademie. Das Studium finanzierte ich mit Ersparnissen und Ferialarbeit. Ich bekam einen Kärntner Heimplatz in einem Studentinnenheim der Wirtschaftshilfe der Arbeiterstudenten (WIHAST) im 3. Bezirk. Meine Eltern haben mich durch Esspakete regelmäßig unterstützt. Die letzten Jahre übernahm ich in einem anderen WIHAST-Heim Verwaltungsaufgaben im Rahmen der studentischen Selbstverwaltung und brauchte für mein Zimmer keine Miete zu zahlen. Meinen Mann – einen Grazer – der auch in einem WIHAST-Heim wohnte, habe ich im Rahmen dieser Tätigkeit kennen gelernt. Nach Abschluss unserer Studien 1969 heirateten wir und ließen uns in Klagenfurt nieder.

Ende der 60er und Anfang der 70er Jahre gab es politisch eine Aufbruchstimmung, die sich auch in der pädagogischen und psychologischen Fachliteratur niederschlug. Neben dem traditionellen Angebot an der Universität las ich viele Texte, die zum Beispiel Begabung als abhängig von Lernmöglichkeiten ins Zentrum rückten und sich gegen ständische, erbtheoretisch begründete Bildungsstrukturen richteten. Meine frühere Wissenschaftsgläubigkeit wurde restlos erschüttert, als ich erfahren musste, dass die meisten Lehrenden an der Universität eine kritische Diskussion mit allen Mitteln verhinderten. Politisiert haben mich auch meine Erfahrungen am Abend einer Demonstration gegen Prof. Borodajkewycz, der in seinen Lehrveranstaltungen an der Hochschule für Welthandel offen nationalsozialistisches Gedankengut verbreitete. Ich hatte eine Abendlehrveranstaltung besucht. Als ich zur Straßenbahn am Jonas-Reindl ging, sah ich aufgeregte Gruppen von Studenten. Ich hörte einen Burschen erzählen, er habe gesehen, wie in der Kärntner Straße »Linke« mit Totschlägern zwei Menschen getötet hätten. Außerdem sah ich, wie vor dem Hauptgebäude vor der Universität Bücher verbrannt wurden. Am nächsten Tag las ich von Letzterem nichts in den Zeitungen. Der Tote war ein linker Demonstrant – der 67-jährige Pensionist Ernst Kirchweger[254].

Neben meiner beruflichen Tätigkeit als Professorin für Pädagogische Soziologie an der Pädagogischen Akademie in Klagenfurt war ich als Landeskoordinatorin für Schulversuche in Kärnten tätig. Außerdem hielt ich oft Referate zu bildungspolitischen Fragen bei den Kinderfreunden, den Gewerkschaftsfrauen und im Sozialistischen Lehrerverein. In allen diesen Institutionen war ich seit Beginn meiner Berufstätigkeit Mitglied. Mein Mann warb mich als Parteimitglied, und da er für die SPÖ-Frauenorganisation Seminare hielt, vermittelte er mich auch zur Frauenorganisation. Ich wurde schließlich als Bildungsexpertin ins Landesfrauenkomitee – so hieß damals der Landesfrauenvorstand – kooptiert. 1979 stand ein Wechsel im Vorsitz bevor. Käthe Kainz aus St. Veit ging aus Gesundheits- und Altersgründen in Pension. Die Bezirksorganisationen Villach und Klagenfurt konkurrierten mit ihren Vorsitzenden Waltraud Miskiewicz und Lotte Spinka um die Landesvorsitzende. Es gab keine Einigung. Die Klagenfurterinnen nominierten schließlich ihre Landtagsabgeordnete Gerti Mischitz und gewannen die Unterstützung der Gewerkschaftsfrauen; sie wollten das Bundesratsmandat, das traditionell in Kärnten die Landesvorsitzende innehatte, mit Zustimmung der Männer den Gewerkschaftsfrauen überlassen. Die junge aufgeschlossene Bezirksvorsitzende von St. Veit, Susanne Kövari, fragte mich nach einem Treffen, bei dem ein paar Frauen die Anträge für die bevorstehende Landeskonferenz formulierten, ob ich nicht als Landesvorsitzende kandidieren wollte. Ich sagte nach drei Tagen Bedenkzeit zu, obwohl ich mir keine Chancen ausrechnete. Ich hatte nichts zu verlieren, da ich keine Funktion in der Frauenorganisation bekleidete. In der Wahlkommission wurde meine Kandidatur niedergestimmt. Susanne Kövari setzte auf Grund ihrer genauen Kenntnis der Geschäftsordnung mit anderen

Bezirksvorsitzenden meine Kandidatur ad hoc bei der Landeskonferenz durch. Überraschend gewann ich die Wahl mit Zweidrittelmehrheit. Beigetragen haben die gegen mich vorgebrachten Angriffe, ich hätte noch nie einen Finger für die Partei gerührt. Mehrere Frauen, die mich von den verschiedensten Veranstaltungen her kannten, nahmen dagegen offen Stellung. So wurde ich als Quereinsteigerin im April 1979 Landesvorsitzende der Kärntner SPÖ-Frauen. Im Juni wurde ich für den Bundesrat nominiert. Nach zehn Jahren Professorin an der Pädagogischen Akademie wurde ich unerwartet Berufspolitikerin.

Bereits an der Pädagogischen Akademie hatte ich erlebt, dass die Männer meiner Generation eine Frau, die ganz selbstverständlich erwartete, gleich ernst genommen zu werden wie die männlichen Kollegen, schwer mit ihrem Selbstverständnis vereinbaren konnten. In der Partei war es genau so. Der damalige Kärntner Parteivorsitzende sagte einmal zu mir. »Wir Männer müssen erst einmal verkraften, dass da Frauen in die Partei kommen, die Ideen und Vorschläge in die Partei einbringen und diese auch umsetzen wollen, die Mandate für die Frauen fordern und ein eigenes Geld für die Frauenorganisation.«

Nach einer Bestandsaufnahme habe ich verschiedene Schwerpunkte für meine politische Arbeit gesetzt. Es musste die Situation der Frauen innerhalb der Gesamtorganisation verbessert werden. Das betraf unter anderem das Parteistatut. Bestens unterstützt von meinen Landesfrauensekretärinnen, zuerst Dorli Thullmann und später Maria Zelloth, erreichten wir zunächst, dass zumindest eine Frau in jedem örtlichen Parteigremium vertreten sein musste, meist war es die Ortsvorsitzende der SPÖ-Frauen. Danach führten wir den Kampf um die 25%-Quote gemeinsam mit der Bundesorganisation der SPÖ-Frauen. Wie gering die Unterstützung seitens der Männer war, zeigt der Ausspruch eines führenden Genossen gegenüber den widerstrebenden Männern am Bundesparteitag: »Stimmt ruhig zu, wir machen ohnehin, was wir wollen.«

Wir versuchten, die Männer für unsere Anliegen auch dadurch zu sensibilisieren, dass wir bei Großkonferenzen eine Parodie auf Sitzungen reiner Männergremien bei einer Listenerstellung spielten.

Wir brachten die von Mitarbeiterinnen beobachteten und gesammelten Argumente von Männern mit umgekehrten Vorzeichen gegen die Männer vor. Manche führende Funktionäre fanden dies gar nicht lustig.

Ein zweiter Schwerpunkt war die Mobilisierung von Frauen und das Gewinnen junger Mitstreiterinnen. Dazu gehörte einerseits, Selbstbewusstsein zu vermitteln, zum Beispiel durch die von Frauenstaatssekretärin Dohnal angebotenen Selbstbewusstseinsseminare, aber auch durch konkrete Hilfen, etwa Texte für kurze politische Aussagen im neu gegründeten Informationsblatt »Durchblick« für örtliche Veranstaltungen oder die Ermunterung, Leserbriefe zu schreiben, was durch Seminare – »Wie schreibe ich einen Leserbrief?« – unterstützt wurde. Andererseits ging es darum, mit den Frauen wichtige politische Inhalte zu bearbeiten. Es gab Veranstaltungen zu Fragen des Pensionssystems, der Familienförderung bis hin zu wichtigen Themen für Gemeinderätinnen wie die Allgemeine Gemeindeordnung, die Bauordnung, die Voraussetzungen für die Errichtung eines Kindergartens usw.. Außerdem organisierten wir vom Landesfrauensekretariat Referentinnen und Referenten zu verschiedenen Themen. Ziel war, nach Möglichkeit in den Ortsorganisationen eine kontinuierliche politische Arbeit durch Veranstaltungen etwa alle zwei bis drei Monate zu erreichen.
Ein weiterer wichtiger Arbeitsbereich lag im Parlament. Pensionsfragen und Fragen der Familienförderung standen im Vordergrund. Ich wählte diese Bereiche, da im Bildungsbereich mehrere Frauen gut eingearbeitet waren, nicht aber in diesen Bereichen, die außerdem für die Existenzsicherung von Frauen und Kindern sehr entscheidend sind. 1989 fasste ich die Ergebnisse des Arbeitskreises Alterssicherung der Sozialistischen Frauen Österreichs in dem Heft »Die Zukunft der Alterssicherung« zusammen. Bereits 1983 hatte ich auf Anregung von Johanna Dohnal für die Reihe Politische Bildung des Bundesministeriums für Unterricht und Kunst das Heft »Die Frauen in der Gesellschaft« verfasst. Für die Zeitung »Die Frau« schrieb ich immer wieder aktuelle Kommentare und regelmäßig machte ich allgemeine Pressearbeit.

Als ich 1987 Vorsitzende des Bundesrates wurde, organisierte ich die erste Enquete des Bundesrates zum Thema »Einkommen und Lebensverhältnisse von Frauen«. Das Thema »Pensionssystem von Frauen«, das ich ursprünglich wählen wollte, scheiterte am Widerstand einflussreicher Männer aller Parteien. Während der Vorsitzzeit bereitete ich auch die Kann-Bestimmung für weibliche Funktionsbezeichnungen in der Verfassung vor. Dies hat übrigens zu den ärgsten innerparteilichen Aggressionen gegen mich geführt. Wirksame Unterstützung meiner parlamentarischen Arbeit habe ich als Mitglied des Milchuntersuchungsausschusses erfahren.

Die zwölf Jahre in der Politik waren interessant, Horizont erweiternd, sehr arbeitsreich und oft auch belastend. Letzteres besonders, wenn die politische Auseinandersetzung nicht nur mit dem politischen Gegner, sondern innerhalb der Partei oder gar innerhalb der Frauenorganisation zu führen war. Ein Bespiel dafür war die Gründung des ersten Kärntner Frauenhauses 1984. Die Klagenfurter SPÖ-Frauen waren gegen ein überparteiliches Frauenhaus und versuchten die Männer in der Partei, die in der Landesregierung für die Finanzierung sorgen mussten, für ihren Plan zu gewinnen. Das bedeutete unnötige Bindung von Kraft und Zeit. Die befriedigendste Arbeit war für mich der Kontakt und die Diskussionen mit den Mitarbeiterinnen in den Bezirksfrauenkomitees und bei den vielen Veranstaltungen in den Gemeinden. Den vielen engagierten Frauen danke ich, weil sie mir zeigten, dass politische Arbeit sich lohnt.

Nachwort

Ich erlebe über viele Jahre, – Jahrzehnte, Helga Hieden-Sommer als Sozialwissenschafterin, als Politikerin, als Sozialistin und Feministin, als Wegbegleiterin, Mitkämpferin und Freundin.
Gleich auf welcher Ebene und in welchen Zusammenhängen, war diese Beziehung immer geprägt von ihrer Genauigkeit in interdisziplinären, umfassenden Analysen, und von ihrer immer wieder geäußerten Ansicht, dass »eine richtige Analyse noch keine wünschenswerten politischen Änderungen bewirkt und es letztlich um das Problem geht, wie von Unterordnung betroffene Menschen politisiert und zum Handeln gebracht werden können.«.
Helga Hieden-Sommer hat sich der Mühsal ausgesetzt, diese Frage auch selbst im politischen Alltag zu beantworten – beginnend in der Kärntner SPÖ und in der Folge im Österreichischen Parlament als Abgeordnete zum Bundesrat und Nationalrat.
Ihre Beharrlichkeit hat dazu beigetragen, so manche frauenpolitische Argumentation im Hinblick auf die Machtstrukturen in der Gesellschaft und der dazugehörigen Rechtfertigungsideologien, genauer zu überdenken.
Dieser, durchaus manchmal mühsame Prozess, in dem Helga Hieden-Sommer Ungenauigkeiten in der Analyse und in politischen Strategien sofort diagnostizierte und ein konsequentes Durchdenken einforderte, hat nicht nur viele politische Aktionen, sondern auch gesetzliche Maßnahmen beeinflusst.
So präzise Helga Hieden-Sommer immer in der Analyse war und ist, so klar und verständlich ist sie auch in ihren Formulierungen. Wenn sie z.B. bereits vor vielen Jahren feststellte: »Das Pflegegeld pflegt nicht«, so wünsche ich mir heute, dass in der aktuell oft so heuchlerisch geführten Debatte um »Pflegenotstand« und »Pflegevorsorge« unter dem Aspekt der »Sozio-ökonomischen Ungleichheit und Geschlechterungleichheit« diskutiert würde, wie sie es in vielen ihrer wissenschaftlichen und politischen Beiträge bereits aufgezeigt hat.

Ich danke Helga Hieden-Sommer,
für ihre Beharrlichkeit und Geduld, mit der sie innerhalb der sozialdemokratischen Frauenorganisation über viele Jahrzehnte gewirkt hat,
für ihre umfassende inhaltliche Unterstützung, Begleitung und Solidarität, in meiner Zeit als Frauenstaatssekretärin, Frauenministerin und Vorsitzende der sozialdemokratischen Frauen,
und ganz persönlich für ihre Freundschaft.

Johanna Dohnal

Fußnoten

1 1995 hatten das Liberale Forum und die FPÖ eine Frau als Vorsitzende. 2007 sind alle Parteivorsitzenden Männer.

2 Siehe Helga Hieden-Sommer: Vorbemerkungen, in: dies.: ›Frauenpolitik‹ – Geschlechterverhältnisse. Wissenschaftliche Grenzziehungen, Klagenfurt, 1995b, 19.

3 Siehe Walter Schöny: Standortwettbewerb versus Sozialpartnerschaft, in: Widerspruch, Zürich, 1994, Heft 27, 67–78. Susanne Schunter-Kleemann: Frauen und Sozialstaat – Alternativen gegen das Patriarchat, in: Renner-Institut (Hg.): Frauen-Dok, Wien, 1995, Heft 2, 42–57.

4 Siehe Elmar Altvater: Die Arbeitsgesellschaft vor den Herausforderungen von Geld und Natur, in: Aus Politik und Zeitgeschichte, Beilage zur Wochenzeitung Das Parlament, B 15/95, 16–24. Siehe auch Abschnitt »Was heißt und wer definiert Produktivität?«, 37f.

5 Berichte über die Pressekonferenz in Kleine Zeitung und Kärntner Tageszeitung, 1.4.1995.

6 Michael Lingens, in: Der Standard, 11.3.1996.

7 Siehe Mascha Madörin: Ökonomie aus Frauensicht, in: 10 Jahre Frauenreferat – Amt der Vorarlberger Landesregierung, Bregenz, 1995, 28–33.

8 Siehe Carole Pateman: Der Geschlechtervertrag, in: Erna Appelt/Gerda Neyer (Hg.): Feministische Politikwissenschaft, Wien, 1994, 73–95.

9 Egon Matzner: Wider die Behinderung des Wissens, in: Der Standard, 22.1.1999, W1.

10 Ich habe zu dem von Univ. Prof. Matzner aufgezeigten Sachverhalt der Verweigerung einer Diskussion seitens der Mainstream-Ökonomen einen Beitrag an die Wissenschaftsredaktion Der Standard geschickt. Alle Abschnitte, die Aussagen zur Mainstream-Ökonomie aus dem Blickwinkel der sozio-ökonomischen Lebensbedingungen von Frauen enthielten, wurden bei der Veröffentlichung als Leserbrief weggekürzt. Diskussionsbeiträge von Mainstream-Ökonomen zu den Ausführungen von Egon Matzner sind meines Wissens im Standard nicht erschienen.

11 Siehe auch den Beitrag »Betriebswirtschaftslehre statt Volkswirtschaftslehre?«, S. 20ff in diesem Band.

12 Zur zweifachen Grenzziehung zwischen Privat und Öffentlich siehe z.B. Carole Pateman: Der Geschlechtervertrag, in: Erna Appelt/Gerda Neyer

(Hg.): Feministische Politikwissenschaft, Wien, 1994, 73–95. Siehe Abschnitte ›Was heißt und wer definiert Produktivität‹ und ›Produktivität und das Konzept privat – öffentlich‹ im Beitrag »Neoliberale wirtschaftliche Globalisierung – gleiche Chancen für Frauen?«, S.37ff in diesem Band.

13 Siehe Elmar Altvater: Die Arbeitsgesellschaft vor den Herausforderungen von Geld und Natur, in: Aus Politik und Zeitgeschichte, Beilage zur Wochenzeitung Das Parlament, Bonn, 1995, B 15/95, 17.

14 Siehe Sieglinde Rosenberger: Das Geschlecht der Internationalen Beziehungen. Feministische Kritik politikwissenschaftlichen Denkens, in: Eva Kreisky/Birgit Sauer (Hg.): Geschlecht und Eigensinn. Feministische Recherchen in der Politikwissenschaft, Wien, 1998, 168–189.

15 ORF-Ö1 Mittagsjournal, 13.11.2004.

16 Siehe Brigitte Young: Die Herrin und die Magd. Globalisierung und die Rekonstruktion von »class, gender and race«, in: Widerspruch 38/1999/2000, 47–60.

17 Siehe die Zeitschrift Das Parlament, Thema: Globalisierung, 51. Jg./ Nr. 3–4, Berlin, 19.1.2001.

18 Tageszeitung Die Presse: Währungsfonds: Dickes Lob für Österreichs Finanzpolitik, 6.8.2004, 19.

19 Neil Postman: Wir amüsieren uns zu Tode. Urteilsbildung im Zeitalter der Unterhaltungsindustrie, Frankfurt am Main, 1988, 191f.

20 Siehe Keith Dixon: Die Evangelisten des Marktes, UVK Universitätsverlag Konstanz, 2000.

21 Siehe Pierre Bourdieu, Sozialer Sinn, Frankfurt am Main, 1987, 238f. Ders.: Die verborgenen Mechanismen der Macht, Hamburg, 1992.

22 Mascha Madörin: Der Finanzsektor und die Macht, Sachzwänge zu schaffen, in: Birge Krondorfer/Carina Mostböck (Hg.): Frauen und Ökonomie, Wien, 2000, 119–131, 128.

23 In der ORF Nachlese vom Februar 1997 findet sich eine Abbildung Walter Sonnleitners mit dem Bäumchen und den sprießenden Tausendern mit dem Text: »Sie sollten Ihr Geld für sich arbeiten lassen.«

24 Eine Reihe von Wissenschafterinnen hat sich seit Jahren kritisch mit dem herrschenden Verständnis von Arbeit und Wirtschaft der Mainstream-Wirtschaftswissenschaften auseinandergesetzt. Siehe z.B.: Ursula Beer: Das Geschlechterverhältnis in der »Risikogesellschaft«, in: Feministische Studien, 1/92, 99–105; Ulla Regenhard/Friederike Maier/Andrea-Hilla-Carl (Hg.): Ökonomische Theorien und Geschlechterverhältnis. Der

männliche Blick der Wirtschaftswissenschaft, fhw forschung 23/24, Berlin, 1994; Maria Miess/Claudia von Werlhof (Hg.): Lizenz zum Plündern. Das Multilaterale Abkommen über Investitionen MAI. Globalisierung der Konzernherrschaft – und was wir dagegen tun können, Hamburg, 1998.

25 Inseratenkampagne der Wirtschaftskammer Österreichs in den Tageszeitungen, November 2004.

26 Karl-Heinz Grasser

27 Kleine Zeitung, 28.5.1998, 29.

28 Siehe auch »Betriebswirtschaftslehre statt Volkswirtschaftslehre?«, S.20 ff in diesem Band.

29 Adolf Winkler und Hubert Patterer, Interwiew mit dem Univ. Prof. für strategische Unternehmensführung, Kropfberger, an der Universität Klagenfurt, Kleine Zeitung, 3.12.2000, 3.

30 Die negativen Auswirkungen eines »schlanken Staates« zeigten sich meines Erachtens bei der schlechten Bewältigung der Auswirkungen des Hurrikans Katerina im August 2005 in New Orleans.

31 Der von der ÖVP-FPÖ-Regierung eingesetzte Aufsichtsratsvorsitzende der ÖIAG Heinzel bezeichnete in den ersten Interviews das Erhöhen der Rendite als seine Aufgabe.

32 Claus Raidl, Berater von Bundeskanzler Schüssel und Chef von Böhler-Uddeholm, forderte z.B. eine Öffnung der Lohngruppen nach unten und die Wiedereinführung der 40-Stunden-Woche. Neue Kärntner Tageszeitung, 2.6.2004. Universitätsprofessor Hans-Joachim Bodenhöfer, Universität Klagenfurt, forderte in einer von der Industriellenvereinigung bezahlten Artikelserie in der Kleinen Zeitung eine »Spreizung« der Löhne und ein Aufweichen der Kollektivverträge bei den niedrigen Löhnen. 9.4.1997.

33 Interview mit Ifo-Chef Hans-Werner Sinn in der Tageszeitung Die Presse, 13.11.2004, 23.

34 Veranstaltung des Renner-Institutes in Villach: Im Gespräch mit der Sozialdemokratie – die Rückkehr der sozialen Frage, 14.4.1997.

35 Siehe Elmar Altvater: Die Arbeitsgesellschaft vor den Herausforderungen von Geld und Natur, in: Aus Politik und Zeitgeschichte, Beilage zur Wochenzeitung Das Parlament, B 15/95, Berlin, 17. Helga Hieden-Sommer: Hidden Mechanisms of Power: The Capitalist Concept of Productivity and Social Marginalisation of Many Women, Referat beim Tref-

fen der Gender-Group des EU Projekts COST A13, Paris, Mai 2000, nicht veröffentlichtes Manuskript.

36 Der Standard, Spezial. Finanzplatz Mittel- und Osteuropa, 23.6.2004.

37 Eine Übersicht zur ›Institutionalisierung der kapitalistischen Sicht produktiver Arbeit in Verbindung mit dem Konzept ›privat – öffentlich‹ siehe Beitrag »Wissenschaftliche Festlegungen – kulturelle Selbstverständlichkeiten – Frauenpensionen«, S. 188ff, v. a. Abschnitt »Gut und schlecht bezahlte Arbeit, unbezahlte Arbeit«, S. 188ff in diesem Band. Den Sachverhalt, dass es Arbeit ohne Einkommen, sehr hohe Einkommen aus Vermögen ohne Arbeit und extrem unterschiedlich bezahlte Erwerbsarbeit gibt, scheinen jene zu übersehen, die abstrakt die Entkoppelung von Arbeit und Einkommen fordern.

38 Siehe Einkommensbericht des Rechnungshofes für die Jahre 2002, 2003 vom Dezember 2004; die Daten sind einer APA-Grafik in der Kärntner Tageszeitung vom 21.12.2005, 2 entnommen.

39 Bundeskammer für Arbeiter und Angestellte (Hg.): Die Lage der Arbeitnehmerinnen und Arbeitnehmer in Österreich, Wien, 2004, 20ff.

40 Bundesministerium für Wirtschaft und Arbeit (Hg.): Einkommen von Frauen und Männern in unselbständiger Beschäftigung, Endbericht, erstellt von Petra Gregoritsch, Monika Kalmar, Michael Wagner-Pinter, Wien 2000.

41 Siehe z.B. Elternzeit-Modell der SPÖ-Frauen, Oktober 2000; Monika Jarosch: Gleich ist nicht Gleich, in: AEP. Zeitschrift für Politik und Gesellschaft, Innsbruck, 2000, 27. Jg., Nr. 4/2000, 9–11.

42 Bundesministerium für Wirtschaft und Arbeit, 2000, a. a. O., 6–7.

43 A. a. O., 50.

44 Quelle: Bundesministerium für Wirtschaft und Arbeit 2000, Übersichten 25–27, »Voll- und teilzeitbeschäftigte Personen und ihr Einkommen nach Beruf und Geschlecht – alle Personen, einkommensstärkste 10 Prozent, einkommensschwächste 20 Prozent«, 51–53. In der Studie wird die unterschiedliche Größe der Teilstichproben nicht begründet. Die Ausweitung auf das zweite Dezil dürfte erfolgen, weil im untersten Dezil der Anteil an Teilzeitbeschäftigten besonders hoch ist. Ein Dezil fasst jeweils 10 Prozent der beobachteten Stichprobe zusammen. Da die Dezile in den Übersichten 25–27 für alle sozialversicherungspflichtigen Personen einschließlich der Teilzeitbeschäftigten arbeitszeitbereinigt offensichtlich gemeinsam berechnet wurden, ist die Zahl der Vollzeitbeschäftigten im obersten

Dezil etwas größer als die Hälfte der Vollzeitbeschäftigten bei den einkommensschwächsten 20 Prozent. Anmerkung: Die Grenze zwischen Voll- und Teilzeitbeschäftigung wurde in der Studie in Anlehnung an die OECD-Empfehlung mit 30 Wochenstunden angesetzt, die ausgewiesenen Daten repräsentieren die Bruttomonatseinkommen in der Privatwirtschaft ohne Einrechnung von Sonderzahlungen, Zulagen und Überstundenzahlungen.

45 Quelle: Rechnungshof 2004, Bruttojahreseinkommen 2003 der unselbständig Erwerbstätigen, Statistik Austria, 173. (Die Einkommenshöhen zu den Prozenträngen sind wie folgt zu lesen: Z.B. für 20% der Frauen, die Arbeiterinnen oder Angestellte waren, lag das Jahresbruttoeinkommen bei maximal Eur 7.444,–, meist darunter.)

46 A. a. O., 81.

47 Bundesministerium für Gesundheit und Frauen (Hg.): Diskriminierungsfreie Arbeitsbewertung und Arbeitsorganisation, Forschungsbericht, Projektteam: Edeltraud Ranftl, Oskar Meggeneder, Ulrike Gschwandtner, Birgit Buchinger, Wien, 2003. Dass das Forscherteam das Problem dieser Ausblendung kennt, zeigen Aussagen von Birgit Buchinger und Ulrike Gschwandtner in der Zusammenfassung ihres Referates »Leistung – Lohn – Geschlecht«, in: BM für Arbeit, Gesundheit und Soziales (Hg.): GOLDMARIE, Eine Fachtagung zu Lohn, Qualifikation und Geschlecht, Wien, 1998, 34f.

48 Bundesministerium für Wirtschaft und Arbeit, a. a. O., 84.

49 A. a. O., 72.

50 A. a. O., 64.

51 A. a. O., 72.

52 A. a. O., 74, Tabelle 40. In den veröffentlichten Daten sind die Werte für die restlichen Dezile nicht enthalten. Die große Zahl schlecht verdienender Frauen in der Gesamtstichprobe erklärt vermutlich die verallgemeinernde Aussage eines »durchschnittlichen« geringen Einkommenszuwachses für alle Frauen mit Karenz.

53 A. a. O., Tabelle 40, 74.

54 Die ÖVP-FPÖ-Regierung hat mit der ab Jänner 2005 in Kraft getretenen Steuerreform die Absetzbeträge für die Kinder von ›Alleinverdienern‹ ohne Berücksichtigung der Einkommenshöhe wieder erhöht. Familien, in denen die Frauen erwerbstätig sein wollen oder müssen, bekommen für ihre Kinder diese Geldleistung nicht. Die verallgemeinernde Aussage

»die steuerliche Förderung der Familien wurde erhöht« stimmt daher nicht.

55 Siehe Helga Hieden-Sommer, Susanne Fischer: Einkommensbezogenes Karenzgeld oder Betreuungsgeld? In: Barbara Trost, Ursula Floßmann (Hg.): Aktuelle Themen der Frauenpolitik, Linz, 1994, 107–131. In dem Artikel wird unter anderem der Einfluss der sozio-ökonomischen Situation auf die Gestaltung des Lebensalltags mit Kindern aufgezeigt.

56 Jill Rubery/Colette Fagan: Chancengleichheit und Beschäftigung in der Europäischen Union, hg. vom Sozialministerium (Eleonora Hostasch) und Frauenministerium (Barbara Prammer) anlässlich der österreichischen Präsidentschaft in der EU, Wien, 1998.

57 Das Regierungsabkommen 2000 zwischen ÖVP und FPÖ sah die Beseitigung der Kollektivvertragsrechte der Gewerkschaft vor; die Lohnfestsetzungen sollten auf die betriebliche Ebene verlagert werden.

58 Zur politischen Schwächung der Arbeiterschaft durch eine monetaristische, ›globale‹, von Börsen und Banken bestimmte Politik siehe z. B. auch das Buch des ehemaligen Arbeitsministers der USA Robert Reich: Goodbye, Mr. President, München, 1998.

59 Bundesministerium für soziale Sicherheit, Generationen und Konsumentenschutz (Hg.): Bericht über die soziale Lage 2003–2004, Wien, 2004, 267, 273.

60 So etwa forderte Claus Raidl, Berater von Bundeskanzler Schüssel und Chef von Böhler-Uddeholm, eine Öffnung der Lohngruppen nach unten, also ein Absenken der niedrigsten Löhne, und die Wiedereinführung der 40-Stunden-Woche. Siehe Neue Kärntner Tageszeitung, 2.6.2004, 4. Hans-Werner Sinn, Leiter des Münchner Ifo-Instituts, fordert » Niedriglöhne um ein Drittel zu kürzen«; siehe Die Presse, 13.11.2004, 23. Hans-Joachim Bodenhöfer, Professor für Volkswirtschaftstheorie und Politik an der Universität Klagenfurt, forderte in einer von der Industriellenvereinigung finanzierten Artikelserie eine stärkere »Spreizung« der Löhne, nämlich »größere Unterschiede zwischen den Einkommen der ideal qualifizierten und der schlecht qualifizierten Arbeitnehmer. Das würde natürlich auch eine Aufweichung der starren Kollektivverträge bedeuten«. Kleine Zeitung, 23.4.1997, 19.

61 Siehe Beitrag »Neoliberale wirtschaftliche Globalisierung – gleiche Chancen für Frauen?«, S. 37ff in diesem Band.

62 Bundesministerium für Wirtschaft und Arbeit, a. a. O., Abschnitt »Hebelwirkungen politischer Maßnahmen«, 81–87.

63 A. a. O., 82.

64 In den USA wurden im Unterschied dazu in den letzten Jahrzehnten durch die privatwirtschaftliche Organisation vieler Dienstleistungen die niedrigen Einkommen nach unten gedrückt, der gesetzliche Mindestlohn über Jahrzehnte nicht angehoben und außerdem viele Teilzeitjobs geschaffen – oft ohne soziale Absicherung. Die Spaltung der Gesellschaft in Reiche und Arme hat sich so ständig verschärft. Siehe Robert Reich, a. a. O.

65 Ein Quintil fasst jeweils ein Fünftel der beobachteten Stichprobe zusammen.

66 Bundesministerium für soziale Sicherheit, Generationen und Konsumentenschutz, 2004, a. a. O., 266, 270.

67 Siehe Elmar Altvater: Die Arbeitsgesellschaft vor den Herausforderungen von Geld und Natur, in: Aus Politik und Zeitgeschichte, Beilage zur Wochenzeitung Das Parlament, Bonn, 1995, B 15/95, 16–24.

68 Laut APA-Meldung vom 12. April 2005 bezog Andreas Treichl, Generaldirektor der Erste Bank der österreichischen Sparkassen, im Jahr 2004 eine Jahresgage von 4,545 Millionen Euro einschließlich Sonderbonus von 2 Millionen Euro für den trotz anderer Angebote erfolgten Verbleib in der Ersten Bank. Der Vorstandschef der Deutschen Bank Josef Acker mann verdiente laut derselben APA-Meldung im Jahr 2004 rund 10,1 Millionen Euro.

69 Das Konzept der Trennung von ›privat‹ und ›öffentlich‹ wirkt als ein Organisations- und Wahrnehmungsmuster von Realität, das soziale Beziehungen reguliert (siehe Birgit Sauer, 2001). Hier sind die mit der Ökonomie im Zusammenhang stehenden Grenzziehungen angesprochen: einerseits die zwischen Familie und Haushalt als dem privaten Bereich und dem traditionell öffentlichen Bereich (einschließlich Markt), andererseits die zwischen Privatwirtschaft und dem öffentlichen, politischen Staat (siehe Carole Pateman, 1994). Die politische Bedeutsamkeit dieser Grenzziehungen besteht darin, dass das Private nach verbreitetem Verständnis nicht der öffentlichen Diskussion und Stellungnahme unterliegen soll.

70 Feministische Forscherinnen haben sich mit diesem Sachverhalt immer wieder auseinandergesetzt, sind aber von der Mainstream-Forschung

ignoriert worden. Siehe dazu z.B. Ursula Beer, 1992; Mascha Madörin, 1995, 2000; Friederike Maier, 1993; Carola Möller, 1991; Maria Miess/Claudia von Werlhof, 1998.

71 Siehe John Kenneth Galbraith: Wirtschaft für Staat und Gesellschaft, München, 1974; und: Helga Hieden-Sommer: Haus(Frauen)Arbeit und Makroökonomie, in: dies. 1995b, besonders Abschnitt »Haushalt und handelndes Individuum identisch?«, 67–73.

72 Bundesministerium für soziale Sicherheit, Generationen und Konsumentenschutz, 2004, a. a. O., 104.

73 Siehe Pierre Bourdieu 1987, 1992. Zur Institutionalisierung der kapitalistischen Sicht produktiver Arbeit im Sozialrecht siehe Beitrag »Wissenschaftliche Festlegungen – kulturelle Selbstverständlichkeiten – Frauenpensionen«, S. 188 ff in diesem Band, besonders Abschnitt »Gut und schlecht bezahlte Arbeit, unbezahlte Arbeit«.

74 Pierre Bourdieu, 1993, 24.

75 Siehe z.B. Keith Dixon, Die Evangelisten des Marktes, Konstanz, 2000.

76 Siehe dazu Hieden-Sommer, 1995b, 228–235 und 117–146.

77 Bernd Senf: Die blinden Flecken der Ökonomie. Wirtschaftstheorien in der Krise, München, 2001, 8.

78 Siehe Martin Burckhardt, 1994, 306–324.

79 Siehe z.B. Brigitte Young: Die Herrin und die Magd. Globalisierung und die Re-Konstruktion von »class, gender and race«, in: Widerspruch 38, Zürich, 2000, 19.Jg./Heft 38, Dezember 1999/Januar 2000, 47–59.

80 Gerda Lerner: Unterschiede zwischen Frauen neu gefasst, in: dies.: Frauen finden ihre Vergangenheit, Frankfurt/New York, 1995, 187.

81 Renner-Institut Wien, Workshop mit Gerda Lerner: »Aus der Geschichte lernen. Veränderungsstrategien für die Frauenpolitik«, 7.12.2000.

82 Siehe Gerda Lerner, 1995, a. a. O.

83 Im Zusammenhang mit dem 1992 verhandelten Gleichbehandlungspaket zeigte sich dies beispielhaft. Siehe dazu: Helga Hieden-Sommer: Männer Leistung – Frauen Liebe. Gespaltene Gesellschaft, gespaltenes Menschenbild, gespaltene Frauen, in: Österreichische Zeitschrift für Politikwissenschaft, Wien, 1993, Heft 3, 327–341, besonders die Abschnitte »›Wirtschaft‹ gegen Frauen« und »Männerinteressen – ›Brüderlichkeit‹«, 328ff.

84 Gerda Lerner,a. a. O., 186f.

85 Siehe z.B. Hedwig Lutz/Michael Wagner/Walter Wolf: Von Ausgrenzung bedroht, Forschungsberichte aus Sozial- und Arbeitsmarktpolitik, Nr. 50, Wien, 1993. Aktuelle Analysen der Wirtschaftskrise Argentiniens zeigen, dass allein lebende Menschen und Einelternfamilien am stärksten von Armut bedroht sind. Siehe Bericht »Breitere Einkommensbasis schützt vor Armut«, in: Die Presse, 9.8.2004, 14.

86 Bundesministerium für soziale Sicherheit Generationen und Konsumentenschutz, 2004, Bericht über die soziale Lage, a. a. O., 220f.

87 Zur Analyse der Definition von Armut im Zusammenhang mit ›Familienarmut‹ (Lebensformen) siehe Helga Hieden-Sommer: Wissenschaftliche Kategorien und Armut, in: dies.,1995b,179–203.

88 Nach einer Arbeitsunterlage für eine Lehrveranstaltung im Rahmen des Feministischen Grundstudiums, 2. Diplomlehrgang, Jänner 2001. Siehe auch: Helga Hieden-Sommer: Wirtschaftsweise und Rechtsverhältnisse als Bedingungsfaktoren der Existenzsicherung von Frauen, in: Kontraste, Wien, 1996b, Positionen Teil II, April 1996, 12–24.

89 Siehe z.B. Helga Hieden-Sommer: Pensionsreform im Namen der Gleichheit? In: Österreichische Zeitschrift für Politikwissenschaft, Wien, 1994, Heft 2, 177–193.

90 2006 betrug der Ausgleichszulagenrichtsatz für Einzelpersonen Eur 690,–; 2007 Eur 726,– jeweils 14-mal im Jahr.

91 Siehe Ursula Beer: Geschlecht, Struktur, Geschichte. Soziale Konstituierung des Geschlechterverhältnisses, Frankfurt am Main/New York, 1990.

92 John Kenneth Galbraith: Wirtschaft für Staat und Gesellschaft, München, 1974, 51.

93 Referat am 29.10.1996. Veröffentlicht in: Sterntaler oder Aschenbrödel. Fachtagung zum Thema Kinderarmut, Tagungsbericht, Wien 1996, 29–30.

94 Die Mehrkindstaffel bei den Absetzbeträgen – schon vorher von der ÖVP durchgesetzt – und die Altersstaffel bei der Familienbeihilfe – von der SPÖ eingeführt – wurden beibehalten. Zur vorangegangenen politischen Diskussion siehe Helga Hieden-Sommer: Gestaffelte oder einheitliche Kinderbeihilfe?, in: dies., 1995b, a. a. O., 157ff.

95 Die in den 1970er Jahren von der SPÖ-Alleinregierung gemeinsam mit Gesundenuntersuchungen für den Mutter-Kind-Pass ausgebaute Geburtenbeihilfe wurde 1986 von der SPÖ-ÖVP-Regierung abgeschafft.

96 Studierenden kommen auch Sachleistungen und der Zugang zu wichtigen Infrastrukturen wie die beitragsfreie Krankenversicherung oder der 1997 noch kostenlose Zugang zur schulischen und universitären Bildung in größerem Ausmaß zugute. Die Frage des Verhältnisses von öffentlicher Finanzierung der primären Schullaufbahn und der außerberuflichen Weiterbildung der nicht studierenden Jugend sowie die große Bedeutsamkeit von kostenfreien Sach- und Dienstleistungen für insbesondere jüngere Kinder aus den unteren Einkommensgruppen muss meines Erachtens stärker in die Überlegungen zur Verteilungswirkung und zur Förderung von gleichen Lebenschancen einbezogen werden.

97 Bundeskanzler Vranitzky, SPÖ.

98 Wochenzeitschrift Profil, Wien, 1992, Nr.3/13, Jänner 1992, 12f.

99 Siehe Erkenntnis des Verfassungsgerichtshofes GZ 90/91–7 vom 12.12.1991, veröffentlicht Anfang Jänner 1992.

100 Die SPÖ verzichtete weitgehend auf eine öffentliche Diskussion, also auch auf die Darlegung ihres Standpunktes vor der formellen Veröffentlichung des Erkenntnisses.

101 Die Wirtschaftswoche, Nr. 50, 5. Dezember 1996, 25. Meist sprechen sich Bischöfe und andere hohe kirchliche Würdenträger nur allgemein für soziale Gerechtigkeit für Familien aus und überlassen die Entscheidung für bestimmte Modelle der gerechten Förderung Berufeneren wie dem Katholischen Familienverband.

102 In zwei Kärntner Tageszeitungen wurden z.B. im November und Dezember 1996 parallel zur Caritas-Sammel-Aktion zur Bekämpfung der »Familienarmut in Österreich« Serien mit den Slogans »Familie in Not« (Kärntner Tageszeitung) und »Armut in Kärnten« (Kleine Zeitung) gebracht.

103 Die Kategorienwahl des Armutsberichtes im Bericht über die soziale Lage 2004 »Haushalte mit einem Erwerbstätigen« und »Haushalte mit zwei Erwerbstätigen« entspricht inhaltlich den vorher verwendeten Kategorien »Ein- und Zweiverdienerhaushalte« bzw. »Alleinverdiener- und Zweiverdienerfamilien«. In der Kategorie »Haushalte mit zwei Erwerbstätigen« sind auch »Alleinverdienerfamilien« vor allem aus den unteren Einkommensgruppen enthalten, in denen ein Jugendlicher, der noch im elterlichen Haushalt lebt, der zweite Erwerbstätige ist.

104 Hans Steiner/Walter Wolf: Armutsgefährdung in Österreich, in: WISO, Wien, 1994, Heft 2, 131. Eine kritische Analyse der Methode des Netto-

Pro-Kopf-Einkommens findet sich im Beitrag »Wissenschaftliche Kategorien und Armut«, in: Helga Hieden-Sommer, 1995b, 179–203.

105 Die Gewichtung versucht das Verhältnis von Fixkosten für den Haushalt (z.B. Heizung) und erhöhten Kosten für weitere Haushaltsmitglieder zu bestimmen. Vor dem ÖVP-Bundesparteitag im April 2007 forderte der Sozialsprecher der ÖVP im Nationalrat Werner Amon ein steuerfreies Einkommen pro Familienmitglied; dieses soll sich an der im Regierungsprogramm SPÖ-ÖVP-Koalition vom Jänner 2007 geplanten Mindestsicherung von 726,– Euro orientieren.

106 Die EU-Gewichtung ergibt für 1996 ausgehend vom Ausgleichszulagen richtsatz für zusätzliche Erwachsene ATS 4.428,–, pro Kind je ATS 2.656,– als Armutsgrenze (= Netto-pro-Kopf-Einkommen). Die Gewichtung des Katholischen Familienverbandes ergibt für die erste erwachsene Person ATS 8.856,–, für die weiteren Erwachsenen und Kinder ab dem 15. Lebensjahr ATS 7.085,–, für Kinder von zehn bis vierzehn ATS 5.314,– und für Kinder bis zehn mit ATS 3.542,–. Diese relativ hohe Armutsgrenze ist die Grundlage für das steuerfreie Existenzminimum des Katholischen Familienverbandes. Siehe Cäcilia Lipp: Definition von Armut in der Familie, in: Österreichisches Komitee für Sozialarbeit (Hg.): Armut in Österreich, Tagungsbericht, Wien, 1996. 1997 enthielt der brutto Aus--gleichszulagenrichtsatz für Ehepaare eine Gewichtung von 0,43 für die zweite erwachsene Person.

107 Zum Konzept der Sozialen Grundsicherung als Maßnahme zur Armutsvermeidung siehe den Beitrag »Soziale Grundsicherung für Kinder: Geld, Sachleistungen und Infrastrukturen«, S. 86ff in diesem Band.

108 Bereits vor den Nationalratswahlen 1994 machte die damalige ÖVP-Familienministerin Rauch-Kallath den Vorschlag, dass der unterhaltspflichtige, gut verdienende Vater im Falle allein stehender Mütter »zur Vermeidung des Missbrauchs« den Erhöhungsbetrag zahlen soll. Der Katholische Familienverband begrüßte den Vorschlag. Nach der für das Budget 1995 beschlossenen Regelung war der Erhöhungsbetrag jedoch ab einem Einkommen des Vaters von ATS 10.000,– (Eur 726,73) zurückzuzahlen.

109 Siehe z.B. die in Fußnote 102 angeführten Zeitungsserien und das Interview mit dem Caritasdirektor der Erzdiözese Wien, in: Die Furche, 12. Dezember 1996. Die in den Medien berichtete starke Zunahme der Menschen, die 1996 eine der Beratungsstellen der Caritas aufsuchten, hängt

laut Caritasdirektor der Erzdiözese Wien damit zusammen, dass »der Zugang zu den Sozialleistungen so kompliziert geworden ist, dass er ohne fremde Hilfe kaum mehr zu schaffen ist.« Die Caritas fungiere daher oft als Ratgeber innerhalb des Sozialstaates.

110 Bundesministerium für Soziale Sicherheit, Generationen und Konsumentenschutz (Hg.): Politik für Menschen: Aufgaben, Leistungen und Maßnahmen des Sozialministeriums, Wien, 2006, 94f.

111 Im Nationalratswahlkampf 1999 hat FPÖ-Obmann Landeshauptmann Jörg Haider das Kinderbetreuungsgeld bis zum sechsten Geburtstag des Kindes angekündigt; 2001 wurde es vor der bundesweiten Einführung in Kärnten zum Teil verwirklicht.

112 Das Österreichische Institut für Familienforschung – ÖIF – wurde Anfang 1995 gegründet. Erster Geschäftsführer war Dipl. Ing. Helmuth Schattovits, zuvor Leiter des Instituts für Ehe und Familie der österreichischen Bischofskonferenz. Univ. Prof. Christoph Badelt war einige Zeit Vorsitzender des Exekutivrates. Bis 2000 war das Sozialministerium (2000 das BMSG) bzw. eine Projektgruppe im ÖIF mit Helmuth Schattovits Herausgeber des Informationsdienstes des ÖIF; 2006 waren die Herausgeber Univ. Prof. Dr. Wolfgang Mazal und Rudolf K. Schipfer.

113 Informationsdienst des Österreichischen Instituts für Familienforschung, Wien, 2006, Nr. 06/06.

114 Informationsdienst des Österreichischen Instituts für Familienforschung, Wien, 2006, Nr. 06/06. Die Studie haben Sonja Dörfler, Soziologin am ÖIF, und Benedikt Krenn verfasst.

115 Das BZÖ – Bündnis Zukunft Österreich – hat sich unter Jörg Haider wegen Uneinigkeit über den Regierungskurs von der FPÖ abgespalten. Bundeskanzler Schüssel hat mit dem BZÖ die Koalitionsregierung weitergeführt, ohne Legitimierung des BZÖ durch eine Wahl. Bei der Nationalratswahl 2006 gelang es dieser Gruppierung dank eines von Landeshauptmann Jörg Haider zur Kärntenwahl umfunktionierten Nationalratswahlkampfes, mit 4,1% der Stimmen in den Nationalrat einzuziehen. Etwa die Hälfte der Stimmen des BZÖ kamen aus Kärnten, wo das BZÖ unter dem Namen »Die Freiheitlichen in Kärnten. Liste Jörg Haider – BZÖ« kandidierte und vehement gegen zweisprachige Ortstafeln auftrat. Die beiden Regierungsparteien ÖVP und BZÖ erhielten bei der Nationalratswahl am 1.Oktober 2006 gemeinsam 38,4% der Stimmen, die FPÖ 11%.

116 Martina Salomon: Frauen-Gleichstellung erhöht die Geburtenrate, in: Die Presse, 25.5.2006, 2.

117 Die Presse. 25.5.2006, 2.

118 Wiener Zeitung, 15.3.2006, 3.

119 Wiener Zeitung, 16.3.2006, 4: Eigene Modelle zum Kindergeld; Die Presse, 26.6.2006, 3 und Der Standard, 1.12.2005, 13.

120 Kammer für Arbeiter und Angestellte für Wien (Hg.): Beruf – Baby – Bildung. AK Befragung von Eltern in Karenz, Wien, April 2006, 29.

121 Der Standard, 6.3.2006, 23.

122 Der Standard, 1.12.2005, 13. 1992 bei den Verhandlungen zu den Forderungen des so genannten Gleichbehandlungspakets von Frauenpolitikerinnen (von Frauenministerin Johanna Dohnal, den Gewerkschaftsfrauen und den Parlamentarierinnen von Sozialdemokraten, Volkspartei und den Grünen) richtete sich z.B. der Widerstand von Bundeswirtschaftskammer und Industriellenvereinigung massiv gegen alle Maßnahmen, die für Frauen Schritte zu einer eigenständigen Existenzsicherung sein können und/oder den Zugang oder Verbleib im Erwerbsarbeitsmarkt erleichtern.

123 Christoph Badelt: Konturen alternativer Reformstrategien zum Familienlastenausgleich, Diskussionspapier, Wien im Juli 1994, Manuskript, 28.

124 Christoph Badelt: »Erziehungsgeld« und »Wahlfreiheit« zwischen Erwerbs- und Familienarbeit. Empirische Evidenz zu einem kontroversiellen Konzept, in: Demographische Informationen, 1992–1993, hg. vom Institut für Demographie, Österreichische Akademie der Wissenschaften, Wien, 1993, 5–15, 5f.

125 Christoph Badelt: Brennpunkt Erziehungsgeld. Zur Lebenssituation nicht berufstätiger Frauen mit Kleinkindern – Erfahrungen mit dem Vorarlberger Modell, Wien, 1991, 43f.

126 Christoph Badelt, a. a. O., 41.

127 1994 betrug das normale Karenzgeld pro Tag ATS 180,80, das erhöhte ATS 268,30, das monatliche Karenzgeld für 30 Tage ATS 5.424,– bzw. ATS 8.049,–. Seit der Ausweitung des Karenzgeldes auf ein zweites Jahr erfolgte die Finanzierung zum Teil aus dem Familienlastenausgleichsfonds, also nicht mehr ausschließlich aus der Arbeitslosenversicherung. 1995 wurde der Erhöhungsbetrag beim erhöhten Karenzgeld in eine Art ›Kredit‹ um gewandelt, der ab einem Nettoeinkommen des Vaters von ATS

10.000 – etwa 730,– Euro – zurückzuzahlen ist. Dieser ›Vorschuss‹ für Eltern mit geringem Einkommen betrug im Jahr 2006 6,06 Eur pro Tag.

128 Siehe Rosemarie Nave-Herz: Familie und Arbeitswelt – Gesellschaftliche Auswirkungen der Vereinbarkeitsproblematik, in: Politikum, 60, Graz, 1993, 21–23.

129 Zu einer umfassenden Diskussion von Vorschlägen und Änderungen bei der Familienförderung und dem Karenzgeld in den 90er Jahren siehe Helga Hieden-Sommer/Susanne Fischer: Einkommensbezogenes Karenzgeld oder Betreuungsgeld? In: Barbara Trost/Ursula Floßmann (Hg.): Aktuelle Themen der Frauenpolitik, Linz, 1994, 107–131, besonders 109–112, sowie Helga Hieden-Sommer: Haushaltseinkommen – Familienförderung, in: dies. 1995b, 204–227.

130 Siehe Beitrag »Kinderbetreuungsgeld – Kindergeld«, S. 106ff in diesem Band.

131 Siehe den Abschnitt »So leben Frauen mit Kindern« in: Helga Hieden-Sommer/Susanne Fischer, 1994, a. a. O., 116–123.

132 Siehe Bundesministerium für soziale Sicherheit, Generationen und Konsumentenschutz (Hg.): Sozialschutz in Österreich, Wien, 2006, 84ff.

133 Siehe Ausführungen zum Konzept der »Opportunitätskosten«, in: Helga Hieden-Sommer, 1995b, 71 ff.

134 Siehe Gisela Petterson: Herzstück: Das schwedische Elternurlaubsgesetz, in: dies. (Hg.): Zeit-Puzzle. Modell Schweden: Arbeitszeit- und Familienpolitik, Hamburg,1990, 68–70.

135 Angaben nach Aussagen im Referat von Anita Nyberg, National Institute for Working Life, Stockholm, bei der Tagung »Einkommen und Geschlecht. Strategien für mehr Einkommensgerechtigkeit in Österreich« am 11.7.2005 im Renner-Institut in Wien. Siehe auch den Beitrag »Der kapitalistische Produktivitätsmalus beeinflusst die Einkommensschere zwischen Frauen und Männern«, S. 51ff in diesem Band.

136 Regierungsprogramm für die XXIII. Gesetzgebungsperiode, 129f.

137 Wiener Zeitung, 24.2.2007, 5.

138 A. a. O.

139 Die Presse, 5.3.2007, 1.

140 Zu dieser Diskussion siehe Die Presse, 24.2.2007, 1–5; SPÖ Aktuell, 6.4.2007, 2f; Die Presse, 7.4.2007, 7; Wiener Zeitung, 17.4.2007, 4; Der Standard, 17.4.2007, 8; Die Presse, 8.5.2007, 5.

141 Die Presse, 26.5.2007, 5; Kleine Zeitung, 30.5.2007, 6.

142 Bernd Marin und andere Experten des Europäischen Zentrums für Wohlfahrt und Sozialforschung: Pflegegeld pflegt nicht, in: Der Standard, 25.1.1996.

143 Siehe Der Standard vom 12.1.1996: 4,5 Millionen Stunden kostenlose Arbeit. Experten gegen Ederers Vorschlag: Frauen bewältigen den Großteil der Pflegearbeit ehrenamtlich.

144 Siehe Der Standard vom 10.10.1996

145 Siehe Bernd Marin u.a., Der Standard, 25.1.1996.

146 A. a. O.

147 Der Standard, 25.1.1996.

148 2005 (Sept.) betrug die höchste Stufe des Pflegegeldes, Stufe 7, wie 2007 EUR 1.562,10 (ATS 21.494,55).

149 Der Standard, 25.1.1996. 2007 beträgt das Pflegegeld für die Stufe 1 EUR 148,30, für die Stufe 2 EUR 273,40, für die Stufe 3 421,80, für die Stufe 4 EUR 632,70, für die Stufe 5 EUR 859,30, für Stufe 6 1.171,70 und für die Stufe 7 EUR 1.562,10.

150 Diskussionsunterlage zur Gesprächsrunde der Grazer Stadträtin Tatjana Kaltenbeck-Michl und des Frauenreferats »Pflege und Betreuung. Gesellschaftspflicht oder Frauensache« am 23. November 2007 in Graz.

151 Die Presse, 25.8.2006, 3.

152 Offen gesagt, ORF 2, 3.9.2006.

153 Stephan Schulmeister, Der Standard, 25.8.2006, 31 und 30.8.2006, 35.

154 Gudrun Biffl, Die Presse, 16.8.2006, 17.

155 Marianne Egger de Campo, Der Standard, 14.9.2006, 35.

156 Die Presse, 16.8.2006, 17. Siehe auch Regierungsprogramm für die XXIII. Gesetzgebungsperiode, 105.

157 Regierungsprogramm für die XXIII. Gesetzgebungsperiode, 103f.

158 Interview mit Sozialminister Erwin Buchinger, Der Standard, 28.2.2007, 8.

159 Kleine Zeitung, 2.6.2007, 5; Wiener Zeitung, 1.6.2007, 5.

160 Bundesminister Erwin Buchinger zum Stand der Verhandlungen zur »24-Stunden Pflege« in der Pressestunde am 20. Mai 2007, ORF 2.

161 Kleine Zeitung, 22.5.2007, 4.

162 Der Standard, 31.5.2007, 8. Siehe auch Kleine Zeitung 5.6.2007, 6; Kleine Zeitung, 6.6.2007, 7; Kärntner Tageszeitung, 7.6.2007, 5; Kurier, 7.6.2007, 6.

163 Fernsehsendung Report, ORF 2, 5.6.2007.

164 SPÖ Aktuell. Das Wochenmagazin der SPÖ, Nr. 21, 1. Juni 2007

165 Ausschnitt aus Helga Hieden-Sommer: Wirtschaftsweise und Rechtsverhältnisse als Bedingungsfaktoren der Existenzsicherung von Frauen, in: Kontraste, Wien, 1996, April 96, Positionen Teil II, 12–24.

166 Für eine ausführliche Darstellung des von Experten getragenen Entscheidungsprozesses siehe Helga Hieden-Sommer: Witwerpension – Pensionsreform im Namen der Gleichheit? In: Österreichische Zeitschrift für Politikwissenschaft, Wien, 1994, Heft 2/94, 177–193, insbesondere die Abschnitte »Witwerpension oder Partnerpension und herrschende ökonomische Logik« und »Ohnmacht und Widerstand von Frauen«; sowie Darlegungen zur ›geschlechtsneutralen‹ Pensionsreform in: Hieden-Sommer: Geschlechtsneutrale sozialrechtliche Regelungen, in: dies., 1995b, a. a. O., 96–109.

167 Für ausführlichere Angaben siehe Kammer für Arbeiter und Angestellte (Hg.): Sozialstaat Österreich. Sozialleistungen im Überblick, Wien, 2004, 226. Nicht-erwerbstätig gewesene Witwen ohne Anspruch auf eine Eigenpension erhalten 60% der Pension des verstorbenen Ehemannes, berufstätig gewesene Witwen mit Eigenpensionsanspruch je nach Einkommensdifferenz zwischen 0 und 60 %. Diese Änderungen bei den Witwen- und Witwerpensionen bedeuten, dass ohne öffentliche Diskussion eine Form der Partnerpension eingeführt wurde.

168 Alle Angaben aus dem Datenband zum Bericht über die soziale Lage 1994, 123ff.

169 Siehe unveröffentlichtes Manuskript des Sozialrechtsexperten der Arbeiterkammer Wien Karl Wörister: Systematische Ungleichheitseffekte im Alterssicherungssystem, 1996.

170 Bundesministerium für soziale Sicherheit, Generationen und Konsumentenschutz (Hg.): Politik für Menschen: Aufgaben, Leistungen und Maßnahmen des Sozialministeriums, Wien, 2006, 42.

171 Die Ausgleichszulage ist eine Sozialhilfeleistung, die für Pensionsberechtigte mit sehr niedriger Pension eine Mindestpension in Höhe des Ausgleichszulagenrichtsatzes sicherstellt, allerdings nur bei Fehlen eines anderen Erwerbs- oder Pensionseinkommens bzw. eines Unterhaltsanspruches gegenüber dem lebenden Ehepartner.

172 §44 des Eherechtes legt nämlich formal die Ehe als Grundlage ›der Familie‹ und ›Ort‹ der Kinderzeugung und -erziehung fest: »Die Familienverhältnisse werden durch den Ehevertrag gegründet. In dem Ehevertrage erklären zwei Personen verschiedenen Geschlechtes gesetzmäßig

ihren Willen, in unzertrennlicher Gemeinschaft zu leben, Kinder zu zeugen, sie zu erziehen, und sich gegenseitig Beistand zu leisten.«

173 Dasselbe Bemühen gibt es bei der Pflegegeldregelung. Siehe Beitrag »Pflegegeld pflegt nicht«, S. 132ff in diesem Band.

174 Siehe Karl Wörister, a. a. O.

175 Wie wichtig es für ›die Wirtschaft‹ ist, dass die Versorgungsökonomie nicht als makro-ökonomisch bedeutsamer Teil des Wirtschaftssystems allgemein anerkannt wird und dass das Rechtssystem, das von ›bürgerlichen‹ Männern dominiert wird, die erforderliche Hilfestellung liefert, verdeutlicht folgender Hinweis in der Stellungnahme der Bundeskammer der Gewerblichen Wirtschaft zum Gesetzesentwurf zur Witwerpension: Aus der oberstgerichtlichen Judikatur zum Unterhaltsrecht gehe hervor, dass die Haushaltsführung im Falle der voll beschäftigten Ehefrau durch die Judikatur nicht bewertet wird. Siehe Stellungnahme der Bundeskammer der Gewerblichen Wirtschaft (Bundeswirtschaftskammer) zur 36. Novelle zum ASVG vom 16. April 1981.

176 Siehe Karl Wörister/Emmerich Talos: Materielle Sicherung und Versorgung von Frauen durch staatlich geregelte Sicherung, in: Frauenbericht 1995, hg. von der Bundesministerin für Frauenangelegenheiten, Wien, 1995, 401. Zur ausführlichen Diskussion einer Pensionsreform im Interesse einer guten eigenständigen Altersicherung für viele Frauen siehe auch Hieden-Sommer, 1995b, a. a. O., Kapitel 2. Die 2005 eingeführte Bemessungsgrundlage von Eur 1.350 gilt für Geburten ab 1. Jänner 2005, daher nicht für Frauen, die in den nächsten Jahren in Pension gehen.

177 Siehe den Beitrag »Wirtschaftliche und rechtliche Rahmenbedingungen bestimmen den Lebensalltag der Menschen«, S. 80ff in diesem Band.

178 Waisenpensionen und eine finanzielle Absicherung für junge Frauen mit Kindern sind genau genommen nicht Aufgabe der Alterssicherungssysteme.

179 Zur Analyse dieses Vorgangs siehe Helga Hieden-Sommer: Witwerpension – Pensionsreform im Namen der Gleichheit? In: Österreichische Zeitschrift für Politikwissenschaft, 2/94, Wien, 1994, 177–193.

180 Siehe Erläuterungen zur 51. Novelle zum Allgemeinen Sozialversicherungsgesetz (ASVG). Diese geschlechtsneutrale Regelung begünstigt vor allem gutverdienende Männer und deren Witwen.

181 Zur Analyse des deutschen Pensionssystems siehe Mechthild Veil:

Debatten zur Zukunft des bundesdeutschen Sozialstaats – Feministische Einwände, in: Feministische Studien, Heft 2, 1996, 61–74.

182 Solche Forderungen und Aussagen von Wirtschaftsexperten und Managern wurden 1996 und 1997 immer wieder, häufig ohne Kommentar gleichsam als wirtschaftswissenschaftliche Wahrheit zum Beispiel in den Tageszeitungen Die Presse, Der Standard und Kleine Zeitung verbreitet.

183 Siehe Helga Hieden-Sommer: Wirtschaftsweise und Rechtsverhältnisse als Bedingungsfaktoren der Existenzsicherung von Frauen, in: Kontraste, Nr. 91, April 1996, Positionen Teil II, Wien, 1996, 12–24.

184 Siehe z.B. zu Auswirkungen der 40. ASVG-Novelle auf die Pensionszugänge 1990: Soziale Sicherheit, Wien, Nr.1/1993, 44 und die Reformen 2003.

185 Der Vorschlag, die Bemessungsgrundlage für Kindererziehungszeiten von ATS 6.500,– auf ATS 8.000,– zu erhöhen, war ein kleiner Schritt in die richtige Richtung, nicht jedoch ein »Meilenstein« in der Frauenpolitik, wie der damalige Familienminister Bartenstein 1997 meinte; die Erhöhung galt nur für Geburten nach Beschlussfassung. Zu Fragen der Anrechnung der Versorgungsarbeit für Kinder siehe den Beitrag »Pensionssplitting – die Lösung der Probleme in der Alterssicherung von Frauen?«, S. 169ff in diesem Band.

186 So heißt es in der Rürup-Studie, »Perspektiven der Pensionsversicherung in Österreich«, die am 3. Juli 1997 öffentlich präsentiert wurde, auf Seite 48: »Die Versicherungsleistungen umfassen die Alterssicherung, die Hinterbliebenenversorgung sowie einen Schutz gegen Invalidität.« Jedes Zusatzeinkommen verringert die Sozialhilfeleistung Ausgleichszulage; andererseits entsteht durch eine geringe Versicherungsleistung der Anspruch auf eine Ausgleichszulage.

187 Ein Bericht über die Studie, die Diskussion zur Studie und die als Ergebnis entwickelten »Kombinationsmodelle« erschien im Herbst 1997 in der »Schriftenreihe des Frauenministeriums«, Band 14, unter dem Titel »Eigenständige Alterssicherung für Frauen«.

188 Referat bei der ExpertInnen-Tagung der Bundesministerin für Frauenangelegenheiten Dr. Helga Konrad »Eigenständige ökonomische Absicherung für Frauen im Alter« am 22. August 1995. Siehe auch Helga Hieden-Sommer: Anmerkungen zum Pensionssplitting, in: dies., 1995b, 147–163.

189 Diese Kürzungen bei den Eigenpensionen wurden parallel zur etappenweisen Einführung der Witwerpension vorgenommen. Zur Diskussion dieser Maßnahmen siehe Helga Hieden-Sommer: Witwerpension – Reform im Namen der Gleichheit? In: Österreichische Zeitschrift für Politikwissenschaft, 2/94, Wien 1994, 177–193, besonders die Abschnitte »Ohnmacht und Widerstand von Frauen« und »Geschlechtsneutrale Regelungen – Gleichheitsfalle«.

190 Presseunterlage zur Enquete »Frauenrechte – Rechte der Frauen« des ÖVP-Parlamentsklubs vom 28. Juni 1995.

191 Die Presse, 12.6.1995.

192 Siehe dazu die entsprechenden Ergebnisse der Studie »Neue Wege der eigenständigen Alterssicherung von Frauen«, in der Schriftenreihe des Frauenministeriums, Band 14: Eigenständige Alterssicherung von Frauen, a. a. O.

193 Die Furche, 20.5.1995.

194 Karl Wörister/Emmerich Talos: Materielle Sicherung und Versorgung von Frauen durch staatlich geregelte soziale Sicherung, in: Frauenbericht 1995, Wien, 1995, 401.

195 Die ewige Anwartschaft gilt seit 1. Jänner 1985 (40. Novelle zum ASVG). Sie ersetzte die so genannten Halb- und Dritteldeckungsvorschriften; diese hatten bei langen Pausen in der Erwerbsarbeit zu einem Wegfall der vor der Pause liegenden Beitragsjahre für den Pensionsanspruch geführt. Viele Frauen verloren dadurch Versicherungsjahre oder erreichten überhaupt keinen Anspruch für eine Pension.

196 Karl Wörister: »Der Versorgungsausgleich in der Pensionsversicherung – ein frauenpolitisches Anliegen«, interne Stellungnahme als Mitarbeiter des Frauenministeriums, August 1991.

197 Referat bei der ExpertInnen-Tagung vom 22. August 1995, in: Schriftenreihe der Frauenministerin, Band 14, a. a. O., 57f.

198 Siehe »Frauenpolitische Forderungen an eine Pensionsreform«, in: Helga Hieden-Sommer, 1995b, a. a. O., 114–116.

199 Stellungnahme beim Round Table der ExpertInnentagung des Frauenmimnisteriums vom 21. August 1996.

200 Eva Kreisky/Margit Niederhuber (Hg.), Johanna Dohnal. Eine andere Festschrift. Milena Verlag, Wien, 1999

201 Aussage von Herrn Universitätsprofessor Rürup bei der Präsentation der

Studie am 3. Juli 1997 auf meine Frage, warum er den unterhaltsrechtlichen Teil unseres Pensionssystems nicht einbezogen hat.

202 Siehe Hieden-Sommer: Pensionsreform im Namen der Gleichheit? In: Österreichische Zeitschrift für Politikwissenschaft, 2/94, Wien, 1994, 177–193. Die Forderung von Frauen nach Gleichheit in der Alterssiche rung wurde von Experten damals zur Forderung nach Gleichheit in der Hinterbliebenenversorgung umgedeutet. Die Folge: Schlecht versorgte Frauen bekamen keinen Schilling mehr, etliche gut versorgte Männer, die ihre berufstätige Ehefrau überlebten, hatten nun auch Anspruch auf eine Witwerpension.

203 Siehe Band 14, August 97, Schriftenreihe der Frauenministerin »Eigenständige Alterssicherung für Frauen«, Wien. Darin werden die Hauptergebnisse der Studie des Europäischen Zentrums für Wohlfahrtspolitik und Sozialforschung, verfasst von Christopher Prinz/Gabriele Rolff/Monika Thenner, »Neue Wege der Alterssicherung von Frauen, Ausgangslage und Reformmodelle«, dokumentiert sowie die Expertinnen- und Expertendiskussion der Tagungen vom August 1995 und August 1996.

204 Den Ausdruck ›Versorgungsökonomie‹ habe ich von Ursula Beer übernommen; er bezieht sich auf die Makroebene der Gesellschaft. Auf der Mikroebene entsprechen ihm in etwa Haushaltsarbeit (Konsumarbeit) und Kinderbetreuung und -versorgung (und die Betreuung anderer Familienmitglieder), kurz: die im privaten Haushalt verankerten Tätigkeiten.

205 Siehe Helga Hieden-Sommer: Wissenschaftliche Kategorien und Armut, 1995b, a. a. O., 179–203.

206 Siehe Helga Hieden-Sommer: Existenzsicherung von Frauen und verborgene Mechanismen der Macht, Referat beim Frauenarbeitsgipfel in Luxemburg am 21. November 1977, veröffentlicht im Tagungsbericht: FRAE Sommet 97, Erster europäischer Frauenarbeitsgipfel in Luxemburg, 21.11.1997, Luxemburg, 1998, 61–70.

207 Siehe Beitrag »Der kapitalistische Produktivitätsmalus beeinflusst die Einkommensschere zwischen Frauen und Männern«, S. 51ff in diesem Band.

208 Bankmanager mit Jahreseinkommen von mehreren Millionen Euro und Abfertigungen in unfassbarer Höhe sind zwar rechtlich gesehen auch Arbeitnehmer, haben aber kaum Lebensbedingungen und Interessen wie die große Zahl der Arbeitnehmerinnen und Arbeitnehmer.

209 Siehe Gerda Lerner: Unterschiede zwischen Frauen neu gefasst, in: dies.: Frauen finden ihre Vergangenheit, Frankfurt/New York 1995, 176–190.

210 Siehe z.B. Ina Paul-Horn: Das Spannungsfeld von öffentlichem und privatem Bereich, in: Eva Kreisky/Birgit Sauer (Hg.): Geschlecht und Eigensinn, Wien, 1998, 49–58; Henriette Stevens: Frauen und Industrialisierung – eine Grenzregulierung? In: Gabriella Hauch (Hg.): Geschlecht – Klasse – Ethnizität, Wien, 1993, 156–170.

211 Zu diesem politischen Vorgang siehe Nancy Frazer: Der Kampf um die Bedürfnisse, in: dies.: Widerspenstige Praktiken. Macht, Diskurs, Geschlecht, Frankfurt a. Main, 1994, 249–291. Ein illustratives österreichisches Beispiel ist die seit Jahren laufende Diskussion über Karenzgeld – Erziehungsgeld – Betreuungsscheck. Siehe auch den Beitrag »Kinderbetreuungsgeld – Gesetzeslage und Änderungsvorschläge vor der Nationalratswahl 2006«, S. 111ff in diesem Band.

212 Kurzfassung des Pensionsmodells der Grünen, Seite 2, in: fair teilen. Die grüne Grundsicherung im Alter, Wien, 1998.

213 Siehe Helga Hieden-Sommer: Frau und Politik – Frau und Macht, in: Irmtraut Karlsson/Hans Waschek (Hg.): Johanna ist 50. Wir geigen weiter, Linz, 1989, 101–125.

214 Siehe z.B. Hedwig Lutz/Michael Wagner/Walter Wolf: Von Ausgrenzung bedroht. Forschungsberichte aus Sozial- und Arbeitsmarktpolitik Nr. 50, hg. vom Bundesministerium für Arbeit und Soziales, Wien, 1993.

215 EU als Wirtschaftsraum, Internationalisierung der Finanzmärkte, die allgemeine Anerkennung des US-amerikanischen Kapitalismus als angeblich auch dem europäischen wohlfahrtsstaatlich gezähmten Kapitalismus überlegenes Gesellschaftssystem, die Vergrößerung der Einkommens- und Vermögensunterschiede, der Ruf wirtschaftlich Mächtiger nach ›bezahlbarer Arbeit‹, die scheinbare Überwindung der Körperlichkeit des Menschen durch die von der Computertechnologie virtuell geschaffenen Räume …

216 Siehe Martin Burckhardt: Metamorphosen von Raum und Zeit. Eine Geschichte der Wahrnehmung, Frankfurt/Main, 1994, besonders 75–103, 306–326, 331f.

217 Bundesministerium für Frauenangelegenheiten und Verbraucherschutz (Hg): Eigenständige Alterssicherung für Frauen, Schriftenreihe der Frauenministerin, Band 14, Wien, 1997, 185.

218 Der Standard, 21.8.2006, 5.

219 Bekanntlich fordert Dr. Haider immer wieder eine Flat-Tax, also einen niedrigen einheitlichen Einkommenssteuersatz für alle Einkommenshöhen, dies trotz immer weiter auseinanderklaffender Primäreinkommen.

220 Die Presse, 13.3.2002, 7.

221 Die Einwände gegen ein Pensionssplitting haben Helga Hieden-Sommer und Lore Hödl vorgebracht. Siehe die von Frauenministerin Helga Konrad veranstalteten Enqueten »Eigenständige Absicherung für Frauen im Alter« (22. August 1995) und »Im Alter abgesichert leben können. Neue Wege der eigenständigen Absicherung von Frauen« (21. August 1996), in: Bundesministerium für Frauenangelegenheiten , 1997, a. a. O.

222 Bundesministerium für Soziale Sicherheit, Generationen und Konsumentenschutz (Hg.): Sozialschutz in Österreich, Wien, 2006, 50f.

223 Nach dem Witwerpensionserkenntnis vom 26. Juni 1981 scheiterte die von Experten vorgeschlagene Einführung einer Partnerpension am Widerstand der berufstätigen Frauen. Siehe Helga Hieden-Sommer, Pensionsreform im Namen der Gleichheit? In: Österreichische Zeitschrift für Politikwissenschaft, 2/94, Wien, 1994, 177–192.

224 Bundesministerium für Soziale Sicherheit, Generationen und Konsumentenschutz (Hg.): Politik für Menschen: Aufgaben, Leistungen und Maßnahmen des Sozialministeriums, Wien, 2006, 42.

225 Zur Frage wie Kindererziehung ab 1993 und davor in der Pensionsversicherung angerechnet wurde, siehe Helga Hieden-Sommer: Alterssicherung der Frauen, in: Renner Institut (Hg.): Der Sozialstaat in Österreich. Was bleibt er den Frauen schuldig? Enquete 9. November 1992, Wien, 1993, 54–67.

226 Bundesministerium für soziale Sicherheit, Generationen und Konsumentenschutz (Hg.): Die Zukunftspension auf einem Blick. Einfach. Sicher. Gerecht, Wien, o. J. (2006), 4.

227 A. a. O., 43ff und Bundesministerium für Soziale Sicherheit, Generationen und Konsumentenschutz (Hg.): Sozialschutz in Österreich, Wien, 2006, 43. Bereits 2002 hat die Arbeiterkammer in ihrem Konzept »Eigenständige Alterssicherung von Frauen« u. a. eine deutlich höhere Bewertung der Kindererziehungszeiten, die Berücksichtigung der Pflege naher Angehöriger ab der Pflegestufe 3 sowie die Beseitigung der geschlechtsspezifischen Diskriminierung bei der Notstandshilfe gefordert. Siehe

AKtuell, ein Service der AK, 5/02, Eigenständige Alterssicherung von Frauen.

228 Siehe redaktionell gestaltete ganzseitige Anzeige »Landeshauptmann Haider und Landesrat Dörfler übergeben erstes Kärntner Müttergeld«, in: Draustädter, Das Magazin für Villach Stadt und Land, August 2006, 85.

229 Inserat der Partei »Die Freiheitlichen in Kärnten. BZÖ Bündnis Zukunft Österreich«, in: Kärntner Woche, 9. bis 22. August, 9. Draustädter und Kärntner Woche sind Gratiszeitungen, die an jeden Haushalt gehen.

230 Im Regierungsübereinkommen der SPÖ-ÖVP-Koalition vom 11. Jänner 2007 wurden als kurzfristiges Ziel der Armutsbekämpfung ein Mindestlohn auf Basis eines Generalkollektivvertrages in Höhe von 1000,– Euro und die Einführung einer bedarfsorientierten Mindestsicherung vereinbart. 2007 beträgt diese Mindestsicherung 726,– Euro brutto (14-mal); als erster Schritt wurde der Ausgleichszulagenrichtsatz für 2007 auf 726,– Euro erhöht. Danach soll es zu einer in allen Bundesländern einheitlichen Sozialhilfe in dieser Höhe kommen und gleichzeitig der »Ausbau mindestsichernder Elemente im Arbeitslosenrecht« erfolgen. Regierungsprogramm für die XXIII. Gesetzgebungsperiode, Abschnitt Armutsbekämpfung,109–111.

231 Alleinverdienerabsetzbeträge für Kinder, Pensionssplitting, ein Verständnis von Beitrags- und Leistungsgerechtigkeit für die Bemessung der öffentlich-rechtlichen Alterspensionen, das dem Verständnis von Privatversicherungen und der neoliberalen kapitalistischen Arbeitsbewertung entspricht, aber großzügige Hinterbliebenenpensionen für nichterwerbstätige Ehefrauen gut verdienender Männer ohne Berücksichtigung von Beitrags- und Leistungsgerechtigkeit …

232 Thesen zu den Grundsätzen der Sozialdemokratie. Die Grundlage für die erste Phase der Programmdiskussion der SPÖ, hg. von der Bundesgeschäftsstelle der SPÖ, Wien, 1993.

233 Siehe Gudrun Biffl: Der Haushaltssektor. Der volkswirtschaftliche Wert der unbezahlten Arbeit, in: WIFO Monatsberichte, Heft 9/89, Wien, 1989, 567–576.

234 Siehe z.B. Ursula Beer: Das Geschlechterverhältnis in der »Risikogesellschaft«, in: Feministische Studien, Heft 1/92, 1992, 99–105.

235 John K. Galbraith: Wirtschaft für Staat und Gesellschaft, München/Zürich, 1974, 51.

236 Siehe Ursula Beer: Geschlecht, Struktur, Geschichte. Soziale Konstitu-

ierung des Geschlechterverhältnisses, Frankfurt/New York, 1990, besonders Abschnitt: Das Geschlechterverhältnis in seiner Bindung an historisch besondere Eigentumsformen, 229ff.

237 Siehe z.B. Presseaussendung der Industriellenvereinigung vom 7. August 1992. Siehe auch Helga Hieden-Sommer: Männer Leistung – Frauen Liebe, in: Österreichische Zeitschrift für Politikwissenschaft, Heft 3, Wien, 1993, 327–341.

238 Franz Vranitzky: Sozialdemokratie in der Zeitenwende, in: Zukunft, Heft 5, Wien, 1992, 6.

239 Pierre Bourdieu: Die verborgenen Mechanismen der Macht, Hamburg, 1992, 50f.

240 Pierre Bourdieu a. a. O., 130.

241 In den 1990er Jahren gab es eine SPÖ-ÖVP-Koalition.

242 Verlagerung von Produktionen in Billiglohnländer, Einsparungen bei den öffentlichen Diensten, Zunahme der Erwerbsarbeitslosen in den Industrieländern …

243 2006 betrug die Geringfügigkeitsgrenze monatlich Eur 333,16; 2007 Eur 341,16; 1993 ATS 3.102,–.

244 Von der Statistik Austria, so heißt das statistische Zentralamt jetzt, werden neuerdings im Zusammenhang mit Armutsgefährdung die Haushalte in Mehrpersonenhaushalte nach Kinderzahl und Erwerbstätigkeit der Frau gegliedert. Siehe Abschnitt Armut und Armutsgefährdung in Österreich 2003, in: Bundesministerium für soziale Sicherheit, Generationen und Konsumentenschutz (Hg.): Bericht über die soziale Lage 2003–2004. Ressortaktivitäten. Analysen, Wien, 2004, 222.

245 Siehe Beitrag »Wirtschaftliche und rechtliche Rahmenbedingungen bestimmen den Lebensalltag der Menschen«, S. 80ff in diesem Band.

246 Z.B. Ewald Nowotny: Sozialdemokratische Wirtschaftspolitik. Solidarische Leistungsgesellschaft, Wien, 1992, 16.

247 Ingrid Kurz-Scherf: Fragen an eine Kritik der politischen Ökonomie der Arbeit, in: Das Argument, 35. Jg., Heft 3 Mai/Juni 1993, 339–348.

248 Siehe Erkenntnis des Verfassungsgerichtshofes B 541/92-18, B 1321/92-12 vom 13. März 1993.

249 Nach dem heftigen Einspruch einiger weiblicher SPÖ-Abgeordneter zum Nationalrat – v. a. Helga Hieden-Sommer und Adelheid Praher – wurde die nun mit Matura abschließende Bildungsstätte »Bildungsanstalt für Kindergartenpädagogik« genannt.

250 Siehe Ruth Wodak u. a.: Sprachliche Gleichbehandlung von Frau und Mann, Schriftenreihe zur sozialen und beruflichen Stellung der Frau, 16/1987, Wien, 1987.

251 Kleine Zeitung, 12.5.2004. Die steirische ÖVP-Landeshauptfrau wollte immer Frau Landeshauptmann genannt werden.

252 Salzburger Nachrichten, 13.5.2004, 2.

253 Interview für: ARGE Generationendialog (Hg.)(SPÖ-Frauen, Pensionistenverband, u. a.) (2005): Aus einer dunklen in eine helle Zeit. Frauengeschichten aus den Aufbaujahren 1945–1955, Wien, 83–87.

254 Siehe z. B. science ORF.at, »Der Fall Borodajkewycz erschütterte Österreich. Das andere Gedenken im Jubiläumsjahr 2005.« Der an der Hochschule für Welthandel lehrende Sozial- und Wirtschaftshistoriker Taras Borodajkewycz betonte in einer von der Hochschülerschaft organisierten Pressekonferenz am 23.3.1965 unter großem Beifall seine nationalsozialistische Vergangenheit und bezeichnete die österreichische Nation als »Geflunker«. Dies führte wie oft zuvor zu Auseinandersetzungen. Bei einer von den Widerstandskämpfern organisierten Demonstration am 31.3.1965 wurde in der Wiener Innenstadt der 67-jährige ehemalige KZ-Häftling Erwin Kirchweger von einem 24-jährigen rechtsradikalen Burschenschafter niedergeschlagen. Ohne das Bewusstsein wieder erlangt zu haben, starb er zwei Tage später.

Literatur

A

ALTVATER; ELMAR (1995): Die Arbeitsgesellschaft vor den Herausforderungen von Geld und Natur, in: Aus Politik und Zeitgeschichte, Beilage zur Wochenzeitung Das Parlament, B 15/95, 16–24.

APPELT, Erna/NEYER; Gerda (Hginnen.) (1994): Feministische Politikwissenschaft, Wien.

ARBEITSKREIS ALTERSSICHERUNG DER SOZIALISTISCHEN FRAUEN ÖSTERREICHS (Hg.) (o. J., 1989): Die Zukunft der Alterssicherung, verfasst von Helga Hieden-Sommer, Wien.

BADELT, Christoph (1990): Die ökonomische Situation der Familien in Österreich, in: Bundesministerium für Umwelt, Jugend und Familie (Hg.): Lebenswelt Familie. Familienbericht 1989, Wien, 143–227.

BADELT, Christoph (1991): Brennpunkt Erziehungsgeld. Zur Lebenssituation nicht berufstätiger Frauen mit Kleinkindern – Erfahrungen mit dem Vorarlberger Modell, Wien – Köln – Weimar.

BADELT, Christoph (1993): »Erziehungsgeld« und »Wahlfreiheit« zwischen Erwerbs- und Familienarbeit. Empirische Evidenz zu einem kontroversiellen Konzept, in: Demographische Information, 1992–1993, hg. vom Institut für Demographie, Österreichische Akademie der Wissenschaften, Wien, 5–15.

BADELT, Christoph (1994): Konturen alternativer Reformstrategien zum Familienlastenausgleich, Diskussionspapier, Wien, Juli 1994, Manuskript.

BAUER, Leonhard (1995): Unterschiedliche Gründe, in: Mitbestimmung 3/1995, Wien, 3–4.

BEER, Ursula (1990): Geschlecht, Struktur, Geschichte. Soziale Konstituierung des Geschlechterverhältnisses, Frankfurt am Main/New York.

BEER, Ursula (1992): Das Geschlechterverhältnis in der »Risikogesellschaft«. in: Feministische Studien, 1/92, Weinheim und Basel, 99–105.

BENNHOLDT-THOMSEN, Veronika (1995): Neoliberale Raubzüge, in: Frauensolidarität 2/95, Wien, 2–5.

BIFFL, Gudrun (1989): Der Haushaltssektor. Der volkswirtschaftliche Wert der unbezahlten Arbeit, in: WIFO Monatsberichte. Österreichisches Institut für Wirtschaftsforschung, 9/89, Wien, 567–576.

BOURDIEU, Pierre (1987a): Die feinen Unterschiede, Frankfurt/Main, 4. Auflage.

BOURDIEU, Pierre (1987b): Sozialer Sinn, Frankfurt am Main.

BOURDIEU, Pierre (1992): Die verborgenen Mechanismen der Macht, Hamburg.

BOURDIEU, Pierre (1993): Soziologische Fragen, Frankfurt am Main.

BOURDIEU, Pierre (1998): Gegenfeuer. Wortmeldungen im Dienste des Widerstands gegen die neoliberale Invasion, Konstanz.

BOURDIEU, Pierre (2001): Gegenfeuer 2. Für eine europäische soziale Bewegung, Konstanz.

BOURDIEU, Pierre (2005): Die männliche Herrschaft, Frankfurt am Main.

BUCHINGER, Birgit/GSCHWANDTNER, Ulrike (1998): Leistung – Lohn – Geschlecht, in: BUNDESMINISTERIUM FÜR ARBEIT, GESUNDHEIT UND SOZIALES (Hg.): Goldmarie. Eine Fachtagung zu Lohn, Qualifikation und Geschlecht, Wien, 23–37.

BUNDESKAMMER FÜR ARBEITER UND ANGESTELLTE (Hg.) (2004): Die Lage der Arbeitnehmerinnen und Arbeitnehmer in Österreich, Wien.

BUNDESMINISTERIUM FÜR ARBEIT UND SOZIALES (Hg.)(1993): Pflegegeld in Europa. Verfasst von EVERS, Adalbert/LEICHSENRING, Kai/PRUCKNER, Birgit. Wien.

BUNDESMINISTERIUM FÜR ARBEIT UND SOZIALES (1994): Bericht über die soziale Lage 1993, Wien.

BUNDESMINISTERIUM FÜR ARBEIT UND SOZIALES (Hg) (1997): Perspektiven der Pensionsversicherung in Österreich (Rürup-Studie), Wien.

BUNDESMINISTERIUM FÜR FRAUENANGELEGENHEITEN UND VERBRAUCHERSCHUTZ (Hg.) (1997): Eigenständige Alterssicherung für Frauen, Schriftenreihe der Frauenministerin, Band 14, August 1997, Wien.

BUNDESMINISTERIUM FÜR GESUNDHEIT UND FRAUEN (Hg.) (2003): Diskriminierungsfreie Arbeitsbewertung und Arbeitsorganisation. Forschungsbericht des Projektteams RANFTL, Edeltraud MEGGENEDER, Oskar/GSCHWANDTNER, Ulrike/BUCHINGER, Birgit. Wien.

BUNDESMINISTERIUM FÜR SOZIALE SICHERHEIT, GENERATIONEN UND KONSUMENTENSCHUTZ (Hg.) (2004): Bericht über die soziale Lage 2003–2004. Ressortaktivitäten Analysen, Wien.

BUNDESMINISTERIUM FÜR SOZIALE SICHERHEIT, GENERATIONEN UND KONSUMENTENSCHUTZ (Hg.) (2006): Politik für Menschen: Aufgaben, Leistungen und Maßnahmen des Sozialministeriums, Wien.

BUNDESMINISTERIUM FÜR SOZIALE SICHERHEIT, GENERATIONEN UND KONSUMENTENSCHUTZ (Hg.) (2006): Sozialschutz in Österreich, Wien.

BUNDESMINISTERIUM FÜR SOZIALE SICHERHEIT, GENERATIONEN UND KONSUMENTENSCHUTZ (Hg.) (o. J., 2006?): Die Zukunftspension auf einen Blick. Einfach. Sicher. Gerecht, Wien.

BUNDESMINISTERIUM FÜR WIRTSCHAFT UND ARBEIT, Abteilung für grundsätzliche Angelegenheiten der Frauen (Hg.) (2000): Einkommen von Frauen in unselbständiger Beschäftigung. Endbericht des Forschungsteams GREGORITSCH, Petra/KALMAR, Monika/ WAGNER-PINTER, Michael, Wien.

BURCKHARDT, Martin (1994): Metamorphosen von Raum und Zeit. Eine Geschichte der Wahrnehmung, Frankfurt am Main/ New York.

DIXON, Keith (2000): Die Evangelisten des Marktes, Konstanz.

FRASER, Nancy (1994): Widerspenstige Praktiken, Macht, Diskurs, Geschlecht, Frankfurt am Main.

FRASER, Nancy (1997): Social Justice in the Age of Identity Politics: Redistribution, Recognition and Participation, hektographiertes Manuskript des Referats, Renner Institut/BAWAG, Wien, 21. Mai 1997.

FÜRBÖCK, Karl (1977): Familienrecht und Sozialversicherung, in: Recht der Arbeit, 27. Jg., Heft 139, Wien, 8–10.

GALBRAITH, John Kenneth (1974): Wirtschaft für Staat und Gesellschaft, München/Zürich.

GERHARD, Ute (1999): Atempause. Feminismus als demokratisches Projekt, Frankfurt am Main.

GERHARD, Ute/JANSEN, Mechthild u.a. (1990): Differenz und Gleichheit. Menschenrechte haben (k)ein Geschlecht, Frankfurt am Main.

HAAS, Barbara (2001): Bezahlte Haushaltshilfen als Chance zur Neuverteilung der Hausarbeit? In: SWS-Rundschau, Heft2/2001, Wien, 263–281.

HARDING, Sandra (1990): Feministische Wissenschaftstheorie. Zum Verhältnis von Wissenschaft und sozialem Geschlecht, Hamburg, 2. Auflage.

HAUG, Frigga (1996): Frauen – Politiken, Berlin – Hamburg.

HAUG, Frigga (2006): Links und feministisch? Feministische Kapitalismuskritik – Probleme und Perspektiven, in: Widerspruch 50, 26. Jg./1. Halbjahr 2006, Basel/Zürich, 87–98.

HAUG, Frigga/HAUSER, Kornelia (Hginnen) (1988): Geschlechterverhältnisse und Frauenpolitik, Argumente Sonderband AS 110, Berlin – Hamburg.

HEFLER, Günter/KRIVANEC Eva (2005): Chiffren der Gegenwart. Die Arbeitsmarktstatistik in der medialen Berichterstattung, in: Kurswechsel, 5/2005, Wien, 80–96.

HOOKS, Bell (2000): Feminism is for EVERYBODY. Passionate Politics, Cambridge, MA.

JAROSCH, Monika (2000): Gleich ist nicht Gleich, in: AEP. Zeitschrift für Politik und Gesellschaft, Nr. 4, Innsbruck, 9–11.

KAMMER FÜR ARBEITER UND ANGESTELLTE FÜR WIEN (Hg.) (2002): Eigenständige Altersicherung für Frauen, AKtuell. Ein Service der AK, 5/02, Wien.

KAMMER FÜR ARBEITER UND ANGESTELLTE FÜR WIEN (Hg.) (2003): Pensionsreform 2003. Auswirkung auf Niedrigpensionen. Sonderinfo 1, August 2003, Wien.

KAMMER FÜR ARBEITER UND ANGESTELLTE (Hg.) (2004): Sozialstaat Österreich. Sozialleistungen im Überblick. Lexikon der Ansprüche und Leistungen, Ausgabe 2004, Wien.

KAMMER FÜR ARBEITER UND ANGESTELLTE FÜR WIEN (Hg.) (2006): Beruf – Baby – Bildung. AK Befragung von Eltern in Karenz, Wien.

KELLERMANN, Paul (1991): Gesellschaftlich erforderliche Arbeit und Geld, Klagenfurt.

KELLERMANN, Paul (1994): Bedürfnis, Arbeit, Geld und Paradigmata, in: KELLERMANN, Paul/ MIKL-HORKE, Gertraude (Hg.): Betrieb, Wirtschaft und Gesellschaft, Klagenfurter Beiträge zu bildungswissenschaftlichen Forschung 27, Klagenfurt, 8 –117.

KLUGER, Martin (2004): Breitere Einkommensbasis schützt vor Armut, in: Die Presse, 9.8.2004, 14.

KNAPP, Gudrun-Axeli (1989): Arbeitsteilung und Sozialisation: Konstellationen von Arbeitsvermögen und Arbeitskraft im Lebenszusammenhang von Frauen, in: BEER, Ursula (Hgin.): Klasse Geschlecht. Feministische Gesellschaftsanalyse und Wissenschaftskritik, Bielefeld, 1989, 2. Auflage.

KAMMER FÜR ARBEITER UND ANGESTELLTE (Hg.) (2004): Sozialstaat Österreich. Sozialleistungen im Überblick. Lexikon der Ansprüche und Leistungen, Wien.

KOMMISSION DER EUROPÄISCHEN GEMEINSCHAFTEN (1993), Generaldirektion Audiovisuelle Medien, Information, Kommunikation, Kultur, Fraueninformation, Nr. 36: Die Lage der Frauen auf dem Arbeitsmarkt. Entwicklungstendenzen in den zwölf Ländern der Europäischen Gemeinschaft, 1983–1990, die Sonderhefte von FRAUEN EUROPAS, Brüssel o. J.

KROPF, Katharina (1993): Familienpolitik aus der Sicht der Interessensvertretungen der Arbeitnehmerinnen und Arbeitnehmer unter besonderer Berücksichtigung der bisherigen Entwicklung sowie Fragen der Weiterentwicklung des Familienlastenausgleichsgesetzes, Wien.

KRÜGER, Helga (1987): Sozialpolitik für kleine Kinder – Chance oder Knebelung für die Frau? In: UNTERKIRCHLER, Lilo/WAGNER, Ina (Hginnen.): Die Andere Hälfte Der Gesellschaft. Österreichischer Soziologentag 1985, Wien, 1987, 315–326.

KURZ-SCHERF, Ingrid (1993): Fragen an eine Kritik der politischen Ökonomie der Arbeit, in: Das Argument, 35. Jg., Heft 3/1993, Berlin – Hamburg, 339–348.

LEBARON, Frederic (2005): Die Herstellung der Wirtschaftsmeinung durch die Medien, in: Kurswechsel, 4/2005, Wien, 76–79.

LERNER, Gerda (1995): Unterschiede zwischen Frauen neu gefasst, in: dies.: Frauen finden ihre Vergangenheit, Frankfurt am Main/ New York, 176–90.

LUTZ, Hedwig/WAGNER, Michael/WOLF, Walter (1993): Von Ausgrenzung bedroht. Forschungsberichte aus Sozial- und Arbeitsmarktpolitik, Nr. 50, hg. vom Bundesministerium für Arbeit und Soziales, Wien.

MADÖRIN, Mascha (1992): Zur neuen Welt(un)ordnungspolitik. Fünf Thesen aus feministischer Sicht, in: Frauensolidarität, 41/1992, Wien, 4–9.

MADÖRIN, Mascha (1995a): Feministische Wirtschaftspolitik – weg von den politischen und theoretischen Trampelpfaden, in: Olympe – Feministische Arbeitshefte zur Politik 2/1995, 10–20.

MADÖRIN, Mascha (1995b): Ökonomie aus Frauensicht, in: 10 Jahre Frauenreferat – Amt der Vorarlberger Landesregierung, Bregenz, 28–33.

MADÖRIN, Mascha (2000): Der Finanzsektor und die Macht, Sachzwänge zu schaffen, in: KRONDORFER, Birge/MOSTBÖCK, Carina (Hginnen): Frauen und Ökonomie, Wien, 2000, 119–131.

MAIER, Friederike (1993): Homo Oeconomicus. Zur geschlechtsspezifischen Konstruktion der Wirtschaftswissenschaften, in: Prokla, 4/1993, 551–571.

MATZNER, Egon (1999): Wider die Behinderung des Wissens, in: Der Standard, 22 01 99, W1.

MEULENBELT, Anja (1988): Scheidelinien. Über Sexismus, Rassismus und Klassismus, Reinbeck bei Hamburg.

MICHALITSCH, Gabriele (2004): Private Liebe statt öffentliche Leistung. Geschlechterimplikationen von Privatisierung, in: Kurswechsel, Heft 3/2004, Wien, 7 –84.

MIESS, Maria/ WERLHOF, Claudia von (Hginnen.) (1998): Lizenz zum Plündern. Das Multilaterale Abkommen über Investitionen ›MAI‹. Globalisierung der Konzernherrschaft – und was wir dagegen tun können, Hamburg.

MIKL-HORKE, Gertraude (1994): Wirtschaft als sozialer Prozeß, in: KELLERMANN; Paul/MIKL-HORKE, Gertraude (Hg.): Betrieb, Wirtschaft und Gesellschaft, Klagenfurter Beiträge zu bildungswissenschaftlichen Forschung 27, Klagenfurt, 118–153.

MILLS, Charles Wright (1973): Kritik der soziologischen Denkweise, Darmstadt und Neuwied.

MITTERAUER, Michael (1994): Entgrenzung und Beschleunigung – gesellschaftliche Entwicklungstendenzen in ihren Auswirkungen auf die Familie, in: Politicum, Nr. 60, Zukunft der Familie, Graz, 144–157.

MÖLLER, Carola (1983): Ungeschützte Beschäftigungsverhältnisse – Verstärkte Spaltung der abhängig Arbeitenden, in: beiträge zur feministischen theorie und praxis, Heft 9/10/1983, Köln, 15.

MÖLLER, Carola (1991): Über das Brot, das euch in der Küche fehlt, wird nicht in der Küche entschieden, in: Trotz Fleiß kein Preis, beiträge zur feministischen theorie und praxis, Heft 29/1991, Köln, 7–24.

NAVE-HERZ, Rosemarie (1993): Familie und Arbeitswelt – Gesellschaftliche Auswirkungen der Vereinbarkeitsproblematik, in: Politikum, Nr. 60, Graz, 21–23.

NEYER, Gerda/WIEDERSCHWINGER, Margit (1990): Verlängerter Karenzurlaub – Modernisierung des traditionellen Geschlechterverhältnisses? in: Österreichische Zeitschrift für Politikwissenschaft, 19. Jg., Wien, 193–202.

NICKEL, Hildegard Marie (2004): Zukunft der Arbeit aus feministischer Perspektive, In: BAATZ, Dagmar/RUDOLPH, Clarissa/SATILMIS, Ayla

(Hginnen): Hauptsache Arbeit? Feministische Perspektiven auf den Wandel von Arbeit, Münster, 242–254.

NOTZ, Gisela (1987): Ist unbezahlte Arbeit unbezahlbar? in: beiträge zur feministischen theorie und praxis, Heft 19/1987, 67–78.

NOTZ, Gisela (1991): Kinder, Küche, Knete. Der »partizipativen Geburt« folgt nur selten eine partizipative Beteiligung der Väter an den Reproduktionsarbeiten, in: beiträge zur feministischen theorie und praxis, Heft 29, Köln, 135–146.

NOTZ, Gisela (1999) : Die neuen Freiwilligen. Das Ehrenamt – eine Antwort auf die Krise? 2. aktualisierte Auflage, Neu-Ulm: AG-SPAK-Bücher.

NOWOTNY, Ewald (1992): Sozialdemokratische Wirtschaftspolitik: Ein Überblick. Eine neue Chance, in: NOWOTNY, Ewald (Hg.): Sozialdemokratische Wirtschaftspolitik. Solidarische Leistungsgesellschaft, Wien, 16ff.

NOWOTNY, Helga (1989): Eigenzeit, Frankfurt am Main.

OBERMAYR, Ursula/STEFANITS, Hans/WÖRISTER, Karl/ZISCH, Kurt/JUCH, Josef/GRILLITSCH, Karl/HAYDN, Reinhard/SULZBACHER, Walter (Hg.), (1993): Geschlechtsspezifisches Pensionsniveau. Stand und Entwicklung, in: Soziale Sicherheit, Nr.1, Wien, 23–50.

OPIELKA, Michael (1987): Perspektiven von Arbeit und Einkommen, in: Bundesministerium für Arbeit und Soziales, Basislohn/Existenzsicherung. Garantiertes Grundeinkommen für alle? Forschungsbericht Nr. 16, 47–74, Wien.

OSTNER, Ilona (1987): Kurzfristige Vorschläge auf dem Weg zum garantierten Grundeinkommen – Notizen aus der Perspektive von Frauen, in: Bundesministerium für Arbeit und Soziales, Basislohn/ Existenzsicherung. Garantiertes Grundeinkommen für alle? Forschungsbericht Nr. 16, 85–105, Wien.

OSTNER, Ilona (1994): Verschwindet der Ernährer-Ehemann? in: Politicum, Nr. 60, Zukunft der Familie, Graz, 43–60.

PAUL-HORN, Ina (1998): Das Spannungsfeld von öffentlichem und privatem Bereich, in: KREISKY, Eva/SAUER, Birgit (Hginnen.) (1998): Geschlecht und Eigensinn, Wien, 49–58.

PATEMAN, Carol (1994): Der Geschlechtervertrag, in: APPELT, Erna/NEYER, Gerda (Hginnen.): Feministische Politikwissenschaft, Wien, 73–95.

PETERKA, Josef (1981): Witwerpension besser als Partnerpension, in: Soziale Sicherheit, Nr. 1, Wien, 23f.

PETTERSON, Gisela (1991): Totgesagte leben länger – Familienpolitik in Schweden – ein Modell? In: WSI-Mitteilungen, 2/1991, Wien, 115–119.
PETTERSON, Gisela (Hgin.) (1990): Zeit-Puzzle. Modell Schweden: Arbeitszeit- und Familienpolitik, Hamburg.
POSTMAN, Neil (1988): Wir amüsieren uns zu Tode. Urteilsbildung im Zeitalter der Unterhaltungsindustrie, Frankfurt am Main, 1988.
RECHNUNGSHOF (2004): Bericht gemäß Art. 1 §8 Bezügebegrenzungsgesetz, BGBl. I Nr. 64/1997 für die Jahre 2002 und 2003, (Einkommensbericht des Rechnungshofes), Wien.
REGENHARD, Ulla/MAIER, Friederike/CARL, Andrea-Hiller (Hginnen) (1994): Ökonomische Theorien und Geschlechterverhältnis, Berlin.
REICH, Robert (1997): Goodbye, Mr. President, München.
ROLF, Gabriele/WAGNER, Gert (1992): Ziele, Konzept und Detailausgestaltung des »Voll Eigenständigen Systems« der Altersvorsorge, in: Sozialer Fortschritt, Heft 12/1992, Bonn, 281–291.
ROSENBERGER, Sieglinde (1992): Frauenpolitik in rot-schwarz-rot. Geschlechterverhältnisse als Gegenstand der österreichischen Politik, Wien.
ROSENBERGER, Sieglinde (1995): Frauenpolitik: Moderne zwischen Megatrends und Backlashes, in: Österreichische Zeitschrift für Politikwissenschaften, 1995/1, Wien, 35–51.
ROSENBERGER, Sieglinde (1998): Das Geschlecht der internationalen Beziehungen. Feministische Kritik politikwissenschaftlichen Denkens, in: KREISKY, Eva/SAUER, Birgit (Hginnen.): Geschlecht und Eigensinn. Feministische Recherchen in der Politikwissenschaft, Wien, 1998, 168–189.
ROSENBERGER, Sieglinde (2006): Sozioökonomische Entleerungen und identitätspolitische Aufladungen. Einige Aspekte der Regierungspolitik 2000–2006, in: Kurswechsel, Heft 3/2006, Wien, 80–83.
RUBERY, Jill/ FAGAN, Colette (1998): Equal Oportunities and Employment in the European Union (deutsche Fassung: Chancengleichheit in der Europäischen Union), herausgegeben vom BUNDESMINISTERIUM FÜR ARBEIT, GESUNDHEIT UND SOZIALES und vom BUNDES MINISTERIUM FÜR FRAUENANGELEGENHEITEN UND VERBRAUCHERSCHUTZ anlässlich der österreichischen Präsidentschaft in der EU, Wien.
RUDOLF, Gert (1983): Arbeiterwitwen, in: Soziale Sicherheit Nr. 7/8, Wien, 368f.

RUDOLPH, Hedwig (1990): Der männliche Blick in der Nationalökonomie, in: HAUSEN, Karin/NOWOTNY, Helga (Hginnen.): Wie männlich ist die Wissenschaft? 3. Auflage, Frankfurt am Main, 1990, 129–144

SAUER, Birgit (2001): Öffentlichkeit und Privatheit revisited. Grenzziehungen im Neoliberalismus und die Konsequenzen für Geschlechterpolitik, in: Kurswechsel, Nr. 4/94, Wien, 5–11.

SCHAEFFER-HEGEL, Barbara (Hgin.) (1990): Vater Staat und seine Frauen, Pfaffenweiler.

SCHMERL, Christiane (1993): Alles unter Kontrolle? Emanzipation versus Konservatismus der Männer, in: Aus Politik und Zeitgeschichte, Beilage zur Wochenzeitung Das Parlament, B6/93, Berlin, 15–25.

SCHÖNY, Walter (1994): Standortwettbewerb versus Sozialpartnerschaft, in: Widerspruch Heft 27/94, Zürich, 67–78.

SCHÜLEIN, Johann-August/SIMSA, Ruth (1991): Einelternfamilien – Stiefkinder von Gesellschaft und Forschung? In: Österreichische Zeitschrift für Soziologie, Heft 2/91, Opladen, 41–60.

SCHULTZ, Irmgard (1994): Der erregende Mythos vom Geld, Frankfurt am Main.

SCHUNTER-KLEEMANN, Susanne (Hgin.) (1992): Herrenhaus Europa – Geschlechterverhältnisse im Wohlfahrtsstaat, Berlin.

SCHUNTER-KLEEMANN, Susanne (1995): Frauen und Sozialstaat – Alter nativen gegen das Patriarchat, in: Renner-Institut, Frauen-Dok, 2/1995, Wien, 42–57.

SENF, Bernd (2001): Die blinden Flecken der Ökonomie. Wirtschaftstheorien in der Krise, München.

SENNET, Richard (2004): Respect. The Formation of Character in an Age of Inequality, Penguin Books, London.

SIEGMUND-ULRICH, Silvia (1993): Feminismus und Recht in Österreich, in: Bundesministerin für Frauenangelegenheiten (Hgin.) (1993):»Test the West«. Geschlechterdemokratie und Gewalt, Bericht über das internationale Symposium, 13. bis 15. November 1992, Wien, 57–67.

STEINER, Hans/WOLF, Walter (1994): Armutsgefährdung in Österreich, in: WISO, 2/94, Wien, 123–146.

STEVENS, Henriette (1993): Frauen und Industrialisierung – Eine Frage der Grenzregulierung? In: HAUCH, Gabriella (Hgin.) (1993): Geschlecht – Klasse – Ethnizität. 28. Internationale Tagung der Historikerinnen und Historiker der Arbeiterbewegung, Wien, 156–170.

TALOS, Emmerich (1990): Politik der Gleichbehandlung und die sozialen Lebensbedingungen von Frauen, in: SWS-Rundschau, 30. Jg., Heft 4, Wien, 453–488.

TALOS, Emmerich/WÖRISTER, Karl (1994): Soziale Sicherung im Sozialstaat Österreich, Baden-Baden.

TALOS, Emmerich/WIEDERMANN, Clemens (2006): »Pensionsreform« in Schwarz-Blau/Orange, in: Kurswechsel, 2/2006, Wien, 118–122.

VEIL, Mechthild (1996): Debatten zur Zukunft des bundesdeutschen Sozialstaats – Feministische Einwände, in: Feministische Studien, Heft 2, 1996, Weinheim und Basel, 61–74.

WOLF, Irene/WOLF, Walter (1991): Wie viel weniger …? Einkommensunterschiede zwischen Frauen und Männern in Österreich. Hg. vom Bundesministerium für Arbeit und Soziales, Wien.

WÖRISTER, Karl/TALOS, Emmerich (1995): Materielle Sicherung und Versorgung von Frauen durch staatlich geregelte Sicherung, in: Frauenbericht 1995, hg. von der Bundesministerin für Frauenangelegenheiten, Wien, 1995, 398–415.

YOUNG, Brigitte (2000): Die Herrin und die Magd. Globalisierung und die Rekonstruktion von »class, gender and race«, in: Widerspruch 38/1999/2000, Zürich, 47–60.

B

HIEDEN, Helga (1983): Die Frau in der Gesellschaft. Politische Bildung, Heft 42/43/44, Schriftenreihe des Bundesministeriums für Unterricht und Kunst, Wien.

HIEDEN-SOMMER, Helga (1988): Ein einheitliches Pensionsrecht als Ziel. Für eine grundlegende Reform der Altersversorgung, in: Zukunft, 6/88, Wien, 9–11.

HIEDEN-SOMMER, Helga (1989): Frau und Politik – Frau und Macht, in: KARLSSON, Irmtraud/ WASCHEK, Hans (Hg.): Johanna ist fünfzig. Wir geigen weiter, Linz, 101–125.

HIEDEN-SOMMER, Helga (1990a): Privileg statt Gleichheit. Mit dem Gleichheitssatz wird Männerpolitik gemacht, in: Wochenpresse, Nr. 49/6, Dezember 1990, Wien, 15f.

HIEDEN-SOMMER, Helga (1990b): Vorwahlen und innerparteiliche Demokratie, in: Zukunft, 11/90, Wien, 14–18.

HIEDEN-SOMMER, Helga (1991a): Frauenarbeit: Alles nur aus Liebe? In: Frau und Politik, X, Wien, 9–14.

HIEDEN-SOMMER, Helga (1991b): Das Pensionsrecht ist ein Macho. Anmerkungen zur Handhabung des Gleichheitsgrundsatzes, in: Zukunft, 11/91, Wien, 5–14.

HIEDEN-SOMMER, Helga (1991d): Koedukation – eine Sackgasse? Wer will was durch Koedukation erreichen? In: Erziehung und Unterricht, 7–8/91, Wien, 566–573.

HIEDEN-SOMMER, Helga (1992a): Gleichheit ist nicht Gleichheit. Fragen und Anmerkungen zur verfassungsrichterlichen Sichtweise, in: Zukunft, 3/92, Wien, 12–17.

HIEDEN-SOMMER, Helga (1992b): Frauen als Solidaritätsreserve. Sozialpolitik – Interessensgegensätze?, in: Mitbestimmung, 21. Jahrgang, Heft 3/4, Wien, 9–13.

HIEDEN-SOMMER, Helga (1992c): Familienpolitik und geringfügige Beschäftigungen. Dem Papa wächst ein Busen? In: Frau und Politik, IX/92, Wien, 9–12.

HIEDEN-SOMMER, Helga (1992d): Frauen und Arbeiterbewegung. Von der »Frauenpolitik« zur »Politik der Geschlechterverhältnisse«, in: Frau und Politik, XII/92, Wien, 12f.

HIEDEN-SOMMER, Helga (1993a): Alterssicherung der Frauen, in: Renner-Institut (Hg.): Der Sozialstaat in Österreich. Was bleibt er den Frauen schuldig? Wien, 54–67.

HIEDEN-SOMMER, Helga (1993b): Was bringen geschlechtsneutrale rechtliche Regelungen den Frauen? In: Frau und Politik, 6/93, Wien, 32–34.

HIEDEN-SOMMER, Helga (1993c): Männer Leistung – Frauen Liebe. Gespaltene Gesellschaft, gespaltenes Menschenbild, gespaltene Frauen, in: Österreichische Zeitschrift für Politikwissenschaft, 3/93, Wien, 327–341.

HIEDEN-SOMMER, Helga (1993d): Gedanken zur Koedukation. Warum Erziehung zu Partnerschaft und gleichen Lebenschancen trotz des Zusammenseins von Mädchen und Buben in Kindergarten und Schule nicht statt findet, in: Frau und Politik, 10/93, Wien, 20–27.

HIEDEN-SOMMER, Helga (1994a): Pensionsreform im Namen der Gleichheit? In: Österreichische Zeitschrift für Politikwissenschaft, 2/94, Wien, 177–192.

HIEDEN-SOMMER, Helga (1994b): Soziologische Forschung und

politisches Interesse, in: Österreichische Zeitschrift für Soziologie, 2/94, Opladen, 58–75.
HIEDEN-SOMMER, Helga (1994c): Unterhaltsrecht und marktökonomische Logik festigen bürgerlich-patriarchalische Sozial- und Familienpolitik, in: Kurswechsel, 3/1994, Wien, 4 –57.
HIEDEN-SOMMER, Helga (1994d): Mehr privat, weniger Staat – zu Lasten von Frauen? In: Frauen machen Staat. Lustvoll und tollkühn. Hg. von Frauengetriebe, Bregenz, 54–61.
HIEDEN-SOMMER, Helga (1994e): Steuerliche Familienförderung festigt ökonomische Ungleichheiten – auch zwischen Frau und Mann, in: FLOSSMANN, Ursula/TROST, Barbara (Hginnen.): Aktuelle Themen der Frauenpolitik, Linz, 73–106.
HIEDEN-SOMMER, Helga (1994g): Familienpolitik auf dem Prüfstand. Welche Familien sind durch Armut gefährdet? In: Zukunft, 7/94, Wien, 23–28.
HIEDEN-SOMMER, Helga (1995a): Arbeit aus Liebe – kein Recht auf eigenständige Existenzsicherung. Die bürgerliche Versorgungsehe als Leitbild des Sozialrechts, in: Wien – Peking – Wien, 126–129. Weltfrauenkonferenz ‹95. Eine Dokumentation, hg. von der Bundesministerin für Frauenangelegenheiten, Wien, 126–129.
HIEDEN-SOMMER, Helga (1995b): Frauenpolitik – Geschlechterverhältnisse. Wissenschaftliche Grenzziehungen. Klagenfurter Beiträge zur bildungswissenschaftlichen Forschung, Bd. 29, Klagenfurt.
HIEDEN-SOMMER, Helga (1996a): Haus(Frauen)Arbeit und Makroökonomie – Standortwettbewerb und Sparen, Nachdruck aus 1995b, in: Die Zukunft, 2/96, Wien, 22–26.
HIEDEN-SOMMER, Helga (1996b): Wirtschaftweise und Rechtsverhältnisse als Bedingungsfaktoren der Existenzsicherung von Frauen, in: Kontraste, April 1996, Positionen Teil II, Wien, 12–24.
HIEDEN-SOMMER, Helga (1998): Existenzsicherung und verborgene Mechanismen der Macht, in: FRAE SOMMET 97. Erster Europäischer Frauenarbeitsgipfel in Luxemburg 1997, hg. von Conseil National des Femmes Luxembourgeoises, Luxemburg, 61–70.
HIEDEN-SOMMER, Helga (2000): Hidden Mechanisms of Power: The Capitalist Concept of Productivity and Social Marginalisation of Many Women, Referat beim Treffen der Gender-Group des EU Projekts COST A13, Paris, Mai 2000, unveröffentlichtes Manuskript.

HIEDEN-SOMMER, Helga (2000): Hidden Mechanisms of Power: The Capitalist Concept of Productivity and Social Marginalisation of Many Women, Referat beim Treffen der Gender-Group des EU Projekts COST A13, Paris, Mai 2000, unveröffentlichtes Manuskript.
HIEDEN-SOMMER, Helga/FISCHER, Susanne (1994): Einkommensbezogenes Karenzgeld oder Betreuungsgeld? In: FLOSSMANN, Ursula/TROST, Barbara (Hginnen), Aktuelle Themen der Frauenpolitik, Linz, 107–131.

Nachweise

Betriebswirtschaftslehre statt Volkswirtschaftslehre?
In: Kontraste. Presse- und Informationsdienst für Sozialpolitik, Nr. 90, März 1996, Wien, 19–23.

Mainstream-Ökonomen – Verbündete der Mächtigen, erschienen unter: Schocktherapien, in: [sic!] Forum für Feministische GangArten, Nr. 29 Mai 1999, Wien, 18–20.

Neoliberale wirtschaftliche Globalisierung – gleiche Chancen für Frauen?
In: Zukunft, 01/2005, Wien, 36–43.

Der kapitalistische Produktivitätsmalus beeinflusst die Einkommens-schere zwischen Frauen und Männern, in: SWS-Rundschau, (45.Jg.) Heft 3/2005, Wien, 308–330.

Soziale Grundsicherung für Kinder: Geld, Sachleistungen und Infrastrukturen, in: Sterntaler oder Aschenbrödel. Fachtagung zum Thema Kinderarmut, Tagungsbericht, erstellt von Matthias Plenk, Wien, 1996, 29–30.

Verborgene politische Macht (Teil 1). Familienförderung. Kinderkostenausgleich und das ständische Gleichheitsverständnis von Verfassungsrichtern, In: FRAU und Politik, 12/96–1/97, Wien, 8–10.

Verborgene politische Macht (Teil 2). Wie Vertreter herrschender Eliten aus Recht, Wissenschaft, Religion und Medien eine erhöhte Familienförderung für Wohlhabendere als Maßnahme gegen Armut erscheinen lassen, in: FRAU und Politik, 2/1997, Wien, 12–15.

Kindergeld – Geld für private »Betreuungsarbeit« oder erweiterte Kinderbeihilfe? In: Zukunft, 1–2/2001, Wien, 6–9.

Pflegegeld pflegt nicht! In: FRAU und Politik, 3/1996, Wien,
Dossier II–VI.

Witwenpension: standesgemäßer Unterhaltsersatz. Abschnitt aus: Wirtschaftsweise und Rechtsverhältnisse als Bedingungsfaktoren der Existenzsicherung von Frauen, in: Kontraste. Presse- und Informationsdienst für Sozialpolitik, Nr. 91, April 1996, Positionen Teil II, Wien, 12–24.

Modell ›Pascha‹ für ›ökonomische Minderleisterinnen‹, in: Die Zukunft, 9/1997, Wien, 8–12.

Pensionssplitting – die Lösung der Probleme in der Alterssicherung von Frauen? In: Bundesministerium für Frauenangelegenheiten und
Verbraucherschutz (Hg.) (1997): Eigenständige Alterssicherung für Frau-

en, Schriftenreihe der Frauenministerin, Band 14, August '97, Wien, 70–78.
Diskussionsbeitrag anlässlich der Präsentation der Studie »*Eigenständige Alterssicherung für Frauen*«, in: Bundesministerium für Frauenangelegenheiten und Verbraucherschutz, a. a. O., 201–204.
Wissenschaftliche Festlegungen – kulturelle Selbstverständlichkeiten – Frauenpensionen, erschienen unter: Kapitalistische Arbeitsorganisation und Arbeitsbewertung. Schwierigkeiten einer frauengerechten Pensionsreform, in: Eva Kreisky/ Margit Niederhuber (Hginnen.) (1998): Johanna Dohnal. Eine andere Festschrift, Wien, 101–107.
Haiders Mütterpension/Müttergeld und für Frauen wichtige Änderungen im Pensionssystem der ÖVP-FPÖ/BZÖ Regierungen, erschienen unter: Haiders Mütterpension im Kontext, in: Zukunft. Die Diskussionszeitschrift für Politik, Gesellschaft und Kultur, 02/2007, Wien, 2007, 12–17.
»Das Zeitalter der Frauen« und »die Kraft der wirtschaftlichen Gesetzmäßigkeit«. Gedanken zu zwei Thesen der Sozialdemokratie, erschienen unter: Das Zeitalter der Frauen. Gedanken zu zwei Thesen der Grundsätze der Sozialdemokratie, in: Zukunft. Zeitschrift für Politik, Wirtschaft und Kultur, 12/1993, Wien, 1993, 5–11.
Weibliche Funktionsbezeichnungen und patriarchales Rechtssystem, erschienen unter: Der Buchstabe des Gesetzes. »Recht« heißt noch lange nicht »Anspruch«, in: Juridikum. Zeitschrift im Rechtsstaat, 4/1993, Wien, 40–41.
Familiäre und gesellschaftliche Rahmenbedingungen beeinflussten meine persönlichen Möglichkeiten und Entscheidungen, Interview in: ARGE Generationendialog (Hg.)(SPÖ Frauen, Pensionistenverband, u. a.) (2005): Aus einer dunklen in eine helle Zeit. Frauengeschichten aus den Aufbaujahren 1945 bis 1955, Wien, 83–87.

Interessante Sachbücher aus dem Milena Verlag

ISBN 978-3-85286-156-2

Hildegard Steger-Mauerhofer
HALBE/HALBE
Utopie Geschlechterdemokratie? – Zur partnerschaftlichen Teilung der Versorgungsarbeit

Die packende Analyse um die Ereignisse der Kampagne »Ganze Männer machen halbe/halbe«.
Ein brisantes Thema, das spannende Einblicke hinter die Polit-Kulissen gewährt.
Mit einem Vorwort von Sieglinde Rosenberger und einem Nachwort von Helene Klaar

ISBN 978-3-85286-152-4

Elisabeth Hellmich
FOREVER YOUNG?
Die Unsichtbarkeit alter Frauen in der Gegenwartsgesellschaft

»Was tun wir uns selbst – und der Gesellschaft – an, wenn wir unser Alter verleugnen?« (Betty Friedan)
Aktuelle Altersdiskurse aus soziologischer Sicht: Hellmich zeigt in ihrer prägnanten Analyse mittels zahlreicher Karrikaturen, Abbildungen und Interviews auf, welche Faktoren alte Menschen, vor allem Frauen, aus dem öffentlichen Blick verdrängen.

ISBN 978-3-85286-142-5

Tina Ring und Carolin Tener
AUF DEM STRICH
Mädchenprostitution in Wien

Die aufrüttelnde Dokumentation über den Babystrich in Wien auf der Basis von Interviews mit sich prostituierenden Mädchen und jungen Frauen, stellt in ihrer Beschreibung der Lebenswelt »Strich« – in der neben der Frage nach den Freiern und Zuhältern auch »reizvolle« Aspekte der Prostitution sowie Tipps beim Anschaffen nicht ausgelassen werden –, die Berichte von sechs Mädchen über die Zeit »vor dem Strich« gegenüber.